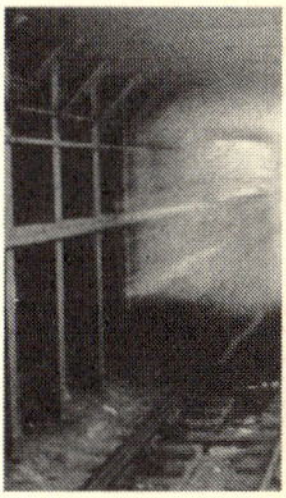

rowohlt paperback

«Henry Bech möchte gelobt werden, und zwar mit einem deutlichen, klaren Satz, den man auf den Umschlag der Paperback-Ausgabe drucken kann. Meine Kritik enthält diesen Satz bisher noch nicht, aber jetzt kommt er: ‹Bech in Bedrängnis› ist brillant!»

David Lodge in
The New York Review of Books

John Updike

Bech in Bedrängnis

FAST EIN ROMAN

:
:

Deutsch von
Helmut Frielinghaus

Rowohlt Taschenbuch Verlag

Die Originalausgabe erschien 1998
im Verlag Alfred A. Knopf, New York,
unter dem Titel « Bech at Bay »

Deutsche Erstausgabe
Veröffentlicht im Rowohlt Taschenbuch
Verlag GmbH, Reinbek bei Hamburg,
September 2000

Umschlaggestaltung Beate Becker / Notburga Stelzer
(Foto : Mauritius-nonstock)
Autorenfoto: Copyright © Rowohlt Verlag
Satz Trinité No. 2 PostScript (PageOne)
Gesamtherstellung Clausen & Bosse, Leck
Printed in Germany
ISBN 3 499 22718 5

Die Schreibweise entspricht den Regeln
der neuen Rechtschreibung.

FÜR DIE JÜNGSTEN MENSCHEN,
DIE ICH KENNE:

Sawyer Michael Updike

Adèle Catlin Bernhard

Helen Ruggels Bernhard

Seneca Dunn Freyleue

Isabel Mei-Huei Bernhard

EINE PRISE UNWIRKLICHES IST NÖTIG,
UM DIE WIRKLICHKEIT ZU BEFRUCHTEN.

:

:

Wallace Stevens im Vorwort zu Collected Poems *1921 – 1931*
von William Carlos Williams

Inhalt

Bech, tschechisch

:
:

MAN HAT DIE RESIDENZ DES amerikanischen Botschafters in Prag das letzte in Europa errichtete Palais genannt; erbaut wurde es in den frühen dreißiger Jahren von einem reichen jüdischen Bankier, Otto Petschek, dessen Familie keine zehn Jahre nach der Fertigstellung vor Hitler fliehen musste. Die Amerikaner hatten das Gebäude und das dazu gehörende Grundstück nach dem Krieg erworben, ehe die Tschechoslowakei richtig kommunistisch wurde. Das ganze Gebäude beschreibt eine sanfte Kurve – das heißt, es ist in Form eines Bogens gebaut, und ein Gang durch seine langen Flure beschert einem wechselnde Perspektiven; Gemälde, seidenbespannte Wände, Foyertische mit Marmorplatten, mächtige metallbeschlagene Eichentüren kommen nacheinander in Sicht, so wie, von einem Schiff auf hoher See aus betrachtet, Inseln am Horizont erscheinen und dann langsam wieder versinken, jenseits des majestätischen, aufschäumenden, blass-türkisenen Kielwassers.

Henry Bech, der halb in Vergessenheit geratene amerikanische Schriftsteller, der in diesem Jahr, 1986, dreiundsechzig geworden war, fühlte sich majestätisch und zur Ruhe gekommen in der großartigen Residenz, an deren einem Ende ihm für seinen einwöchigen Kulturbesuch dieses aufmüpfigen Vorpostens des sowjetischen Imperiums eine Suite zugewiesen worden war. Als Jude hatte er eine Vorstellung von den früheren

Besitzern, diesen verschwundenen, zweifellos sehr vornehmen und mehrerer Sprachen mächtigen Plutokraten, die mit so rührendem Vertauen inmitten der Beben des goldenen Zeitalters der Diaspora in Mitteleuropa (nicht zu verwechseln mit dem goldenen Zeitalter im sarazenischen Spanien oder den guten Zeiten unter den polnischen Fürsten) ihren Palast am Rand eines Abgrunds errichtet hatten. Für einen Juden ist die Reise durch das Europa der Nachkriegszeit eine Reise durch Scharen von Geistern, unermesslich beseelte Menschenmengen, die, seit 1945, nicht da sind, einfach nicht da – aufgegangen in Rauch. Die fedrige Berührung der rätselhaft Abwesenden ist allerorten zu spüren. Im Zentrum der Prager Altstadt geht die Uhr des Jüdischen Rathauses – das Hitler zusammen mit den benachbarten Synagogen als Relikt einer ausgerotteten Rasse zu bewahren gedachte – immer noch rückwärts, zur Erheiterung der Touristen von beiden Seiten des Eisernen Vorhangs. Der dortige Friedhof mit seinen der Enge des Ghettos wegen übereinander geschichteten Toten aus vier Jahrhunderten und den wie riesige Spielkarten, die gerade gemischt werden, schief aufragenden Grabsteinen bewegte Bech weniger als der neuere Jüdische Friedhof am Stadtrand, wo er, wie der Botschafter meinte, Kafkas Grab besuchen sollte.

Der Botschafter war ein ungewöhnlich kleiner und forscher Mann mit sandblondem dünnem Haar, das quer über den sommersprossigen Schädel gekämmt war; er war ein Industrieller aus Akron und ein republikanischer Spendeneintreiber, der an Reagan geglaubt hatte, als die meisten großkopfeten Insider noch lachten bei der Vorstellung, ein Filmschauspieler könne ins Weiße Haus einziehen. Für seine Treue und seine Voraussicht war der Botschafter mit diesem Posten belohnt worden – und es gab dafür noch einen weiteren, logischen Grund, denn seine Vorfahren waren Tschechen gewesen; seine Großeltern waren aus dem mährischen Kohlerevier nach Pittsburgh gekommen, und die Sprache war in seinem Elternhaus gesprochen worden. «Die mögen es hier, wenn ich tschechisch spreche», sagte er zu Bech mit einem entwaffnenden jungenhaften Grinsen. «Es klingt so verdammt altmodisch, wie ich rede. Wie wenn im Englischen jemand in der Sprache der King-James-Bibel spräche.» Bech meinte, über das breite, angenehme Gesicht des Botschafters den Gedanken huschen zu sehen, dass Juden mit der King-James-Bibel nicht viel zu schaffen hatten. Und um es absolut klar zu machen, fügte der kleinwüchsige Mann hinzu: «Ich nehme an, ich klinge reichlich absonderlich.»

Bech *hatte* bemerkt, dass die Tschechen oft lächelten, wenn der Botschafter sich in ihrer Sprache an sie wandte. Das war umso deutlicher bemerkbar, als die Tschechen, einst ein Volk mit trockenem Humor, ziemlich wenig zu lachen hatten. Der Botschafter brachte auch Bech zum Lächeln. Bech hatte den größten Teil seines Lebens in dem engen Bezirk der Intellektuellen Manhattans verbracht, einem Umfeld, das gesättigt war von giftigem Neid, wechselseitiger Intoleranz und grundlegendem Unvermögen; umso mehr bezauberte ihn das flotte und unbekümmerte Verhalten eines echten Machtmaklers, dieses fröhlichen Repräsentanten des triumphierenden rechten Flügels. Ganz im Stil des Unternehmers war der Botschafter fix im Erfassen – schnell stürzte er sich auf eine Sache, und schnell ging er zu einer anderen über. Er musste ein Blatt mit Angaben zur Person seines Kultur-Gastes überflogen haben, und auf der Grundlage dieser Informationen nahm er Bech – der an diesem Morgen gerade erst gelandet war, das mahlende Jetgeräusch noch in den Ohren – mit zu Kafkas Grab. «Gehört zu den Dingen, die Ihnen zusagen werden.» Er hatte Recht.

Die Amtslimousine mit dem verdrießlich schweigenden, verschlafen dreinblickenden Chauffeur rollte über das Kopfsteinpflaster steiler Straßen, an den alten Brüstungen und den Straßenbahngleisen Prags entlang und gelangte in einem ehemaligen Außenbezirk zu einem sich lang hinziehenden, reich verzierten schmiedeeisernen Zaun. Das hohe Tor war verschlossen und mit einer Kette versehen. Der Botschafter rüttelte an der Kette und rief, aber niemand zeigte sich. «Versuch's doch mal mit dem Stander, Liebling», sagte die langbeinige blonde Frau des Botschafters, die beträchtlich jünger war als er.

Bech, der in Afrika und Lateinamerika gereist war und erlebt hatte, wie das Sternenbanner Steine und Spucke auf sich zog, zuckte zusammen, als der Botschafter die kleine amerikanische Flagge vom vorderen Kotflügel der Limousine nahm, sie durch das Gitter steckte und unter unverständlichen Rufen damit wedelte. Er hatte bemerkt, wie Bech zusammenzuckte, und rief ihm in einem schnellen Aparte zu: «Keine Sorge. Sie mögen uns hier. Sie mögen unsere Flagge.» Und tatsächlich kamen zwei junge Männer, beide in gipsbekleckten Overalls, auf den patriotischen Aufruhr hin scheu aus ihrer Zementblockhütte. Der Botschafter sagte etwas auf Tschechisch zu ihnen. Über seinen Akzent lächelnd, kamen sie ein paar Schritte näher und sagten etwas, das bedeutete, dass der Friedhof geschlossen sei. Die Flagge wurde abermals hin und her geschwenkt, aber die beiden jungen Männer fuhren hilflos fort, ihre Köpfe zu schütteln, und sagten das sanfte Wort *ne*. Mit munterer, schamloser Aggressivität, die Bech nur bewundern konnte, obwohl er dafür errötete, setzte der Botschafter eine neue Eingebung in die Tat um; aus seinem nächsten Wortschwall hörte Bech klar und deutlich im dunklen Fluss der fremden Sprache seinen eigenen Namen heraus.

Das höflich abweisende Lächeln in den Gesichtern der jungen Männer wich aufmerksamem Interesse. Ihr Blick wanderte von dem amerikanischen Botschafter zu dem amerikanischen Schriftsteller jenseits der Gitterstäbe.

«*Travel Light*», sagte der größere in unsicherem Englisch. Es war der Titel von Bechs erstem Roman.

«*Big Idea*», sagte der andere in dem Bemühen, den Titel von Bechs letztem Roman zu nennen.

«*Think Big*», berichtigte Bech, noch tiefer errötend; er hätte nicht vermutet, dass ihm so viel überschüssiges Blut geblieben war, wie ihm jetzt in den Wangen brannte und in den Handflächen kribbelte. Dies war, schwor er sich, endgültig sein letzter Auftritt als kulturelle Reklamefigur.

«Ahhhh!», riefen die beiden jungen Männer im selben Moment, entzückt von der authentischen Berichtigung aus des Autors Mund. Unter Jubelrufen von beiden Seiten wurden die Schlösser und Ketten geöffnet, und die drei Amerikaner wurden auf dem Strašnice-Friedhof willkommen geheißen.

Es war ein gespenstischer, gut gepflegter Friedhof. Eindrucksvolle, stumpfe schwarze Grabsteine standen inmitten hoher Bäume – Platanen, Eschen und Nadelbäume – und üppig wuchernden Efeus. Die Durchblicke schienen ohne Ende, beleuchtet vom durchs Gezweig gefilterten Sonnenlicht und lautlos unter dem angehaltenen Atem vieler Hunderter zu Ende gegangener Leben. Die meisten der hier Liegenden waren klug genug gewesen, vor 1939 zu sterben, in ihren Betten oder im Krankenhaus, jeder einzeln, für sich, ehe die Deutschen kamen und der Tod eine Massenproduktion wurde. Die Besuchergruppe schritt über gerade, sauber gejätete Pfade zwischen mächtigen Marmorplatten, die in goldenen Lettern vorwiegend deutsche Namen trugen, die gleichen Namen – Strauss, Steiner, Loeb, Goldberg –, deren lebende Linien sich noch durch die Telefonbücher der Stadt New York zogen. Der Botschafter und die beiden jungen Arbeiter gingen voran, unterhielten sich auf Tschechisch – ziemlich laut, wie Bech fand. Den ausladenden Gesten des Botschafters nach zu urteilen, rühmte er womöglich die Vorzüge des Systems der freien Marktwirtschaft oder veranschaulichte die Perfidie des jüngsten, von Gorbatschow unterbreiteten Abrüstungsvorschlags.

«Mir ist dies alles sehr peinlich», sagte Bech zu der Frau des Botschafters, die auf dem leise knirschenden Pfad schweigend neben ihm ging.

«Mir ist es früher auch so gegangen», sagte sie in ihrem angenehm kratzigen Tonfall – sie stammte aus dem mittleren Westen. «Aber heute, nach zwei, drei Jahren mit Dick, ist mir nichts mehr peinlich; er geht einfach auf die Leute zu. Ganz direkt. Das ist seine Art, und die Leute hier sprechen darauf an. Sie finden, genau so sollten Amerikaner sein. Frei und ungezwungen.»

«Aber die beiden jungen Männer – kann es nicht sein, dass sie ihre Jobs verlieren, weil sie uns eingelassen haben?»

Sie zuckte mit den Schultern und schüttelte in einer kurzen nervösen Bewegung ihr langes blondes Haar. Es hatte eine anrührende glanzlose Tönung, als wäre es zu oft gewaschen worden. Ihre Lippen waren trocken und nachdenklich gerundet, das Lippenstiftrot blätterte ab. «Vielleicht haben sie gar keine Jobs. Man hat hier ein sonderbares System.» Ihre Augen waren von einem durchsichtigen Blau, das Bech unheimlich fand – er hatte es in seiner Jugend hauptsächlich bei Spielzeugeisbären und Modepuppen in den Weihnachtsschaufenstern der Fifth Avenue gesehen.

«Seltsam», sagte Bech, während er in die Runde blickte, auf die eleganten stummen schwarzen Steine, «wie viel diese Menschen alle von sich gehalten haben.»

«Es gab hier eine Menge Geld», sagte die Frau des Botschafters. «Die Menschen vergessen das, wenn sie an Böhmen denken. Ehe die Kommunisten dem allen ein Ende machten.»

«Nachdem die Deutschen all *diesem* ein Ende gemacht hatten», sagte Bech und deutete auf die rings um sie her ruhende jüdische Bevölkerung. Hier fanden sich seltsamerweise, in frischerem Gold, ein paar Todesdaten aus der Zeit nach 1945 – Juden, die dem Holocaust entronnen waren, vermutete er, und dann darum gebeten hatten, zurückgebracht und hier begraben zu werden, unter den hohen aufrechten Platanen mit ihren scheckigen Stämmen und dem glänzenden grünen Efeu, das wie eine unordentliche Decke über alles gebreitet war. Grabstellen, Urkunden, Genehmigungen – das existierte weiter.

«Hier haben Sie ihn, Ihren Kumpel», verkündete der Botschafter mit lauter Stimme. Bech hatte Fotografien von dem Grabstein gesehen – ein weißer Stein von verhältnismäßig bescheidener Größe, oben breiter als unten, der drei Namen trug und hebräische Inschriften, die Bech nicht lesen konnte. Die drei Namen waren die von Dr. Franz Kafka, von seinem Vater Hermann Kafka und von seiner Mutter Julie. In seinem letzten, von Krankheit ruinierten Lebensjahr war Kafka seinen Eltern entflohen und hatte in Berlin mit Dora Dymant zusammengelebt, war dann aber hierher zurückgekehrt und lag nun für immer neben seinem erdrückenden Vater. Ein schmalerer Stein am Fuß trug die Namen der drei Schwestern – Elli, Valli, Ottla –, deren Spur sich in Konzentrationslagern verloren hatte. Das Ganze erschien Bech jetzt verblüffend grob und rätselhaft, banal und bewegend. Das ist also die Leere, die steinerne, friedliche Verdinglichung, die uns, wenn alles vorbei ist, erwartet. Keine Schlaflosigkeit mehr für den armen, überempfindsamen Dr. Franz.

Bech fand es angebracht, ein paar Worte mir ihren jungen Gastgebern, die einige Englischkenntnisse bewiesen hatten, zu wechseln. «Ein sehr großer Tscheche», sagte er und deutete auf das Grab.

Der junge Mann mit den breiteren Schultern, der den Schlüssel gedreht und sie eingelassen hatte, lächelte und sagte: «Kein Tscheche. *Zid. Jude.*»

Es war eine schlichte Klarstellung, nichts Unangenehmes. «Wie ich», sagte Bech.

«Sie –» der andere junge Mann, der schlanker war und sogar in den Haaren Gips hatte, deutete mit dem Zeigefinger auf ihn – «wunderbar!»

Der andere, dessen Augen leuchteten bei dem Gedanken, dass er zu einem weltweit berühmten Schriftsteller sprach, machte «Brrrrum, *brrruuum*», was Bech als Anspielung auf die berühmten gummigesichtigen Motorradfahrer aus *Travel Light*, mit den Vergewaltigungen auf dem Rücksitz und den desolaten Landstraßencafés an weiten geschotterten Parkplätzen erkannte – eine Hommage, die Bech einst als junger Bewohner Manhattans an das Phantasieland jenseits des Hudson verfasst hatte. «*Very americký*, sehr *amerikanisch*», sagte der junge Mann.

«*Un peu*», sagte Bech mit einem Achselzucken, aus Höflichkeit das Englische verlassend, so wie seine Gesprächspartner ihr Tschechisch aufgegeben hatten.

«Und *Big Thinking*», sagte der kleinere, der unter all dem Pidgin-Reden Mut zu einer längeren Äußerung gefasst hatte, «wir lieben es sehr. Macht so viel lachen: *TV, sky-scrapes.*» Er lachte, um es absolut klar zu machen.

«*Skyscrapers*», konnte Bech nicht umhin zu berichtigen.

«Ich habe die Olive in dem Roman geliebt», sagte mit rauer Stimme die Frau des Botschafters an seiner Seite.

Das, fand Bech, war eine sehr gewagte Bemerkung: Olive und die ganze Fernsehcrew im Scheinwerferlicht; Olive und ihre lesbische Freundin Thelma im West Side-Apartment, während die lohfarbene Sonne von New Jersey her ins Zimmer schien, horizontal wie die Linien auf einem Notenblatt ...

«Kafka mehr *Schmerz*», fuhr sein tschechischer Fan fort, als stünde der begrabene Schriftsteller in seinem dunklen Anzug und mit dem rätselhaften Lächeln zum Vergleich direkt neben dem noch aufrecht Stehenden. «Sie mehr *Herz*. Mehr –»

Er fiel ins Tschechische zurück, wandte sich dem Botschafter zu.

«Mehr ursprüngliche Kraft», übersetzte der Botschafter. «Mehr unverbrauchte Liebe zum Leben.»

Bech dagegen hatte immer eine gewisse Lebensmüdigkeit empfunden, seit er seinen jüngsten – seinen letzten, wie er glaubte – und überraschend erfolgreichen Roman vollendet hatte, dessen Veröffentlichung mit dem Scheitern seiner ersten und einzigen Ehe zusammenfiel. Das war der Grund, wie er annahm, warum man an Orte wie diesen reiste: um fiktiven Ichs zu begegnen, den herzerfrischenden falschen Vorstellungen, die Fremde sich von einem machten.

In der Tschechoslowakei kam er sich hoffnungslos unwürdig vor, das glücklose Land schien in ihm ein Symbol der Hoffnung zu sehen. Nicht nur sein erster und sein jüngster Roman waren hier übersetzt worden (*Lekhá cesta*, *Veklá myšlenka*), sondern auch eine Sammlung von Essays und erzählerischer Kurzprosa, ausgewählt aus *When the Saints* (*Když svati*). Alle drei Bände trugen gegenüber der Titelseite das gleiche Foto des Autors, aufgenommen als er dreißig war, bevor sein Gesicht sich vorgewölbt und den Vorsprung seiner Nase eingeholt hatte und ehe sein drahtiges Haar ergraut war; damals saß sein Haar ihm wie ein großer, vorn in die Stirn gezogener Turban auf dem Kopf. Die Härte und Strenge des sozialistischen Kupfertiefdrucks bewirkte, dass dieses verblichene Bildnis so aussah, als stammte es nicht aus den fünfziger Jahren, sondern aus der Zeit vor dem Ersten Weltkrieg, als Proust mit Eckenkragen und Kafka mit Bowler auf dem Kopf posierten. Bech hatte reichlich Gelegenheit, das Foto zu betrachten, denn es bildeten sich endlose Schlangen, als in einer Prager Buchhandlung und dann, einige Tage später, in der Amerikanischen Botschaft Signierstunden angesetzt worden waren und die tschechischen Versionen seiner Bücher ihm immer wieder mit aufgeschlagener Titelseite präsentiert wurden. Seine Anwesenheit hier hatte diese zerlesenen Bände – allesamt vergriffen, da kommunistische Ausgaben nicht nachgedruckt wurden – aus den privaten Prager Bücherregalen zum Vorschein gebracht. Geschmeichelt, geniert, bemühte sich Bech, einen Moment lang in jedes Gesicht, auf jedes Paar Hände, das ihm vor Augen kam, zu blicken und die schwierigen Namen, die ihm Buchstabe für Buchstabe diktiert wurden, hineinzuschreiben. Es waren viele junge Leute da, helläugig und schüchtern, mit dem schlichten, klaren Leuchten einer Jugendlichkeit, wie man es in New York eher selten sah. Für diese frischgesichtigen Unschuldslämmer war er, wie er vermutete, eine amerikanische Berühmtheit – nein, kein Rock-Star natürlich, der Gitarren zerschmetterte und sich die Seele aus dem Leib schluchzte, während die grellen violetten und magentaroten Strobolights pulsierten und das Stadium zischte und wie eine riesige Qualle wogte, aber doch mit einem Hauch jenes diabolischen Glamours. Vielleicht waren es auch Studenten, höhere Semester in Amerikanischer Literatur, und er wie eine Kopie aus einem Lehrbuch, und seine Unterschrift ein «befriedigend». Aber auch ältere Bürger waren da – dickliche Frauen mit Einkaufstaschen und Männer mit blassen Gesichtern und einem verkniffenen, pedantischen Ausdruck. Angestellte? Professoren? Und ein paar regelrecht gebrechliche Greise, alt genug, um sich an das Regime von Tomás Masaryk erinnern zu können, kamen nach vorn gehumpelt mit freundlicher, unsicherer Miene wie eine Kindheitsflamme, die wir im ersten Moment nicht wieder erkennen. Die meisten Leute sagten zumindest «*Thank you*»; viele drängten ihm eine Anzahl korrekt geschnitzter, überaus höflicher englischer Sätze auf.

Bech sagte aufs Geratewohl «*Děkuji*» und «*Prosím*» und wurde immer verlegener. Auf der anderen Straßenseite, wisperten ihm Botschaftsangestellte fröhlich ins Ohr, fotografierten tschechische Polizisten die lange Schlange – also setzten sich alle diese Leute freiwillig einer gewissen Gefahr aus, versahen ihre Polizeiakte mit einem Makel, indem sie um das Autogramm eines amerikanischen Autors nachsuchten. Warum taten sie das? Seine Bücher waren unbedeutende Selbstbespiegelungen, so kam es Bech jetzt vor, während er sie immer wieder signierte, als wären es lauter Schecks, die platzen würden.

In Ländern der Dritten Welt war er oft gefragt worden, worin er Aufgabe und Ziel des Schriftstellers sehe, und er hatte immer wieder Ausreden erfinden und sich um die ehrliche Antwort herumlavieren müssen, dass nämlich das Ziel des Schriftstellers darin bestand, sich zu amüsieren, sich mit sich selbst zu beschäftigen, seine Bücher möglichst ohne viel Lektorengekritzel gedruckt zu bekommen und selber ohne große Reibungen durch die Gesellschaft, der er angehörte, zu schlittern. Diese lästige Frage wurde in kommunistischen Ländern nicht gestellt. Hier verstanden die Bürger sehr wohl den Heroismus der Selbstbespiegelung, die politische Bedeutung der Verantwortungslosigkeit. Indem sie in langen Reihen anstanden, stimmten sie für einen Ausweg, so wie Bech vierzig Jahre zuvor, an Manhattan klebend wie King Kakerlak, seine «homages» an ein imaginäres Amerika als Ausweg verfasst hatte.

Der Botschafter und seine Unterlinge arrangierten, dass Bech eine Party nicht offizieller Schriftsteller besuchen konnten. «Oh, diese sexy Dissidentinnen», rief die Frau des Botschafters mit weicher Stimme, als sei Bech im Begriff, sie im Stich zu lassen. Aber sie kam mit. Die Party und die Wohnung, irgendwo draußen in einem der wenig malerischen Außenviertel, die Besucher des historischen Prags nie zu sehen bekamen und die Bech auch nur an diesem einen Abend im taumelnden, stechenden, ungewissen Licht der Scheinwerfer des privaten kleinen Ford Fiesta des Botschafters erblickte, erinnerten an die fünfziger Jahre, als Eisenhower über einen angespannten weltweiten Waffenstillstand die Aufsicht führte und das Privatleben als höchster Wert unangefochten war. Bücherregale bis zur Decke, vor sich hin murmelnder Jazz in der Zimmerecke, Kinder mit glänzendem Haar, die Hors d'œuvres herumreichten, zu wenig Möbel, was die Leute veranlasste, sich auf Betten herumzuräkeln oder zu zweit auf einem Sitzkissen zu hocken. Die Gastgeberin trug eine Bauernbluse und einen Rock und hatte ihr Haar zu einem dicken Pferdeschwanz zusammengebunden; der kahle Gastgeber trug eine Art *dashiki* oder Hochzeitshemd über Blue Jeans. Bech fühlte sich zurückversetzt in die Tage relativer Unschuld in Amerika, als die Jungen nur ein klein wenig mehr Freizeit forderten, ein bisschen mehr Sex und etwas weniger Spießigkeit, einen Zug Pot und ein Folk Concert auf einer dafür gemieteten Wiese. Die Leute hier jedoch waren nicht jung; sie waren im Protest, als Dissidenten erwachsen geworden und bewegten sich mit geübtem Überdruss durch ihre eng umgrenzte Welt. Bech gewann nur einen kleinen Einblick in das Gefüge dieses Lebens. Wenn die Ehemänner nicht publizieren konnten, arbeiteten die Ehefrauen und bezahlten die Rechnungen; die Gastgeberin, zum Beispiel, war Ärztin, eine Anästhesistin, und musste tagsüber ihren langen bernsteinfarbenen Pferdeschwanz unter eine aseptische Haube stecken. Und ihre Kinder, einige von ihnen, waren junge Erwachsene, die in Michigan, Iowa oder Toronto studiert hatten und flüssig mit amerikanischem Akzent Englisch sprachen, als wären ihnen studentische Auslandsreisen ebenso selbstverständlich wie jungen Franzosen oder Japanern. Jenseits dieser kleinen Party, die wie eine Kerze in dem dunklen Prager Außenviertel flackerte, gab es eine ausgedehnte, schwer zu durchschauende Welt des Exils, Tschechen in Paris oder London oder in der Neuen Welt, die fortgegangen waren, aber irgendwie hin und wieder zurückkehrten, um eine Großmutter zu besuchen oder um einen Film zu drehen, und Emigrantenpressen zu gründen, deren Produkte im Hintergrund zirkulierten; die Russen konnten dieses alte Herz Europas nicht gänzlich isolieren, wie sie es zum Beispiel mit Lettland oder Kasachstan hatten tun können.

Der Wunsch, Teil Europas zu sein: dass ihnen die Erfüllung dieses bescheidenen Wunsches versagt blieb, war der Grund für das besonders intensive Leiden der Tschechen. Ein paar gläserne Hochhäuser zwischen den alten Kirchen und Burgen zu haben, ein paar Geschäftsleute, die mit Expresszügen kamen und wieder wegfuhren, ohne pompöse Reihen von Stacheldraht passieren zu müssen, eine Währung, die in den heimischen Läden nicht wie Falschgeld zurückgewiesen wurde, die Möglichkeit, auf dem Markt frische Orangen aus Sizilien zu kaufen oder ein paar Leuchtreklamen in die düsteren Arkaden Prags zu hängen, das Zentrum um ein bisschen Pornographie und ein paar Verkehrsstaus zu bereichern, den harmlosen Luxus einer Anti-Atomkraft-Bewegung und einer nihilistischen Avantgarde zu genießen – das war gewiss nicht zu viel verlangt, nachdem man jahrhundertelang die Habsburger auf dem Hals gehabt hatte. Aber es wurde ihnen verweigert: Nachdem sie Hitler und die Anti-Hussiten überlebt hatten, waren die Tschechen in die byzantinischen Fänge Moskaus geraten. Zwei Daten markierten die Geschichte des Dissens: 1968, das Jahr des «Prager Frühlings» (so oft, so eilfertig beschworen, dass ein einziges Wort daraus geworden war: «Pragfrühling») und des bald darauf folgenden Einmarschs der Russen; und 1977, als die Charta 77 verkündet wurde, mit dem Ergebnis, dass viele ihrer Unterzeichner im Exil oder im Gefängnis verschwanden.

Gefängnis! Einer der Gäste bei der Party hatte beinahe zehn Jahre in Haft verbracht. Er war flott gekleidet wie die Café-Habitués in Zeichnungen von George Grosz, mit einem vernarbten kleinen Gesicht und funkelnden schwarzen Augen. Er sprach so leise, dass Bech ihn kaum verstehen konnte, obwohl er ihm das Ohr zuneigte. Die Hände des Mannes wanden sich unter Bechs Blicken, als würden sie gefoltert. Bech bemerkte, dass die Finger tatsächlich verkrümmt, gebrochen waren. Wie würde er selbst es aushalten, fragte sich der amerikanische Autor, wenn ihm die Fingernägel herausgezogen wurden? Ihm fiel nichts ein, was er je geschrieben hatte, das er nicht bereitwillig widerrufen hätte.

Ein anderer Gast, der eine getönte Fliegerbrille trug und einen nach unten gebogenen, angeknabberten Schnurrbart hatte, erklärte Bech, dass die westlichen Medien dauernd Dissidenten interviewen wollten und dass er seit seiner Entlassung nach zwei Jahren Gefängnis einer von denen geworden sei, an die sich die begierigen Reporter wandten, wenn sie ein Statement brauchten. Er hatte nicht nur seine Sicherheit, sondern auch seine Privatsphäre aufs Spiel gesetzt, indem er diese ewigen Interviews gab, die ihm keine Zeit für seine eigene Arbeit ließen. Vielleicht, sagte er mit einem Seufzer, könne er, wenn er erneut ins Gefängnis gesteckt werde, wieder mit dem Dichten anfangen. Seine Augen hinter den lavendelfarben getönten Brillengläsern wirkten gerötet und müde.

Was für Gedichte er denn schreibe, fragte Bech.

«Über die vergänglichen kleinen Gefühle», lautete die wohlerwogene Antwort. «Wie Seifert. Für die Behörden sind diese kleinen menschlichen Gefühle so gefährlich wie ein Erdbeben; aber er wurde zu groß, zu groß und alt und krank, als dass sie ihm etwas hätten tun können. Selbst der Nobelpreis konnte ihm nicht schaden.»

Und unterdessen wurden Speisen herumgereicht, wurde die Jazzmusik aufgedreht, und in dem anderen Zimmer der Wohnung saßen der Botschafter und seine Frau auf dem Fußboden, mit dem Rücken an einem Bücherregal, die langen Beine der Frau schimmernd, in einem Gewirr von Gelächter und Tschechisch. Für Bech, der in einem Grüppchen verfolgter Schriftsteller stand, war der Anblick ihrer amerikanischen Beine ein

Fünkchen von Realität, etwas von weit außerhalb, das jedoch unerklärlicherweise fortbestand, so wie Vögel vor vergitterten Fenstern weiter singen und Efeu über alten Gräbern wächst. Der Botschafter hatte sein Jackett ausgezogen, den Schlips gelockert und hielt ein Glas in der Hand. Mit seinen schnellen Augen bemerkte er den auf die Beine seiner Frau gerichteten Blick des anderen Amerikaners, und er rief laut, in geräuschvollem Englisch: «Zeigt Bech ein Buch! Zeigen wir unserem berühmten amerikanischen Autor ein *samizdat*!»

Alle schwitzten inzwischen, von dem Wein und von der vereinten Körperwärme, und es herrschte eine Heiterkeit, die irgendwie um den besorgten, verlegenen Bech kreiste. Er fürchtete, die Gesellschaft würde unvorsichtig und laut werden, und die zweifellos draußen vor dem Gebäude postierten Polizisten kämen hereingestürmt. Eine schmale junge Frau mit krausem schwarzem Haar – eine sexy Dissidentin – stand dicht neben Bech und zeigte ihm ein Buch. «Wir tippen», erklärte sie, «höchstens sechs Kopien, sonst sind die untersten zu verschwommen. Fotokopieren geht nicht bei uns, außer für offizielle Zwecke. Schreibmaschinen können sie noch nicht kontrollieren. Dann gebunden, manchmal mit Zeichnungen. Dieses hat Zeichnungen. Sehen Sie?» Ihre lose Bluse ließ, als sie sich an Bech lehnte, um das Buch mit ihm zu betrachten, ein Stückchen von ihrer Schulter und den Ansatz ihres leicht schwitzenden Busens erkennen. Ihre wie glasierte Haut war von einer verführerischen Tönung, einem matten grünlichen Grau.

Bech fragte sie: «Aber wer bindet sie so hübsch? Ist das denn nicht illegal?»

«Ist es», antwortete sie. «Aber es gibt hier mutige Menschen.» Und ihre vorwurfsvollen tintenschwarzen Augen rollten zu ihm hin, als sie das Buch in seine Hände legte.

Das Seitenformat war etwas kleiner als amerikanisches

Schreibmaschinenpapier; kleine Blätter, dünn wie Bibeldruckpapier, und eine Schreibmaschine mit 10-Punkt-Typen waren benutzt worden, dazu blaues Kohlepapier. Der Einband war aus dunkelrotem Leder, in das die silbernen Lettern einzeln eingeprägt worden waren. Das so entstandene Buch war überraschend schön, seine weichen Seiten mit dem blau verschwimmenden Text öffneten sich leicht, hier und da mit einer Graphik, picassoartige Aktzeichnungen, die den Beginn eines neuen Kapitels anzeigten. Es lag ihm leichter in der Hand, als er angesichts der Dicke des Buches erwartet hatte. Nur auf den rechten Seiten stand Text: auf den linken waren gespiegelte Schatten von Wörtern, die von der vorhergehenden Seite durchschimmerten. Er sah sich erinnert an den archetypischen Sinn dessen, was ein Buch war: ein elementares Bündel, zusammengebunden kraft Liebe und Mut, um mit Erregung und Freude weitergereicht zu werden, von Hand zu Hand. Das Pathos hatte Bech erwartet, auch das dazugehörende Hämmern verstohlener Schreibmaschinenschreiber, nicht aber die herausfordernde Schönheit des Endresultats.

«Wie viele von diesen Büchern gibt es?», fragte er.

«Von jedem mindestens sechs. Mehr bedeutet mehr Tipparbeit. Jedes Buch hat viele Leser.»

«Wie eine Handschrift im Mittelalter», sagte Bech.

«Wir sind keine Mönche», sagte die junge Frau in feierlichem Ton. «Wir genießen nicht unsere Leiden.»

Im Ford Fiesta neckte ihn die Frau des Botschafters; sie sagte zu ihrem Mann: «Ich glaube, unser berühmter Autor war ganz entzückt von Ila.»

Der Botschafter sagte nichts, deutete nur nach oben, auf das Verdeck des Wagens. Bech, der die Geste nicht verstand, wiederholte den Namen: «Ila?» Ila, Elli, Kafkas Schwester. «Ist sie jüdisch?» Das dichte krause Haar, der olivfarbene, matte Teint, die Anspannung in den schmalen Schultern, die Art, wie sie in ihrem gebrochenen Englisch genau das sagte, was sie sagen wollte.

Die Frau des Botschafters lachte mit ihrer kratzigen, fröhlichen Stimme. «Beinahe», sagte sie. «Ila ist Zigeunerin.»

«Zigeunerin», sagte Bech, als ob er und sie ein Spiel spielten, Wörter im Wagen hin und her schlügen. Er saß hinten, die Frau des Botschafters saß vorn. Schwache sozialistische Straßenlaternen warfen in Abständen ihren Lichtschein durch ihr strohblasses Haar, das sich über ihrem Vergnügen an der Dissidentenparty aufgeplustert hatte.

«Die gibt es hier auch?», fragte er.

«Natürlich gibt es die hier auch», sagte sie in fast tadelndem Ton. «Das französische Wort für Zigeuner ist ‹*bohémien*›. Viele sind assimiliert, wie zum Beispiel Ihre neue Freundin. Hitler hat eine Menge von ihnen umgebracht, aber nicht alle.»

Hitler. Nach Europa zu kommen, bedeutete irgendwie, ihm einen Besuch abzustatten. Er wurde allmählich ein Mythos, wie der Golem. Man hatte Bech die Altneusynagoge gezeigt, wo der Kabbalist und Alchemist Rabbi Löw im Talmud gelesen und einen Golem zusammengetüftelt hatte – seine gigantischen Lehmüberreste warteten noch unter den Fundamenten der Synagoge auf ihre Wiederbelebung. Und die Pinkas-Synagoge, auf deren Wände die Namen von siebenundsiebzigtausend Opfern der Konzentrationslager geschrieben sind. Und die nahe Halle, voller Zeichnungen, die jüdische Kinder während ihrer Internierung in Theresienstadt gemacht hatten, Häuser und Kühe und Blumen, so wie Kinder sie überall zeichnen: Mit festem Griff halten sie die Stifte, ergreifen die Welt mit kurzen, dicken Anfängerfingern. Kommunisten können zu ihrer Verteidigung immer sagen, dass sie zumindest nicht Hitler sind. Und das *ist* schon etwas.

Im Wechsel mit dem Licht auf den Haarsträhnen der amerikanischen Frau durchdrang eine vage schwarze Drohung

Bechs Magen, ein plötzliches Gefühl, das er manchmal mit sechs oder sieben gehabt hatte – die Angst, am *falschen Platz* zu sein, einem verheerend falschen Platz, auch wenn er nur einen Block von zu Hause entfernt war, wo er in panischer Angst vor feindseligen Fremden den oberen Broadway entlang lief. «Die Armen!», rief er unvermittelt. «Der mit dem angeklatschten Haar hat zehn Jahre im Gefängnis gesessen, und ich habe in zwei von seinen Geschichten, die er mir gezeigt hat, geblättert. Ein bisschen wie Saki, harmlose kokette kleine Dinger. Warum stecken sie ihn dafür ins Gefängnis, dass er solche Geschichten schreibt? Ich habe ihn angesehen, habe versucht, mich in seine Lage zu versetzen, und er hat mich nur lieb angelächelt und bescheiden mit den Schultern gezuckt. Sie wissen, wen ich meine – den mit dem altmodischen Anzug, mit Weste, und mit einem dieser Namen voller Zischlaute –»

Der Botschafter räusperte sich geräuschvoll und deutete wieder auf das niedrige Verdeck des kleinen Wagens. Endlich verstand Bech. Im Wagen gab es Wanzen. Sie sprachen kaum noch ein Wort während der ganzen weiteren Fahrt zurück zur Residenz des Botschafters, durch die mitternächtliche Prager Giebel- und Türmchenkulisse. Nie stand dort, so schien es Bech, der Mond am Himmel. Schien der Mond nur auf den Kapitalismus?

Es war schön, am Morgen in der Residenz aufzuwachen, unter dem Gesang der Vögel und den Geräuschen der arbeitenden Gärtner. Eine Gruppe harkte die Winterblätter zusammen; eine andere bereitete den Tennisplatz für den Sommer vor. Bechs Badezimmer lag viele Schritte von seinem Bett entfernt, Schritte über das sonnenbeschienene Parkett des Wohnzimmers mit seinen sanft gebogenen Wänden. Aus riesigen Messinghähnen, wie sie in den dreißiger Jahren der letzte Schrei gewesen waren, strömte Wasser über Art-Deco-Duschkacheln oder in Porzellanbecken, groß genug für Springbrunnen. Otto Petschek hatte nur das Beste vom Besten gekauft. Das Frühstück erschien auf einem lang gestreckten Tisch im Esszimmer nebenan, wo furchtsame Frauen Bech brachten, was er am Abend zuvor auf einem gedruckten Formular angekreuzt hatte.

«*Prosím*», sagten sie, so wie die Italiener «*Prego*» sagten.

«*Děkuji*», sagte er dann, wenn ihm das Wort einfiel, das er für ein ungewöhnlich schwieriges Wort hielt. *Dschakui* sprach die Frau des Botschafters es aus, und sehr schnell. Sie kam nie zum Frühstück; Bech aß immer allein, obwohl manchmal andere Gedecke auf andere Gäste hindeuteten. Es waren andere da: Ein zuvorkommender rundlicher Fotograf aus dem Elsass mit einem schlanken Assistenten, der das Gebäude Raum für Raum für den *Architectural Digest* fotografierte, ein paar alte Freunde aus Akron, die auf dem Weg nach Wien vorbeigekommen waren, und die schmächtige Tochter des Botschafters aus einer früheren Ehe machte Schulferien von ihrem Schweizer *lycée*. Aber morgens war diese ganze Besetzung unsichtbar, und Bech machte in hoheitsvoller Einsamkeit seinen Nach-Frühstücks-Spaziergang im Garten, den ovalen Weg entlang, dessen nahes Ende, wie ein Ei im Eierbecher, in die Rundung des Palais und seines anmutigen, mit Steinplatten ausgelegten Patios geschmiegt war, vorbei an den rechenden Gärtnern und dem leeren Schwimmbecken, wo drei Männer in grauer Arbeitskleidung den roten Lehm des Tennisplatzes glatt walzten und klopften, gleich auf der anderen Seite des gestutzten und erhöht angelegten Rosengartens, dem das wärmer werdende Wetter den Duft von feuchtem Humus entlockte. Nie traf er einen anderen Spaziergänger. Auch sah er nie ein Gesicht an einem der vielen Fenster der Residenz, keine Prinzessin schaute heraus.

Es schien so, als wäre dies die ihm angemessene Wohnstatt, als wären alle Menschen von Natur aus dazu berechtigt, in nicht geringerem Luxus zu leben, inmitten von Parkett und Intarsien, Foyertischen mit Marmorplatten und vergoldeten Bilderrahmen, mit einer jungen Ehefrau, deren blondes Haar aufblitzte und deren in Chiffon gehüllte Brüste schimmerten, wenn sie sich im nächsten Moment am Fenster zeigte, um ihn hereinzurufen. Wie eine riesige, leicht gebogene Leinwand im Kino projizierte die Residenz die Vorstellung von häuslicher Glückseligkeit. Was bin ich doch für ein Ungeheuer, dachte er, dreiundsechzig und noch immer begehrlich, in meinen Gedanken noch immer König. Europa, nicht Amerika, dachte er weiter, ist das Land der Träume, der Märchenschlösser und rückwärts gehenden Uhren. Hitler hatte die Prinzessin geküsst, und alle ihre bösen Träume waren wahr geworden. Andererseits – hat es nicht viele Holocausts gegeben? Man hatte Bech das Fenster des Hradčany, der Prager Burg, gezeigt, wo der Fenstersturz von Prag stattgefunden hatte; obwohl die hinausgestürzten Sendboten unversehrt auf einem Misthaufen gelandet waren, hatte der Vorfall doch den Dreißigjährigen Krieg ausgelöst, der Mitteleuropa Tod und Verwüstung brachte. Bech hatte die Statue Jan Žižkas gesehen, des einäugigen Hussiten-Generals, der frommen Glaubens fünf Jahre lang die Streitkräfte des Papstes und Kaisers des Heiligen Römischen Reiches abgeschlachtet hatte, und im barocken Sankt-Nikolaus-Dom die Statue, die einen mächtigen Papst zeigt, der graziös und glückselig lächelnd mit seinem Stab die Kehle eines spitzohrigen Ungläubigen zermalmt. Jahrhundertelang hatten Eroberung und Besitzergreifung ihre Palais und Kirchen auf den krummen, steil ansteigenden Straßen Prags angehäuft. Die Ansammlung blieb unbeschadet, obwohl die Nazis, bis zuletzt ihrer Säuberungsmission getreu, versucht hatten, alles in die Luft zu sprengen, als sie abzogen. Die Laubdecke über der

Geschichte war an diesen feuchten Morgen, wenn Bech den ovalen Park für sich hatte, zutiefst friedlich. Die Toten und Misshandelten in ihrer unendlichen Zahl sind barmherzig still.

Ein junger Prager Bürger hatte die Leute von der Kulturabteilung der Botschaft so lange bedrängt, bis man ihm eine Begegnung mit Bech konzedierte. Er kam mutig zur Botschaft, passierte die Wachposten der U.S. Marine und die Poster der auseinander genommenen Freiheitsstatue und aß mit Bech in der Cafeteria zu Mittag. Er war so nervös, dass er kaum einen Bissen herunterbrachte. Sein Name war unaussprechlich, so etwas wie Syzygy – Vitěslav Syzygy. Doch war er hoch gewachsen und würdevoll und weniger jung, als Bech erwartet hatte, mit einem Hauch von Grau in den Koteletten und dieser pedantischen genauen Ausdrucksweise, die Bech als etwas typisch Tschechisches erkannt hatte. Er hätte einen Zwicker auf seiner hoch gewölbten schmalen Nase tragen können. Sein Englisch war untadelig, aber stockend, wie eine solide gebaute, aber mangelhaft gewartete Maschine. «Das ist jetzt sehr seltsam für mich», begann er, «Ihnen leibhaftig zu begegnen. Vor zwanzig Jahren, unmittelbar vor dem Pragfrühling, habe ich Ihr *Travel Light* gelesen. Für mich war es eine Offenbarung, dass Sprache auf solche Art wirken kann. Es ist nicht übertrieben, wenn ich sage, das Buch hat meinen Lebensweg verändert.»

Bech hätte ihm am liebsten gesagt: «Hören Sie auf zu schwitzen. Hören Sie auf zu zittern.» Stattdessen tauchte er seinen Suppenlöffel in die *brambarovka* der Cafeteria und hörte zu. Syzygy, von den Behörden als Übersetzer und Kritiker zum Schweigen gebracht seit seinem Engagement vor zwei Jahrzehnten im «Pragfrühling», hatte die inzwischen vergangenen Jahre mit der Arbeit an einer unerhört guten, Schwindel erregend getreuen und zugleich erfinderischen Übersetzung eines Meisterwerks von Bech ins Tschechische verbracht: *Brother Pig*, dem bisher noch nicht die Gunst einer Übersetzung in seine Sprache zuteil geworden war. Und *Bratr vepř* war endlich zu seiner Zufriedenheit vollendet. Noch nie hatte es, seiner entschiedenen, präzise dargelegten Meinung nach, eine solche Übersetzung gegeben – weder Pasternaks Shakespeare-Übersetzung noch Baulelaires Poe-Übersetzung stellten eine so skrupulöse und liebevolle *hommage* dar. Die Schwierigkeit …

«Ah», sagte Bech, wischte sich die Lippen und überlegte, immer noch hungrig, ob es gegen die Regeln des Anstands verstieß, wenn er seinen Löffel in Syzygys noch unangerührte Schale milchiger, würziger *bramborovka* tauchte, «es gibt also eine Schwierigkeit.»

«Wie Sie sagen», sagte Syzygy. Bech kannte inzwischen den Code: die gedämpfte Stimme, die flitzenden Augen auf der Suche nach den allgegenwärtigen Wanzen – man hatte hier so viel für ein unter Putz verlegtes Netzwerk investiert wie in den Vereinigten Staaten für Alarmanlagen. «Vielleicht erinnern Sie sich, wie in dem mittleren Kapitel mit dem amüsanten Titel ‹Paradoxa und Paroxysmen› Ihre Gestalten Lucy und Marvin mitten bei der wechselseitigen Verführung von Genevieve flüchtige Anspielungen auf das damals neue Oberhaupt des Sowjetstaates machten, einen gewissen Mr. –» Syzygys Augen, von der sanften matten Farbe der nicht beschichteten Seite von Kohlepapier, glitten hilflos hin und her.

«Fängt mit ‹K› an», half Bech ihm aus.

«Mit ‹X› in der russischen Schreibweise», berichtigte Syzygy höflich und räusperte sich. «Ein gutturaler Laut. Aber genau so. Unsere Freunde, wie soll ich sagen –?»

«Ich weiß, wer Ihre Freunde sind.»

«Unsere Freunde würden nie erlauben, dass eine so dreiste Passage in einer offiziellen Publikation erscheint, obwohl der in Frage stehende Staatsmann bei seinem Tod in einem gar nicht so guten Ruf stand. Andererseits kann ich mich nicht dazu überwinden, auch nur ein Wort von einem Text, der mir sozusagen heilig geworden ist, zu tilgen. Ich bin kein religiöser Mensch, aber ich verstehe jetzt, wie bestimmte schlichte Seelen die Bibel betrachten.»

Bech wedelte großmütig mit der Hand. «Oh, aber nehmen Sie es doch raus. Ich weiß schon nicht mehr, warum ich es reingenommen habe. Wahrscheinlich weil Krushchev in meinen Augen etwas von einem Eber hatte und weil es zum Thema passte. Was immer zum Thema passt – so halten wir es nun mal als amerikanische Schriftsteller. Sie verstehen das Wort *porcine*?»

Syzygy versteifte sich. «Aber natürlich.»

Bech gab sich Mühe, ihn zu lieben, diesen Mann, der ihn liebte oder zumindest eine Version von ihm liebte, die er sich zurechtgelegt hatte. «Nehmen Sie raus oder fügen Sie hinzu, was immer es Ihnen leichter macht», sagte er. Aber das war kein guter Rat, denn es implizierte (zutreffend), dass Bech nichts weniger interessierte, als wie er sich auf Tschechisch las. Er fragte, wie um sich zu verteidigen: «Aber wenn Sie selber bei unseren Freunden sozusagen in nicht so gutem Rufe stehen, wie erwarten Sie dann, dass Ihre Übersetzung veröffentlich wird?»

«Ich *bin* veröffentlich!», sagte Syzygy. «Oft, wenn auch unter fiktiven Namen. Selbst das gegenwärtige Regime braucht Übersetzungen. Sehen Sie», sagte er dann, da er Bechs Wunsch spürte, die Dinge zu durchschauen, «es gibt die verschiedenen Schichten.» Seine Stimme wurde noch leiser, noch präziser. «Es gibt ein Drinnen und ein Draußen, und manche, die mit einem Fuß draußen stehen, haben Freunde, die gerade eben noch drinnen sind, und so weiter. Auch ist es nicht etwa so, als ob –» Seine sehr weißen Hände vollführten abermals, über der nicht angerührten Suppe, diese abrupte, hilflose Geste.

«Als ob das gegenwärtige Regierungssystem Ihre Idee gewesen wäre», schloss Bech für ihn – und mit «Ihre» meinte er: die Idee der «Tschechoslowakei».

Eines Abends, während sie über das Kopfsteinpflaster zu einem Restaurant gingen, fühlte der Botschafter sich draußen so frei und ungehindert, dass er sich zu eben diesem Thema äußerte. «Bis 68», sagte er in seiner schnellen und zuversichtlichen Unternehmerart, mit der er die Realitäten auf einen Blick erfasste, «war es interessant, hier ein Intellektueller zu sein, denn bis zu einem gewissen Grade hatten sie es selbst so gewollt: Die meisten von ihnen und die Studenten waren für Gottwald, als er achtund*vierzig* für die Kommunisten die Regierung übernahm. Sie dachten immer noch an achtund*dreißig*, als die Deutschen das Problem waren. Aber nach achtund*sechzig* und den Panzern wurden sie wieder ein besetztes Land, wie sie es unter den Habsburgern gewesen waren, ohne Verantwortung für ihr eigenes Schicksal. Es wurde schlicht eine Frage der Macht, der großen Länder gegen die kleinen, und daran ist nichts, was Intellektuelle interessant finden könnten, oder was meinen Sie, Professor?»

Bech zögerte auf die ironische Anrede hin und versuchte sich die Situation vorzustellen. Seiner begrenzten Erfahrung nach – und ist nicht eigentlich jede amerikanische Erfahrung ihrem Wesen nach begrenzt, durch irgendeine Schwäche, die wir in unserer sonnigen Art haben? – war Macht etwas Langweiliges, außer wenn man selbst ihrer bedurfte. Hitler zu besiegen, war nicht langweilig, aber es war langweilig geworden, die Russen zu überlisten oder von den Russen überlistet zu werden. Reagan war ohne Zweifel deswegen Präsident, weil er der letzte Amerikaner war, der es, durchtränkt von der Schwarzweißmoral der Filme, noch aufregend fand.

«Ich meine», sagte der Botschafter ungeduldig, «ich bin kein

Intellektueller, also sagen Sie es mir, falls ich ganz daneben liege.»

Bech vermutete, dass dem kleinwüchsigen Mann schlicht an ein wenig Schmeichelei lag, ein sehr menschliches Bedürfnis. Bech konnte sich in der Tschechoslowakei den ganzen Tag lang mit Eindrücken vollsaugen, während der Botschafter sich mit den kalkulierten Kränkungen europäischer Diplomaten herumschlug. «Sie haben Recht, Herr Botschafter, wie immer. Ohne Schuld gibt es keine Literatur.»

Die Frau des Botschafters ging hinter ihnen, zusammen mit der Ehefrau des Unternehmers aus Akron und dem jungen Assistenten des modischen Fotografen; die Absätze klangen auf dem Kopfsteinpflaster wie Gewehrfeuer. Die Ehefrau aus Akron, die Annie hieß, war ebenfalls blond, hatte ebenfalls eine kratzige Stimme, und war sexy in jener langbeinig-flippigen Schiksenart, die für Bech das glühende Zentrum seines amerikanischen Patriotismus war. *Für purpurn erhabene Berge,* ging es ihm durch den Sinn, während die beiden Frauen lachend ihr gesundes Zahnfleisch und sogar ihre Zähne entblößten, *für Wogen von Korn, bernsteingelb.*

Er war glücklich – so glücklich, dass ihm die Tränen in die Augen stiegen, wobei der feuchte Prager Frühlingswind nachhalf –, in ein Restaurant auszugehen, ohne dass er Bücher signieren oder zu Studenten sprechen musste, über Whitman und Melville, über die Bleichgesichter und die Rothäute, die Bewegung des schwarzen Humors, über imperialistische Literatur und neuerdings über die wunderbaren Minimalisten, die erste Welle von Schriftstellern, die ganz im globalen Dorf groß geworden waren, fern von den bösartigen Einflüssen Gutenbergscher Bildung. Der vergötterte Bech fand es wunderbar, am Ende eines langen Tages der Selbstdarstellung einfach nur ein normaler Mensch zu sein: das Geschiebe um den Tisch, während er und seine Landsleute sich ohne Protokoll zu setzen versuchten, das belanglose und melodiöse Geplapper, die beiden amerikanischen Frauen, die ihre weißen Zähne in ihren Wodka-Fizz tauchten, der Oberkellner und der Botschafter, die leise murmelnd ihre besondere Beziehung genossen. Der Ehemann aus Akron, wie der Botschafter ein untersetzter Geschäftsmann, war vom Jetlag benommen und nickte immer wieder ein. Sie waren von Cleveland nach New York geflogen, von New York nach London, von London nach Frankfurt, hatten dort einen Mercedes gemietet, waren die Nacht durch gefahren und an der tschechischen Grenze sechs Stunden aufgehalten worden, weil unter ihren Papieren ein Brief ihrer Gastgeberin entdeckt worden war, der eine Straßenskizze der Innenstadt von Prag enthielt. Die Kommunisten hassen Landkarten. Wie kommt das? Warum hassen sie instinktiv alles, was Klarheit schafft und dem Einzelnen helfen könnte, sich zurechtzufinden? Bech fragte sich, ob es je zuvor ein Regime gegeben hatte, das so systematisch darauf bedacht war, Unwissenheit zu perpetuieren. Dann fiel ihm ein anderer Klüngel ein: die christlichen Königreiche im Europa des Mittelalters.

Der Botschafter verkündete: «Mein Freund Karel hier –» der Oberkellner – «sagt mir gerade, dass mehrere Busladungen von Deutschen für heute Abend Tische reserviert haben, und meint, ob wir nicht lieber ins Hinterzimmer umziehen möchten.» Für Bech erklärte er: «Dies ist das einzige Land in Europa, in das Westdeutsche wie auch Ostdeutsche ohne Schwierigkeiten reisen können. Sie treffen sich in Restaurants wie diesem, trinken Pilsner und singen.»

«Singen?»

«Oh, Mann, und wie sie singen. Sie singen, dass sich die Bretter biegen.»

«Und wie gefällt das den Tschechen?»

«Sie hassen es», sagte der Mann mit dem viereckigen Gesicht und lächelte sein Lausejungenlächeln.

Das Restaurant befand sich in einem weitläufigen Weinkeller, der einst zu irgendjemandes Burg gehört hatte. Sie weckten den dösenden Ehemann aus Akron und zogen in einen abgelegenen Raum um, ein Gewölbe, in dem nur der Botschafter aufrecht stehen konnte, ohne mit dem Kopf an die Decke zu stoßen. Während Mr. Akron weiterhin einnickte, war seine Frau voller Energie; sie und die Frau des Botschafters hatten bis zum Morgengrauen gesessen und sich den neusten Klatsch aus Ohio erzählt, und dann hatte sie den ganzen Tag damit verbracht, in allen verfügbaren Museen zu gehen, eingeschlossen jene, die Smetana und Dvořák gewidmet waren, und sogar das eine, das von Amerikanern gewöhnlich nicht besucht wird, wo die teuflischen, an der Grenze beschlagnahmten Spionagewerkzeuge ausgestellt waren. Auch jetzt war Annie, beschwingt von dem Gefühl, Ohio für eine Zeitlang hinter sich gelassen zu haben, noch immer ganz aufgekratzt und stachelte die Frau des Botschafters zu Momenten mädchenhafter Ausgelassenheit an. Sie waren im selben Sommerlager und auf derselben Privatschule gewesen, hatten beide im selben Country-Club ihren ersten gesellschaftlichen Auftritt gehabt, waren beide im selben Jahr vom Oberlin College abgegangen und hatten ihre republikanischen Männer geheiratet. Bech empfand es als persönliches Versagen, als eine weitere Attacke des Todes, dass er hier *zwei* von ihnen, von diesen vollkommenen Schönheiten aus dem mittleren Westen vorfand, was sein Begehren dämpfte, es eher halbierte als verdoppelte. Der Gedanke, mit vier solchen kornblumenblauen Augen im Bett zu liegen, einem Quartett solch langer Scherenbeine, einem Paar solch körniger dreieckiger Zungen und zwei so lebhaften, lustigen, Spaß liebenden Herzen, verschreckte seine Lebensgeister ebenso wie der Gedanke, sich dem glitzernden Apparat in Kafkas Geschichte von der Strafkolonie zu unterwerfen. Bei ihrem zweiten Wodka-Fizz erzählte Annie sehr komisch von den im

Grenzmuseum ausgestellten beschlagnahmten Geräten – als Schokoladenriegel getarnte Radiosender, Giftpfeile in Gestalt von Füllfederhaltern, *Playboy*-Hefte aus der Zeit, als Schamhaar noch mit der Spritzpistole wegretuschiert wurde – aber nach und nach bewegten sich ihre Lippen, ohne dass ein Laut zu hören war, denn die Deutschen hatten angefangen zu singen. Obwohl sie außerhalb ihres Blickfelds in einem anderen Teil des unterirdischen Restaurants saßen, waren ihre vereinten Stimmen laut genug, um das Backsteingemäuer erzittern zu lassen, zumal die kleine niedrige Nische den Widerhall auffing. Bech rief dem Botschafter ins Ohr: «Was singen sie?»

«Von Deutschland!», lautete die Antwort. «Berge! Trinken!»

Als der vereinigte Chor dazu überging, mit den Bierkrügen auf die Tische zu schlagen und dann die Tische anzuheben und auf den Fußboden donnern zu lassen, zeigten sich in Bechs Pilsnerkrug kreisförmige Vibrationen. Das Geräusch war nicht unbedingt bedrohlich, fand Bech; es war auf unbewusste und hilflose Art gewaltig. Die Deutschen waren in Europa wie der dicke Mann, der sich, mit einem zufriedenen Seufzer, mitten auf einem bereits vollbesetzten Sofa niederlässt. Die tschechischen Kellner flitzten hin und her, schüttelten die Köpfe und verdrehten die Augen in stummem Protest, und die Musiker einer Zigeuner-Band, die versuchsweise von Tisch zu Tisch gewandert waren, zogen sich mit Brandygläsern in eine dunkle Ecke zurück. Zigeuner: Bech suchte unter ihnen nach dem kraushaarigen Kopf, den mageren olivfarbenen Schultern seiner Dissidentin, die so bewegend über Bücher gesprochen hatte, aber er sah nur die brandydurchtränkt und niedergeschlagen wirkenden Schnurrbartgesichter dunkelhäutiger Männer.

Am nächsten Tag – es war, so schien es ihm, eine endlose Reihe solcher Tage, an denen Bech an seinem Ende des Palaisbogens erwachte, sodann mit bloßen Füßen über den Parkettboden eines Raums schlurfte, in den immer frische Blumen gestellt wurden, hinüber zum messingreichen, rauschenden Bad, bis er schließlich in verzauberter Einsamkeit frühstückte, wie ein Wechselbalg, dem von unsichtbaren Feen Nektar eingeflößt wurde, und nach Besitzerart seinen Spaziergang auf dem oval verlaufenden Weg machte, wobei er die Arbeiter mit einem knappen, beifälligen Nicken bedachte – hatte er eine Verabredung mit einigen literarischen Funktionären, dem Beirat des Verlagshauses, das für Übersetzungen ausländischer Bücher zuständig war. Aus Loyalität zu den Dissidenten, die er während seines Aufenthalts schon kennen gelernt hatte, erwartete er, dass er diese Apparatschiks verachten würde – ohne Zweifel alte Männer mit Haaren in den Ohren und breiten sowjetischen Schlipsen. In Wirklichkeit jedoch waren sie jung, eine ganze Generation jünger als die erschlafften Dissidenten. Der junge Mann, der offenbar den Vorsitz führte, hatte in Los Angeles studiert und sprach mit einem seltsamen, hyperamerikanischen Akzent – so wie britische Schauspieler, wenn sie O'Neill spielen –, und seine Beisitzer, in der Mehrzahl Frauen, sahen Bech mit helleren Augen an und mit einem Lächeln, das neugieriger und amüsierter war als alle Blicke, mit denen ihn die Dissidenten begrüßt hatten, auf die er freilich seltsam gewirkt hatte in seiner bedeutungslosen Freiheit, wie sie ihm seltsam erschienen waren in ihrem gewohnten Zustand der Gefährdung und melancholischen Entrüstung. Diese jungen Agenten des Establishments hingegen waren Experten für ausländische Literatur und kannten ihn und seinen literarischen Kontext sehr wohl. Sie prahlten ihm gegenüber mit amerikanischen Schriftstellern, die sie übersetzt und veröffentlich hatten – Bellow, Kerouac, Styron, Vidal – und zeigten ihm glanzkaschierte Exemplare mit modischen Umschlagbildern.

«Auch Burroughs, und John Barth», erklärte ihm eine junge Frau voller Stolz; sie hatte ein freches, lange Zähne entblößendes Lächeln und mochte, so schien es Bech, Zigeunerblut in den Adern haben. «Wir mögen sehr gern das Experiment, das Experimentelle. William Gaddis, Joan Didion, die abrupte, harsche Textur. Kann man das im Englischen sagen? ‹Abrupte Textur›?»

«Sicher», sagte Bech. «Im Englischen geht fast alles.» Es machte ihn verlegen, dass diesen jungen Tschechen die amerikanische Literatur, dieser Square Dance lahmer alter Namen, wie eine lebhafte Gavotte erscheinen sollte, ein unbekümmertes Hineinspazieren in die Zukunft.

«Sagen Sie uns doch bitte», fragte eine andere, schüchternere junge Frau, «auf welchen von der neueren Welle wir unser besonderes Augenmerk richten sollten.»

«Ich bin mir nicht sicher, ob es eine neue Welle gibt», gestand Bech ein. «Nur mehr oder weniger Rückläufiges. Die jungen Schriftsteller, denen ich begegne, sehen mir ziemlich alt aus. Wissen Sie etwas über die Minimalisten?»

«Und ob», sagte der Vorsitzende des Beirats. «Abish, Beattie, Carver – wir bringen sie alle.»

«Gut», sagte Bech mit einem Seufzer, «da sind Sie mir weit voraus. Um eine noch neuere Welle zu finden, müssen Sie schon tief unten in den Workshops für kreatives Schreiben graben. Da gibt es Tausende von ihnen, überall im Land; es ist der einfachste Weg, durchs College zu kommen.»

«*Less Than Zero*», verkündete die Blonde, «wurde offenkundig in einer solchen Unterrichtsklasse verfasst.»

Der Vorsitzende lachte. «*Like, really*. Phantastisch, wie er diese kranke Szene hinlegt.»

«Guter Titel», räumte Bech ein. «Nach den Minimalisten –

was kann da noch anderes kommen als unbeschriebenes und unbedrucktes Papier? Wird eine Erleichterung sein, nicht wahr?» Die Frau mit den langen Zähnen lachte ein sexy Lachen. «Sie spielen den Zyniker, wie Mortimer Zenith in *Velká myšlenka*. Vielleicht, so glauben wir hier, weicht dieser Roman mit seinem ironischen Titel *Think Big* von Ihrer gewohnten Methode ab. Es ist Ihr erster Versuch mit post-literarischer Literatur, der Literatur der Erschöpfung.»

«Fanden Sie ihn so schlecht?», fragte Bech.

«So *gut*, Mann», warf der Vorsitzende des Beirats ein.

«Während *Travel Light* Ihr Experiment in der Beatnik-Schule war», fuhr die freche dunkle Frau fort, «und *Brother Pig* ist Ihr magischer Realismus.»

«Da wir gerade von *Brother Pig* sprechen –»

«Das Manuskript ist druckfertig!», unterbrach sie ihn fröhlich. «Wir haben den *pub date* – sagt man so? – schon festgesetzt, auf den Herbst, der kommt.»

Bech fuhr fort: «Ich habe einen Mann getroffen, einen Übersetzer –»

Die nächste Unterbrechung kam von einem ein wenig älteren Mann, der beinahe kahl war und so dünnhäutig, dass er durchsichtig erschien; er saß am anderen Ende des Tisches. Bech hatte ihn bisher nicht bemerkt. «Wir kennen und schätzen die Arbeit Ihres Freundes, des Genossen Syzygy.»

Bech verstand dies so, als seien sie im Begriff, Syzygys aus lauter Liebe geleistete Arbeit zu benutzen, und die Pragfrühlingslämmer würden sich zu den Husáklöwen legen, und die Unterschiede dieser rätselhaft gespaltenen Gesellschaft würden sich dank seinem, Bechs, wohltätigen Einfluss ausgleichen und heilen. Von diesem so angenehmen Gedanken gewärmt, erkühnte er sich zu sagen: «Da ist noch ein Roman von mir, den Sie hier nie erwähnen. Aber es ist mein längster und, man könnte sagen, mein ehrgeizigster – *The Chosen*.»

Die Mitglieder des Beirats sahen einander an. «*Vyvolení*», erklärte die sexy Frau mit den langen Zähnen, ohne ein Lächeln jetzt und dem beinahe kahlen, dünnhäutigen Mann zugewandt.

Im Angesicht ihres kollektiven Schweigens errötete Bech und sagte: «Vielleicht ist es ein schreckliches Buch. Viele amerikanische Kritiker fanden das.»

«Oh, nein, Sir», sagte die kleine Blonde, ihrerseits leicht errötend. «Henry Bech schreibt keine schrecklichen Bücher. Es ist eher eine Frage der –» Sie vermochte den Satz nicht zu beenden.

Die Dunkle sprach. Ihr Lächeln war wiedergekehrt, aber das Funkeln war durch eine vorsichtige Ausdruckslosigkeit aus ihren Augen verbannt. «Es ist eher so, dass wir das Gefühl haben, *Vyvolení* ist für den durchschnittlichen tschechischen Leser zu –»

«Zu speziell», steuerte der Vorsitzende bei, hoch zufrieden, dass er genau das richtige Wort für eine Ausflucht in der englischen Sprache gefunden hatte.

«Zu jüdisch», übersetzte Bech.

Im Chor, ein bisschen so wie das Singen der Deutschen, versicherte ihm der Beirat, nichts könne zu jüdisch sein, die moderne Tschechoslowakei beachte solche Dinge nicht, der Strang jüdisch-amerikanischer Literatur werde in allen fortschrittlichen Ländern hoch geachtet. Trotzdem, und obwohl das Treffen mit überschwänglichem und herzlichem Händeschütteln ringsum endete, hatte Bech das Gefühl, dass er in die gleiche Leere gestolpert war, die er empfunden hatte, als er auf dem überfüllten Alt-Jüdischen Friedhof stand, nahe der rückwärts gehenden Uhr. Jetzt wusste er, warum er dem Botschafter und seiner Frau so zugetan war und sich so sicher fühlte in der Residenz, und warum es ihm auf so subtile Weise widerstrebte, sie zu verlassen. Europa schreckte ihn. Die Fülle von Geschichte in

Prag, Schicht auf Schicht, Burgen und Brücken, und diese große gewölbte Halle mit den rissigen Bodendielen, wo einst Lanzenturniere stattfanden und Männer zu Rittern geschlagen wurden; Museen mit Sälen voller Ikonen und Vitrinen, die Gegenstände aus bläulichem böhmischem Glas enthielten, mit gemalten Panoramen der Heldensage von den alles durchstehenden Slaven; steil ansteigende Straßen an abbröckelndem, meilenlang von Gerüsten verdecktem Stuck entlang; die Uhr am Altstädter Platz, wo unter kaum vernehmlichem Surren ein Knochenmann die Stunde schlägt und die Zwölf Apostel und dieser Inbegriff eines Schreckgespensts, Jesus Christus, ruckend und zuckend in zwei Fensterchen darüber erscheinen und einer nach dem andern böse hölzerne Blicke auf die versammelten Touristen werfen; das unglaubliche visuelle Zuckerbäckerwerk barocker Kirchräume, falscher Marmorsäulen aus mit Adern bemaltem Gips, oben in Trompe-l'œil-Decken mündend, wo es von Cherubim wimmelte, alles vergoldet und geneigt und gedreht und gedrechselt, um das Auge zu kitzeln, abscheuliche Hochzeitstorten-Interieurs, eins dazu bestimmt, hussitische Bauern zu beeindrucken, damit sie wieder in den Schoß des Katholizismus zurückkehren – all diese aufgeplusterte christliche Vergangenheit peinigte Bech wie eine Leere, wie ein Abgrund, über den er nur am taufrischen Morgen hinwegschweben konnte, wenn er auf dem sonst unbegangenen ovalen Weg dahinspazierte, der aber im Verlauf eines jeden Tages – wie ein unter Anästhesie zugefügter Schmerz – seinem Unbewussten Schrecken bereitete. Die Vereinigten Staaten haben ihre rauen Ecken und Enden – wenn die Straßendiebe deine Brieftasche nicht kriegen, dann schaffen es die Pflegeheime –, aber sie sind immerhin ein Land, in dem es nie ein Pogrom gab.

Glühender noch, als er Jude war, war Bech Schriftsteller, ein homme de lettres, und auch in dieser Dimension empfand er

Anlass zu Unbehagen. Er war ein Geschöpf der dritten Person, eine Gestalt. Eine Gestalt leidet an der Furcht, dass der Autor ihrer überdrüssig wird, dass er sie fallen lässt, einfach so, ohne auch nur eine tödliche Krankheit oder einen dramatischen Sturz die Reichenbachfälle hinunter in die Arme von Professor Moriarty. Seit einigen Jahren schon hatte Bech das Gefühl, dass sein Autor ihn beiseite schieben, ihn für immer vom Schreibtisch haben wollte. In der ziemlich irrwitzigen Hoffnung, ihn doch noch zu amüsieren, hatte Bech sich eine Reihe neuer Tricks ausgedacht, die aus seinen Anlagen heraus nicht zu erklären waren – er hatte geheiratet, er hatte einen Bestseller geschrieben. Trotzdem, und vor allem seit sein sechstes Jahrzehnt sich um ihn legte wie ein Astronautenanzug, spürte er die Langeweile, die von oben an ihm zog; er war – wie H.G. Wells es in grotesk fröhlicher Anerkennung seiner Sterblichkeit formulierte, was der Knabe Bech vor Zeiten, als noch alles Gedruckte heilig schien, gelesen hatte – ein Experiment, dessen Chemikalien drauf und dran waren, den Abfluss hinuntergespült zu werden. Die großen Becken in seinem Palastbadezimmer hatten gefräßige Abflussrohre, alles verschlingende schwarze Löcher mit Messingfassungen wie gierige bodenlose Bullaugen. *Ne, ne!*

Um ihn herum, in der Tschechoslowakei, passierte auch weiterhin alles Mögliche. Die kleine Akron-Annie kam von einer Einkaufsexpedition auf dem Lande zurück und brachte einen alten Schlitten mit, aus hellgelbem Holz, mit Kufen, die vorn aufwärts gebogen waren wie die Hörner eines Widders. Ihre Kinder zu Hause in Ohio würden begeistert sein. Der Fotograf und sein Assistent hatten einen schrecklichen Krach auf Französisch und Deutsch miteinander, und der junge Mann verschwand für eine Nacht und kam mit einem blauen Auge zur Residenz zurückgeschlichen. Der Botschafter fuhr nach Wien und nahm seine spindeldürre Tochter mit; er musste an einer Konferenz aller amerikanischen Botschafter Mitteleuropas teilnehmen, bei der ihnen der offizielle Standpunkt der USA im Fall Kurt Waldheim erläutet werden sollte: Der ehemalige Judentöter war zum österreichischen Präsidenten gewählt worden. Während seiner unvermeidlichen Abwesenheit fand in der Botschaft ein Empfang statt; Bech hielt einen lange im Voraus terminierten und angekündigten Vortrag über «Amerikanischen Optimismus, wie er sich in den Werken Melvilles, Bierces und Nathanael Wests darstellt», und die Frau des Botschafters sprach die einführenden Worte.

«Eine Woche lang mit Henry Bech zu leben», begann sie, «heißt, sich in ihn zu verlieben.»

Wirklich?, dachte er. Warum sagt sie mir das jetzt erst.

Sie fuhr recht munter fort, lehnte ihre kratzige Stimme in das Mikro und legte hin und wieder kleine tschechische Sprints ein, die dem aufmerksamen Publikum Ooohs und Aaahs entlockten, doch kam Bech, während er in ihrer Nähe saß und ihre eleganten Beine mit den hochhackigen Schuhen im Schatten des Rednerpults nervös umherkicken sah, der bedrückende, düstere Gedanke, dass sie ihren Pflichten nachkam, dass attraktiv und lebhaft und unwiderstehlich amerikanisch zu sein, eine ihrer Aufgaben als Ehefrau eines amerikanischen Botschafters war. Er stand aufrecht und mit verschwimmendem Blick im warmen Regen des Beifalls, der auf ihre wohlwollende Einführung folgte. Das Publikum, von den Kronleuchtern hier im Ballsaal beschienen, bestand aus weißen Gesichtern und einer weißen Hemdbrust neben der anderen. In einer Reihe erkannte er die Mitglieder des jungen Beirats des Verlags für übersetzte Literatur, und die meisten der zahlreichen Zuhörer hatten das gepflegte Aussehen des Establishments. Kommunisten, Opportunisten, Quislinge.

Doch hinterher waren es die Dissidenten, in karierten Hemden und lose hängenden Kleidern aus Second-Hand-Läden, die wie Lieblingskinder zu ihm kamen. Der Mann mit den Narben, die glänzenden schwarzen Augen wie Insektenaugen auf die Rundung seines Gesichts montiert, schüttelte Bech die Hand, hielt sie fest und sagte, auf den Vortrag bezogen: «Sie sind ungezogen. Es gibt keinen Optimismus.»

«Oh, ich denke doch, ich denke doch!», beteuerte Bech. «*Unter* dem Pessimismus.»

Die Zigeunerin war auch da, in einer anderen lose sitzenden Bluse, und mit frisch gekräuseltem Haar, sodass ihr olivfarbenes dreieckiges Gesicht wie in einem breiten Kissen nistete und nur Halbkreise von ihren großen goldenen Ohrringen zu sehen waren. «Ich mag Sie», sagte sie, «wenn Sie von Büchern sprechen.»

«Und ich Sie», erwiderte er. «Es war *so* ein hübsches Buch, das Sie mir neulich abends gezeigt haben. Das zarte dünne Papier, der hübsche handgemachte Einband. Es hat mich fast zu Tränen gerührt.»

«Es rührt viele zu Tränen», sagte sie, so wie sie in feierlichem Ton gesagt hatte: «Wir sind keine Mönche. Wir genießen nicht unsere Leiden.»

Und eine blonde Dissidentin mit kleinen Zähnen und runden Wangen, die ganz ähnlich wie die Blonde in dem Verlagshaus aussah, nur dass sie älter war und weiser, mit kleinen, faltigen Kometenschweifen, die von ihren wissenden Augen ausgingen, erklärte: «Václav lässt Sie grüßen, er bedauert, dass er nicht zu Ihrem ausgezeichneten Vortrag kommen konnte. Er musste genau zu dieser Stunde einem sehr verständnisvollen westdeutschen Journalisten ein Interview geben.»

Syzygy, in dunklem Anzug und stark schwitzend wie ein von seiner Gottheit besessener Voodoo-Priester, brachte es nicht über sich, Bech anzusehen. «Seit der Premiere des *Don Giovanni* hat es in Prag keinen solchen Abend mehr gegeben», begann er, war jedoch vor lauter Staunen nicht fähig, seinen

Satz fortzusetzen, und schloss bebend die Augenlider hinter seinem Phantomzwicker.

Schließlich war Bech allein in seiner Suite; er fühlte sich aufgebläht von dem weißen Wein und den extravaganten Komplimenten. Dies war seine letzte Nacht in dem letzten, in Europa errichteten Palais. Morgen Brno, und dann die freie Welt. Der Mond war aufgegangen, und wie die Rückseite eines Spiegels übergoss er den großen ovalen Park mit Silber – die blassen Wege, die Büsche mit ihren wie Aschehäufchen aussehenden Schatten, den rechtwinkligen unbenutzten Tennisplatz –, so ominös wie ein De Chirico. Wo war der Mond die ganze Woche über gewesen? Hinter der Burg. Hinter dem Hradčany. Bech trat vom Fenster zurück und legte sich in sein breites Bett. Von ferne hörte er Türen schlagen und eine Frauenstimme in Ekstase aufschreien: Der Botschafter kehrte zu seiner Braut zurück, nachdem Waldheim der Mund gestopft worden war. Bech las ein wenig in Hašeks *Bravem Soldaten Schwejk*, aber selbst dieser ziemlich ermüdende nationale Klassiker vermochte ihn nicht zu beruhigen, noch sein schleichendes Entsetzen zu verringern.

Er lag schlaflos im Bett, belagert von Panik. *Jako by byl nemocen, zjistil, že může ležet jen v jedné poloze, na zádech. Obrátit se na druhý bok znamenalo nachýlit se nad okraj propasti, převrátit se na břicho znamenalo riskovat, že utone ve vodách věčného zapomnění, jež bublaly ve tmě zahřívané jeho tělem.** Eine einzelne späte Straßenbahn quietschte irgendwo fern im Labyrinth von Prag. Der weibliche Schrei, der den Botschafter begrüßt hatte, war längst verklungen. Aber selbst unter der Decke ihrer politischen Unterdrückung regte und rührte sich die Stadt leise, jenseits der schwer bewachten

* Dieses und die folgenden Zitate aus der tschechischen Ausgabe von «Bech Panics» (in «Milenci a manželé», Prag, Odeon, 1984), übersetzt von Antonin Přidal.

Wälle, mit Schritten und kleinen Explosionsgeräuschen von Benzinmotoren, so wie ein vermeintlich gelöschtes Feuer noch knistert, ehe es sich endgültig legt. *Zkoušel se na tyto zvuky soustředit, vymačkat z nich pouhou silou pozornosti balzám jejich nepopiratelnosti, nevinnost, která byla hlavním rysem jejich prosté existence, nezávisle na jejich dalších vlastnostech. Všechny věci mají tutéž existenci, dělí se o tytéž atomy, přeskupují se: tráva v hnůj, maso v červy. Temnota za touto myšlenkou jako sklo, z něhož se stírá námraza. Zkoušel si příjemně oživit svůj večerní triumf, předčítání odměněné tak vřelým potleskem.* Er dachte an die Zigeunerin, Ila, Ila mit ihren Brüsten, lose schwingend in ihrer losen Bluse, die zu seinem Vortrag und zu seinem Empfang gekommen war, mutig den unerforschlichen kafkaesken Behörden trotzend, und versuchte sie sich ausgezogen vorzustellen und in einer Positur sexueller Empfänglichkeit; sein Autor jedoch war zu gelangweilt von ihm, als dass er ihm eine Erektion gegönnt und ihn kraft dieser ursprünglichen Methode von seinen Schrecken befreit hätte, dort in des Botschafters großem Gästebett.

Becha to neuspalo. Jeho panika, jako bolest, která sílí, když se jí obíráme, když jí rozněcujeme úpornou pozorností, se bez hojevého potlesku jitřila; nicméně, jako rána, zkusmo definovaná protiinfekčním a odmítavým vzepřením těla, začala nabírit jistou podobu. Seine Panik kam ihm teigig und steif vor und offenbarte eine gewisse Gestalt. Die Gestalt war die Furcht, dass er, sobald er den sanften Bogen der Residenz des Botschafters verlassen hätte, in Rauch aufgehen und aufhören würde zu existieren.

Bech präsidiert

:

:

HENRY BECH HATTE JENES fortgeschrittene Stadium des Schriftstellerdaseins erreicht, in dem das Schreiben, wie es schien, hauptsächlich aus Beiträgen zu Festschriften bestand – schmale Bände voller Ehrungen, oft begleitet von alten Fotografien und einem etwas steifen Bankett im Century Club oder bei Lutèce oder in Michael's Pub, zu Ehren dieses oder jenes alten Gefährten in hitzigen Schlachten der Literatur. Selbst für ihre begeistertsten Veteranen nahmen diese Schlachten den gleichen Verlauf: ein hurtiger Vorstoß, vollbracht im trüben Morgendämmer jugendlicher Unwissenheit, das Aufpflanzen einer leuchtenden tapferen Flagge an einem vorübergehend vorspringenden Punkt der schwankenden Frontlinie der Avantgarde, und dann ein schleppender Rückzug durch den Schlamm klebenden Ruhms, sporadisch aufgehellt von den Leuchtkugeln akademischer Exegese. Solch ein ehrenhafter Rückzug konnte praktisch immer weitergehen, dank der modernen Medizin, die einen Ruf noch über den Hirntod hinaus am Leben erhält.

Lieber Mr. Bech,
wie Ihnen zweifellos bekannt ist, wird Isaiah Thornbush 1991 siebzig Jahre alt. Wir vom Verlag Aesop Press kamen bei der Suche nach einer passenden Würdigung dieses bedeutsamen Meilensteins auf die Idee einer Festschrift: ein

Band in Schuber, in limitierter Auflage, mit marmoriertem Vorsatzpapier und gestreiftem Kapitalband, der nur dem inneren Kreis der Freunde und Schüler zugänglich gemacht werden soll. Unsere Begeisterung für dieses Projekt wird geteilt und herzhaft unterstützt von unserem Mutterhaus, der Grigson-Kawabata Corporation Ltd., und von Mr. Thornbushs langjährigen Literaturagenten Larry «Ace» Laser, sowie von denen seiner sieben Kinder, die wir ausfindig machen und mit denen wir uns in Verbindung setzen konnten. Zwei von seinen drei Ex-Ehefrauen haben sogar zugesagt, kurze Erinnerungen zu schreiben und den Text insgesamt auf Genauigkeit zu durchleuchten!

Sehr hoffen wir, auch Sie werden einen Betrag beisteuern. Nahezu alles ist recht – eine Erinnerung, ein Gedicht, eine Fotografie, auf der Sie beide zu sehen sind, eine gemeinsame Einschätzung, wie das gediegene Beispiel, das Isaiah Thornbush gab, Ihrer eigenen künstlerischen oder persönlichen Entwicklung besonders förderlich gewesen ist. Was Sie ihm sprachlich verdanken, ist von Kritikern oft angemerkt worden, und obwohl Sie ihn nicht namentlich erwähnten, war der Hinweis auf ihn in einem Ihrer wunderbaren autobiographischen Essays offensichtlich. (In welchem genau, ist uns allen hier bei Aesop entfallen, obwohl wir heute Morgen stundenlang unsere Hirne zermartert haben!)

Doch wie dem auch sei, Mr. Bech, selbst die formloseste Grußadresse wird dankbar entgegengenommen – je weniger «zugeknöpft», desto besser, bis zu einem gewissen Grade, natürlich. Alle Beiträger sollen im Herbst zu einem festlichen Empfang in Thornbushs Manhattaner Residenz eingeladen werden – Gastgeberin wird seine liebenswerte Frau Pamela sein, und wir sind gewiss, dass Sie dort auf gar keinen Fall fehlen möchten. Wir warten begierig darauf, von Ihnen zu hören.

Mit den besten Grüßen verbleibe ich als Ihre

Martina O'Reilly
Associate Editor
Trade Division, Aesop Press

Wie ein irritierend detaillierter Fleck auf dem Glaskörper schwebte Izzy Thornbushs nur allzu vertrautes Gesicht vor Bechs innerem Auge, während er dies las: der obszön kahle Schädel mit seinen ausladenden Flügeln weißen Flaums, die knollige kleine Nase, die mit einem Gesprenkel schwarzköpfiger Mitesser verziert war, der breite fleischige Mund, den ehrgeizige Dentistenarbeit in den jüngsten Jahren nach vorn gedrängt hatte in einen gespenstischen Abklatsch von George Washingtons unübertrefflicher Halbgrimasse. Er war zwei Jahre älter als Bech, und seit den späten vierziger Jahren hatten die beiden einander in Manhattan ständig umlauert, zwei Möchtegernlöwen in einer übervölkerten Serengeti. In seinen jüngeren Jahren hatte Izzy einen Harpo-Marx-Wuschelkopf gelockten, erdbeerblonden Haars zur Schau getragen; immer schon hatte er sich als Hirnakrobat gegeben. Er versuchte Bücher mit dem Kopf zu schreiben – schwere, ächzende historische Allegorien, mit Aristoteles und Wilhelm von Ockham und Königin Nofretete als historischen Gestalten, die in einem fiktiven, surrealistisch mit modernen Gerätschaften ausgestatteten Hörsaal debattierten. Für Bech hatte das alles etwas Rumpelndes – aus Holz zurechtgehackte gigantische Uhrwerke –, das all dessen entbehrte, was er sprachlich und stilistisch schätzte: die krause Textur täglichen Lebens, den grauen, aus tausend Fibern zusammengepressten Filz, die schwer zu fassende Eintönigkeit, die unzählige winzige Fünkchen barg. Seine eigene bebende, kurvenreiche frühe Prosa, geschmeidig gehalten durch eine ehrfurchtsvolle und vielleicht ängstlich beflissene Aufmerksamkeit auf das subjektive Präsenz bewegte sich im Verhältnis zu Thornbushs undurchdringlichen, kantigen Blöcken intellektueller Geschichte ästhetisch gesehen am entgegengesetzten Pol; dennoch wurden beide in der kurzlebigen literarischen Zeitschrift *Displeasure* (1947 – 1953) gedruckt, und so begegneten sie einander notgedrungen bei den Cocktailpartys im Village und den Picknicks auf Long Island, mit denen die gebildete Oberschicht nach den Entbehrungen der Kriegsjahre die Schmuggelwiskey-Gemütlichkeit der zwanziger Jahre wiederherstellen wollte.

Amerikas Imperium, das zwei Schlangen erwürgt hatte, war in jenen Jahren noch ein kräftiges Kind. Als die Vierziger ihr ehrbares Khaki abstreiften und stattdessen die pfauenbunten Kunststoffe des Popluxus der Fünfziger anlegten, schwitzten sich Bech und Thornbush empor zu Ansehen und Ruhm – Bechs Durchbruch kam mit dem in der Nachfolge Kerouacs stehenden Roman *Travel Light* (1955), Izzy wiederum hatte ihn mit der in imitiertem Chaucer'schen Englisch geschriebenen zotigen Tausend-Seiten-Saga über die Wechselfälle des philosophischen Realismus im Mittelalter, der in seiner Zerstörung durch die zentripetalen Kräfte des Nominalismus und die Pest gipfelte (*Occam's Razor*), 1954). Die Analogien zum McCarthyismus, zum atomaren Fallout und zur grau gekleideten Konformität brauchten kaum hervorgehoben zu werden, wurden es in Kritiken aber trotzdem, und vielleicht stieg Izzy so etwas wie politisches Bewusstsein zu Kopf, wo nicht nur hochgeistige Bildung, sondern auch niedrige merkantile Beweggründe eingelagert waren.

In den folgenden Jahrzehnten trafen sich die beiden Schriftsteller bei großzügig finanzierten kulturellen Symposien in Aspen und Genf, auf Streifzügen als Quasi-Botschafter in kommunistische Länder, bei Übelkeit erregenden gefälligen Preisverleihungszeremonien und, als die Sechziger Einzug hielten, bei Protestmärschen und Versammlungen. Izzy, in ausgestellten Hosen und mit Liebesperlen am Halsband, während sein Haar gleichzeitig dünner und länger wurde, erblühte zu einem Guru der Jugend. Seine zweispaltig gedruckte Travestie der Bibel, *The LB-Bull*, die mit blutigen Details und unmissverständlichen Anspielungen die antimexikanischen Grausamkeiten des Krieges beschreibt, der im neunzehnten Jahrhundert auf Amerikas Annexion von Texas gefolgt war, alles in einem schnarrenden Slang, der offen die Sprechweise des damaligen Präsidenten nachäffte, wurde ein Kulttext der College-Jugend, eine eindrucksvolle, höchst gelehrte Aufmunterung zu Empörung und Krawall. Für Bech waren die sechziger Jahre eher eine rezessive Zeit; bei einem Lungenzug vom mildesten Marihuana wurde ihm übel, und sich dem Wehrdienst zu entziehen, fand er abstoßend, einerlei ob ein Krieg «gut» war oder nicht. Bech, der bei der Ardennenschlacht mitgekämpft und den Rhein mit überquert hatte, fand es schwierig zu jubeln, wenn die amerikanische Flagge verbrannt wurde. Sein opus magnum, ein in Amerika spielendes, freimütig jüdisches (endlich) erzählendes Werk, im späten November 1963 veröffentlicht, ging unter im sich auflösenden Konsens des Jahrzehnts. Sein ironischer Titel, *The Chosen*, war, wie sich herausstellen sollte, schlecht gewählt, da Chaim Potok 1967 einen durchschlagenden Bestseller mit demselben, in seinem Fall nicht ironisch gemeinten Titel veröffentlichte; hinzu kam, dass binnen weniger Jahre die frechsten und freudianischsten Stellen des Romans aufgrund der furioseren Enthüllungen eines Philip Roth und einer Erica Jong plötzlich zahm klangen.

Dann, in den Siebzigern, verblasste Izzys Stern. Seine umfangreiche «*Nixoniade*», in kompliziert «gereimten» Paaren von Prosakapiteln geschrieben, erschien, obwohl der Drucker zur

Eile angetrieben worden war, erst sechs Monate nachdem sein Gegenstand in seiner Apotheose als stolperzüngiger Lord der Missherrschaft zurückgetreten war und seine Schande in die Schatten von San Clemente geschleppt hatte. Auf Nixon einzudreschen war aus der Mode gekommen, und in der Katerstimmung der Wirtschaft, die von ihrer eigenen Unfähigkeit, Maß zu halten, herrührte, waren die Studenten mehr auf feste Anstellungen bedacht als auf die Erforschung der Wonnen eines Anti-Esthablishment-Schelmenstücks, das eine halbe Million Wörter auf die Waage brachte. Als Bech, gegen Ende des Jahrzehnts, sich selbst und die Welt damit verblüffte, dass er eine Schreibblockade überlistete und einen kommerziell erfolgreichen Roman für Fernsehsüchtige veröffentlichte, den er *Think Big* nannte, schlug sich Thornbushs Missgunst in Gedrucktem nieder, in einer Besprechung in *Commentary* («Le Penseur en Petit»), deren Säuerlichkeit auch durch die Krokodilstränen der anfangs beteuerten Bewunderung nicht gemildert wurde.

Nicht dass Bech Izzys Sachen je gemocht hätte. Allerdings mochte er im Grunde keines der Werke seiner Zeitgenossen. Anders wäre es auch unnatürlich gewesen: Sie saßen alle auf demselben sinkenden Floß, wetteifernd um schrumpfenden Besprechungsraum und demographische Beachtung. Diejenigen, die nicht – wie John Irving und John Fowles – geschwätzig erschienen, ihrer Methode nach rückschrittliche Dickensianer, wirkten – wie John Hawkes und John Barth – auf selbstgefällige, hermetische Weise experimentell. O'Hara, Hersey, Cheever, Updike – Vorortbewohner, die in Sicherheit lebten, während das städtische Zentrum der Kunst zerfiel. Und das waren nur die Johns! Bech hätte es nichts ausgemacht, wenn alle anderen Schriftsteller verschwunden wären und ihn allein zurückgelassen hätten auf einem Planeten mit einer Milliarde Englisch sprechender Leser. Auf solche Weise einzigartig zu sein, war keine Aussicht, die ihn schreckte, während er dasaß und seine kalten Inspirationen wärmte wie eine brütende Henne, die auf gläsernen Eiern hockt – in seinem einsamen, unweit des unteren Broadway gelegenen Loft, in den er eingezogen war, nachdem seine Vorortehe mit der Schwester seiner langjährigen Geliebten schließlich aufgelöst worden war. Solipsismus war Bestandteil des Schriftstellerlebens; warum sollte man das nicht statistisch untermauern? Tatsächlich war es amüsant, sich vorzustellen, wie Izzy Thornbush sich in nichts auflöste. Diese vorstehenden Augen, diese abstehenden Haarflügel; diese übergroßen, allzu weiß verkronten Zähne; dieser vorspringende Intellekt, wie der herausgestoßene knochenlose Körper einer vergifteten Molluske, deren Schale mit fatalem Ausgang erschlafft war – pffft! Bechs Geringschätzung hatte sich noch verstärkt, als Thornbush, dessen drei frühere Ehefrauen muskulöse, humorvolle, umgängliche Frauen aus alten jüdischen Familien und mit Neigungen zur Bohème gewesen waren, im flachen Kielwasser seiner verpatzten «*Nixoniade*» sein Ego aufpolsterte, indem er die Hand einer *schiksse*, einer christlichen Erbin erbeutete – die apfelwangige, kulturbeflissene Pamela Towers, deren Vater, der berüchtigte Zeke Towers, ein Zementmixer in New Jersey, den Namen seiner Familie veredelt hatte, indem er zu der Zeit, als vertikales Spiegelglas den stufenförmig vermauerten Ziegelstein in der Skyline ablöste, einer von Manattans Immobilienmagnaten wurde. Im Luxus seiner Residenzen in der Park Avenue, in Palm Beach und East Hampton brauchte Izzy, der ehemalige Erfinder und Gestalter raffinierter verbaler Pyramiden, nicht mehr zu bauen; als in Prunk ausgehaltener Mann brauchte er nur noch die kunstvollen Stützpfeiler seines bröckelnden Ruhmes zu überwachen.

Trotzdem:

Liebe Ms. O'Reilly,

die Stimme, die sich rühmend in meiner Kehle erheben will, um meinem lieben alten Freund Isaiah Thornbush Gerechtigkeit widerfahren zu lassen, ist rau geworden von den salzigen Abschürfungen der Zuneigung und Wehmut. Wie anders sähe die Landkarte der amerikanischen Nachkriegsliteratur aus ohne die sich dehnenden, fähnchenbesteckten Schlösser seiner gewichtigen, scholastisch rigorosen Werke – intellektuelle opera, in der Tat! «Hier Drachen», lautete die Formel, mit der die alten Kartographen einen Furcht einflößend unbekannten Fleck zu kennzeichnen pflegten, und meine Furcht geht dahin, dass in diesem Zeitalter des vorgekauten Sound-bite und King-size-Ausverkaufs der überwölbte Hof, wo Thornbushs Delikatessen serviert werden, zu wenig aufgesucht wird – die Anforderungen, die sie, mariniert in der Lake der Geschichte und gewürzt mit dem heißen Sternnebel der Kosmologie, an den McDonaldisierten Gaumen des Lesers stellen würden, dem, wäre er der ideale Leser, jede linguistische Nuance und kanonische Anspielung fassbar und zugänglich wäre, sind buchstäblich (wie auch sonst?) undenkbar geworden. Nicht dass mein herrlicher alter Freund Izzy jemals durch ein Nachlassen seines Schwindel erregenden Tempos den leisesten Verdacht aufkommen ließe, dass ihm vom Schicksal die Rolle eines Zauberers zugewiesen wäre, dessen Tricks über das Fassungsvermögen seines Publikums hinausgehen oder wie jene eines Magiers in einem manipulierten Film allzu leicht zu durchschauen sind. *Au*, wie die abgedroschene Redensart geht, *contraire*: Er trabt weiter – es gibt kein anderes Wort – hierhin und dorthin auf Botengängen in Sachen Literatur, urteilend, sprechend, instruierend, einführend, Nachwort schreibend, und erduldet es, dass er selbst aufs Podium verschleppt und mit Ehren überhäuft wird, bis zu dem Grade, wo wir schüchternen, weniger gehärteten seiner Kollegen stellvertretend unter dem Gewicht seiner Orden und seines erdrückenden Renommees zusammensacken. Kämpfe weiter, Genosse, auch wenn die Ebene, wo ignorante Armeen zusammenprallen, finsterer ist denn je; segle dahin, Izzy, und erinnere alle, die deinen schwellenden Spinnaker draußen am Horizont erblicken, dass es einstens so etwas gab wie Literatur!

Das Obige, Ms. Reilly, ist zur Veröffentlichung und zum mündlichen Vortrag bestimmt – was folgt, ist nur für Ihre Augen und ohne Zweifel zierlichen Ohren gedacht. Mag sein, es ist Ihnen nicht aufgeknöpft genug. Falls Sie es zu nehmen geruhen, ändern Sie bitte nicht, ich wiederhole, AUF KEINEN FALL, meine Interpunktion und unterbrechen Sie nicht das kontinuierliche, rhapsodische Gefälle meines Textes. Nebenbei, Aesop tut recht daran, sich auf diese Weise zu engagieren; die kommerziell orientierten Verlage sitzen sichtbar auf ihren Händen, wenn es um seriöse Schriftsteller wie Thornbush geht. Ich höre, dass sein letzter Sturm durch die Heuhaufen (Reich der Mitte, vor Marco Polo, stimmt's?) bei sieben Verlegern gelegen hat, bevor der achte es druckte, wenn auch nur nach beträchtlichen Kürzungen und unter Eliminierung aller Passagen in anderer Schrift als Antiqua und in anderer als der englischen Sprache. Und ebenfalls nebenbei, wie kommt es, dass eine junge Maid mit dem Namen Martina einen Mann traf, der O'Reilly hieß? Oder sind Sie das Produkt einer stürmischen Paarung zwischen einer kommunistischen Verbannten und einem Waffenschmuggler der IRA?

Ihr neugieriger Komplize
Henry Bech

Die Festschrift-Party fand im Penthouse des Thornbushs, im fünfzehnten und sechzehnten Stockwerk eines spreufarbenen Klinkergebäudes an der Park Avenue in Höhe der sechziger Straßen statt. Scharfkantige minimalistische Skulpturen standen gefährlich verstreut auf furnierten französischen Antiquitäten. Jobbende junge Schauspielerinnen und Schauspieler in schwarzem Unisex-Oufit reichten mit der unheimlichen geschulten Anmut und der weißgesichtigen Ausdruckslosigkeit von Mimen glitschige, mit Schnittlauch bestreute Hors d'œuvres herum. Hoch oben an der zweigeschossigen Wand des Duplex, über einer spiralförmig emporkreisenden gläsernen Treppe, hing ein riesiges tibetanisches Banner, eine *thang-ka*, über den Köpfen der Lebenden, ein Baum, ein *tschog sching*, aus rigiden kalkfarbenen, im Grunde jedoch zugänglichen Gottheiten. In dem weitläufigen Wohnzimmer, das dennoch zu klein war für diese schnatternde Menschenansammlung, quoll noch einmal, vorübergehend, dick Zigarettenrauch auf, dieses mörderische Gespenst der Vergangenheit. Bech sah sich von Dutzenden halb vergessener Gesichter umgeben, Gesichter von Lektoren und Agenten und Publizistinnen und Verlegern, die in der Branche herumgekommen waren (gefeuert und wieder eingestellt, an einen deutschen Konzern verkauft, gezwungen, kurzgefasste Meldungen für einen Kabelsender in Stamford zu schreiben) und doch gespenstisch sichtbar blieben in der geschwätzigen industriellen Stagnation der New Yorker Verlagswelt. Und da waren Maler – mit Habichtnasen, ohne Schlips, haarig, schwul –, weil Izzy, von anderen Fähigkeiten abgesehen, Kritiker für *ARTnews* und Spezialisten für persische Miniaturen, Quäkermöbel, Miserikordien und so weiter war. Und da waren Komponisten – weiche, fassbrüstige Partylöwen in Zweireihern, die ihren gesellschaftlichen Schliff hoch entwickelt hatten in einem Doppelleben, in dem sie ihren Schülern letzte Feinheiten beibrachten und den Förderern schmeichelten –, denn Izzy war seinerseits ein tüchtiger Amateurgeiger, der, hätte sein großes Gehirn ihn nicht von den Fingerübungen fortgezogen, vielleicht eine Laufbahn als Konzertgeiger eingeschlagen hätte und der, wie es hieß, nicht nur die Texte, sondern auch die Melodien zu mehreren beliebten Songs in der auf seinem ersten Roman beruhenden musikalischen Komödie *Occam!* beigesteuert hatte so wie mehrere Nummern in der anzüglichen Revue *Nofretete unterhalb des Halses*, die sich lose an seinen zweiten Roman anlehnte. Und da waren Geschichtsprofessoren, mit denen Izzy sich im Verlauf seiner Recherchen angefreundet hatte, darunter der für seine Länge und der für seinen kleinen Wuchs berühmte, die auf einem engen *tête-à-tête* beharrten, so wie wenn der Buchstabe «f» durch Ligatur mit dem Buchstaben «i» verbunden ist. Und schließlich waren da Schriftsteller – mit einem einzigen Blick erkannte Bech Lucy Ebright mit ihren leuchtenden Eulenaugen und ihrem Schwanenhals, und Seth Zimmerman mit seinem selbstverliebten Gekicher, und Vernon Klegg in seiner alkoholischen Apathie. Doch nun kam Pamela Thornbush, Lady Festschrift höchstpersönlich, auf Bech zu, und ihre rosa Wangen fanden ein Echo in ihren sommersprossigen rosa Brüsten, die mehr als zur Hälfte zu sehen waren in dem tiefen Samtdekolleté ihres pflaumenfarbenen Prada-Kleides. Sie hatte eine andere Frau im Schlepptau, eine junge Frau mit festem Körper, mausgrau gekleidet, mit der glanzlosen Haut und dem militanten, leicht zornigen Gebaren, das Bech mit den Schönheiten Osteuropas assoziierte, den ehemals kommunistischen Flittchen, deren anziehende Kräfte im Dienst der Stasi, der ÁVÓ und des KGB standen. «Lieber Henry», sagte Pamela, obwohl sie sich noch nicht sehr oft begegnet waren, «Izzy war schlicht zu Tränen gerührt, als er las, was Sie über ihn geschrieben haben; nie habe ich ihn so bewegt gesehen, ehrlich. Und das ist unsere schöne Martina, die alle Fäden des Projekts in der Hand gehalten hat. Sie errötet noch immer, wenn sie auf Ihren kecken Brief zu sprechen kommt.»

Bech ergriff die ihm entgegengestreckte schmale kühle Hand, die einen männlichen Druck bewies, während die Augen geradewegs in seine Augen blickten. Sie war ungefähr so groß wie er, vielleicht zwei, drei Zentimeter kleiner. Ihre Augen waren von einem dunklen, gedämpften Haselbraun. «In meinem Alter», sagte er zu ihr, «heißt es: entweder keck oder kühl.»

Wie seltsam, wie unironisch diese Martina *da* war, wenn auch nicht eigentlich schön; da war kein Glanz, kein Glamour. Sie war ganz Geschäftsfrau. «Ich hoffe, Sie haben bemerkt», sagte sie, «dass ich Ihre Zeilen gegen die Korrektoren verteidigt habe. Wie Sie vorausgesagt haben, wollten sie den Fluss unterbrechen.» Sie sprach mit der mühelosen Geläufigkeit der durch und durch naturalisierten Amerikanerin, doch die Worte hatten etwas Hartes, Endgültiges, als vertraute sie nicht ganz darauf, dass sie genau das, was sie sagen wollte, übermittelten – ein Überbleibsel, wie Bech vermutete, des Akzents ihrer eingewanderten Eltern.

«Korrektoren hassen fließende Texte», sagte er. «Übrigens habe ich noch gar nicht in den Band hineingesehen. Ich dachte, er macht mich nur eifersüchtig. Ich bin achtundsechzig, und keiner festet meine Schriften.»

«Sie sind zu jung, Mr. Bech. Sie müssen einen runden Geburtstag abwarten.»

«Ich bin mir nicht sicher», sagte er in ernstem Ton – die Frau mit ihrem unverwandten Blick war wie eine, wenn auch spät im Leben empfangene Einladung, ernst zu sein; er prüfte die Umgebung, in der sie standen, und stellte fest, dass Pamela, die sommersprossige, sagenhafte, noch immer mädchenhafte Erbin, weitergegangen war, nachdem sie dieses kleine Kupplerinnenstück zustande gebracht hatte –, «ob ich Izzys Begabung zu runden Zahlen habe. Sehen Sie sich den Kerl an. Der vollendete Gastgeber, der jede Ehrung aufschlabbert. Er hätte römischer Kaiser sein sollen.»

Mit dem sechsten Sinn, den der literarische Dschungel hervorbringt, erspürte Thorbush vom anderen Ende des Raums, dass Bech über ihn sprach; seine vorstehenden Augen mit ihrem gelbstichigen Weiß glitten zu seinem alten Kollegen hin, obwohl gerade ein Kreis von Anbetern in schallendes Gelächter über seinen jüngsten geistreichen Witz ausbrach, noch heiß von seiner fleischigen und flexiblen Zunge.

Als Antwort auf Bechs uncharakteristische Ernsthaftigkeit wurde Martina noch ernster. Zur Betonung legte sie ihre kühlen Finger auf den Rücken seiner Hand, mit der er einen Drink vor seiner Brust hielt, einen Bourbon, der von der Hitze, die er ausstrahlte, schon wässerig wurde. «Die Leute haben Angst vor Ihnen», sagte sie in einem nach Schalotten duftenden Schwall von Aufrichtigkeit, der die Härchen in seinen begierigen Nüstern erbeben ließ. «Sie sind so lauter. Ich nehme an, die Leute denken, bei dem Gedanken an eine Festschrift würden Sie lachen. Sie würden spotten bei der Vorstellung, dass Menschen Sie lieben.»

Er erwog, was daran wahr sein mochte, während er das wächserne Weiß ihrer Ohrmuschel betrachtete. Dieses Ohr lag bloß unter einer straffen Strähne prosaischen braunen Haars und war, wie er bei ihrem einzigen vorherigen Austausch vermutet hatte, zierlich. Die Phantasie nimmt die Wirklichkeit vorweg. Er mochte die altmodische Strenge ihrer Frisur; sie hatte die Haare zu einem Pferdeschwanz zurückgekämmt und ihn mit einem seidenen Ring, einer Rose aus rosa Band gesichert – ein ansprechendes billiges Detail. Er schätzte Sparsamkeit bei Frauen, einen asketischen unbekümmerten Zug; er zeigte die Fähigkeit, die nötig war, um, sei es auch nur kurz, auf seinem steinigen Weg mit ihm zu reisen. «Sie haben Recht», antwortete Bech. «Lob, das man den Leuten abpresst, ist nicht mehr wert als zehn Cents von einem Dollar. Aber genug von mir. Erzählen Sie mir von sich.»

Sie ließ ihren geraden Blick sinken, während ihre blassen Wangen über dem festen, erregend streitbaren Kinn einem Erröten widerstanden. «Sie lagen nur knapp daneben. Meine Eltern kamen 68 raus, als ich drei Jahre alt war. Mein Mann war kein Waffenschmuggler, sondern Spezialist für Fusionen und Akquisitionen, falls das für Sie ein Unterschied ist.»

«War? War, was Fusionen und Akquisitionen betrifft, oder was den Ehemann angeht?»

«Letzteres. Es tut mir Leid, dass ich ‹wenig zugeknöpft› geschrieben habe. Ich war nervös. Pamela war wild darauf, Sie in der Festschrift zu haben. Ich dachte, Sie würden darauf pfeifen. Ich war dankbar und zugleich enttäuscht, dass Sie es nicht getan haben.»

Das wiederum brachte sie auf eine Ebene der Ernsthaftigkeit, wo zu atmen beide nicht ganz vorbereitet waren. «Ich habe nachgegeben», gestand er. «Ihren Schmeicheleien. Ich bin in der Tschechoslowakei gewesen», fügte er hinzu.

«Klar. Jetzt fährt jeder hin. Es ist billig dort, und Prag ist scharf.»

«Ich war da, als es noch real war. Noch kommunistisch. Die große Stalinstatue. All die alternden hippieartigen Dissidenten. Es kam mir wie ein sehr lebendiger, empfindlicher Ort vor. Verletzlich.»

«Ja, das sind wir. Die Tschechen sind zu oft mit stärkeren Völkern in Berührung gekommen. Selbst als wir frei wurden, haben wir uns in die Freiheit gelächelt.»

«Daran ist ja nichts auszusetzen. Ich wünschte, wir alle könnten das.»

Ihre Hände hielten einander vor ihrer Brust umklammert, die eine umschloss die andere, die ein Glas Rotwein in einem gefährlich schiefen Winkel hielt. Er streckte die Hand aus und wagte sie zu berühren. Ihre Hand war ihm kühler vorgekommen, als sie ihn berührt hatte. «Hinter Ihnen – passen Sie auf!», sagte er. «Da kommt der Geburtstagsknabe.»

Izzy Thornbush – die Haare auf seinem Schädel standen aufrecht im Licht – erschien. Er stellte sich neben Martina, als bildeten sie eine militärische Formation, und drückte ihre Schultern so fest, dass sie überrascht kicherte. Aber sie hielt ihren Wein so, dass nichts überschwappte. «Na, ist sie nicht ein Schnuckelchen, Henry, wie wir zu sagen pflegten?»

«Dieser Ausdruck wäre mir nicht eingefallen», sagte Bech galant.

«Sie ist mein bester Kumpel bei Aesop gewesen», fuhr der viel geehrte Schreiber fort. «All die übrigen jungen Stümper dort sind jetzt Computerniks, in deren Augen das geschriebene Wort obsoleter Plunder ist. Sie kümmern sich nicht um Grammatik, und sie kümmern sich nicht um den Satzspiegel. Diese junge Dame ist ein regelrechtes Fossil für uns alte Dinosaurier.»

«Ich habe immer Bücher geliebt», sagte Martina mit einer leichten drehenden Bewegung, die den Bärengriff des Wortschmiedes lockerte. «Ich mag es», sagte sie, «wie der Leser selbst sein Tempo bestimmen kann, statt dass ein speed- oder prozacabhängiger Regisseur es einem vorschreibt.» Bildete Bech es sich ein, oder drohten ihre Lippen zu stottern, als ihr nahezu muttersprachliches Englisch sich auf ihrer Zunge versteifte? Der Gedanke, sie sei womöglich von Izzy beeindruckt oder gar eingeschüchtert, ärgerte Bech.

Die massigen Augenbrauen des Romanciers – Dickichte, in denen Bogen, rot wie glühende Fäden, darum kämpften, weiter zu leuchten inmitten der Haare, aus denen alle Farbe und alles Lockige entwichen waren – hoben sich in Anerkennung dieses Bulletins der pharmazeutischen Generation. «Es ist nie ausreichend und methodisch darüber nachgedacht worden», verkündete er, «wie weit der Input des Lesers hilft, das Buch zu erschaffen. Wir haben eben kein Äquivalent zur Kunstform der Installation, wo der Betrachter auch der Ordnende ist.»

«Nun ja, immerhin hatten wir *Rayuela, Himmel und Hölle*», sagte Bech. «Und Barthes berichtet irgendwo, wie er, wenn er Proust liest, immer springt.»

«Ein Computer-System», spann Izzy den Faden weiter, während seine Augen hervortraten und Spuckebläschen zwischen seinen Lippen explodierten, «sagen wir, *À la recherche* auf CD-ROM, könnte einen neuen Pfad erzeugen, eine endlose Reihe neuer Pfade durch das Werk, sodass jedes Mal ein neuer Roman daraus würde – in einem könnte Jupien der Held sein, oder Albertine könnte Odettes Liebhaberin werden!»

«Der Leser sucht nicht die Macht, Entscheidungen zu treffen», sagte Martina eine Spur gereizt angesichts Thornbushs Eminenz. Vielleicht wollte sie Bech zeigen, dass sie weniger eingeschüchtert war, als er beim Zuschauen gedacht hatte. «Man liest, weil keine Entscheidungen von einem erwartet werden, der Autor hat sie alle getroffen. Das ist der Luxus.»

«Aber ist das nicht», sagte Izzy, um darzutun, dass er nicht zu alt war, um seine Derrida gelesen und verarbeitet zu haben, «eine Form der Tyrannei? Ist ein traditioneller Autor nicht ein wahnsinniger Jahwe von der schlimmsten Sorte, der uns sagt, wie alles sein muss?»

Bech blickte gen Himmel und fragte sich, ob Jahwe, der es furchtbar unrein fand, wenn ein Sterblicher seinen Namen im Munde führte, Thornbush totschlüge. Oder hatte Izzy durch Heirat und Promiskuität beim Herumwandern in der Welt der Gedanken so viel von seinem Jüdischsein verloren, dass er die Immunität eines Goy genoss? Ein kühler fester Druck auf seine Hand rief Bech auf die Erde zurück; Martina schüttelte ihm förmlich und wie ein Mann die Hand. «Ich überlasse es Ihnen beiden, diese großen Angelegenheiten zu regeln», sagte sie. «Es war mir ein Vergnügen, Mr. Bech, Sie kennen zu lernen. Und noch einmal Dank für Ihren wunderbaren Beitrag.»

«So schnell verlassen Sie uns? Vielleicht», sagte er vage, «wenn und falls ich auch mal eine Festschrift kriege ...»

Ihre ernsten tief liegenden Augen trafen seinen Blick; kein Lächeln kräuselte ihre unangemalten Lippen. «Oder eher», sagte sie ernst.

Eher? Bech witterte Sex, diese Andeutung ewigen Lebens. Ihr Gesicht, schmucklos, barg ein nacktes Versprechen, das ihre Figur nicht leugnete. Izzy ließ seinen großen, halslosen Kopf rotieren, um ihren grau bekleideten *derrière* zu sehen, der, fest, aber eine Spur breiter, als es der gegenwärtigen Mode entsprach, in einer rauchigen Wand belebter Kleidung verschwand. «Niedlich», murmelte er. «Heller Kopf. Man kann auf die Kommies eindreschen, so viel man will, sie pflanzen ihren Bälgern ein Rückgrat ein, das du bei amerikanischen Kids dieses Alters nicht findest – sie sind schlaff vom vielen Fernsehen.»

«Sie ist hierher gekommen, als sie drei war, hat sie mir erzählt», sagte Bech.

«Bis du drei bist, lernst du mehr als in deinem ganzen übrigen Leben», entgegnete Thornbush. «Lies Piaget. Lies Erikson. Lies, wen du willst, um Himmels willen – was zum Teufel treibst du eigentlich den ganzen Tag in diesem leeren Loft da unten. Kein Mensch kommt dahinter.»

Aber er hatte noch etwas auf der Tagesordnung. Jetzt war es Bech, der die Kraft von Izzys Griff zu spüren bekam, am Oberarm, durch einen Tweedärmel mit aufgenähten Ellenbogenflicken. «Henry, hör zu. Wie wär's, wenn du dich an die Spitze der Vierzig stelltest? Tu uns den Gefallen und werde der nächste Präsident. Von Klappenemners Amtszeit ist abgelaufen, und es ist an der Zeit, dass wir einen Jüngeren für das Amt kriegen, einen aus der literarischen Ecke. Diese Komponisten machen ja als Präsidenten eine gute Figur, aber sie haben keinen Kopf für Fakten, und ein paar Fakten kommen selbst da von Zeit zu Zeit auf.»

Die Vierzig – die Zahl der Mitglieder war eine sehnsüchtige Imitation der Académie française – waren eine der unzähligen Ehrenvereinigungen, die sich in den an unbesteuerten Dollars reichen Jahren zwischen 1865 und 1914 überall in Manhattan aufgetan hatten. Sitz der Vierzig war ein neoklassizistisches Doppelgebäude mit Klinkerfassade in einer der fünfziger Straßen an der East Side, nahe der Ecke Third Avenue, wo die Glaskästen – Citicorp!, das Lippenstiftgebäude! – auf dem Vormarsch nach Norden waren. Eine unverheiratete reiche Erbin, Lucinda Baines, die sich, wie Pamela Thornbush, als Gönnerin der Künste sah, hatte ihr Stadthaus mitsamt einer entsprechenden Stiftung mit der Bestimmung hinterlassen, dass es in Zukunft als geschmackvoller Versammlungsort der hypothetischen vierzig besten Künstler im Land dienen sollte – Maler, Schriftsteller, Komponisten, Bildhauer. Ihr Vermögen stammte aus einem Wundermittel des neunzehnten Jahrhunderts, das Baines' Powders hieß, ein Schwindel, der kraft der «Verordnung für reine Lebensmittel und Arzneien» von 1906 vom Markt genommen worden war, doch nicht, bevor seine illusorischen Kräfte der Linderung manch einen kruden Tod beschleunigt hatten; mit dem Pulver war es aus, aber das Vermögen floss weiter, hielt das Haus warm und in gutem Zustand, speiste die Getreuen bei den halbdutzend zeremoniellen Abendmahlzeiten der Vierzig im Jahr, und ermöglichte eine Hand voll jährlicher Preise für jene, die sie möglicherweise verdienten, wodurch die Vereinigung sich ihren steuerfreien Status erhielt. Ein kleiner bezahlter Stab von Mitarbeitern erledigte die täglichen Aufgaben, aber aufgrund einer romantischen Verfügung in Lucindas Testament waren die Mitglieder selbst die Eigentümer des Hauses und beaufsichtigten die Stiftung. «Was hast du denn damit zu tun?», fragte Bech, womöglich etwas grob.

Wenn Izzy blinzelte, mussten sich schwere wimpernlose Augenlider über nahezu eine volle Hemisphäre eines vergilbenden Augapfels schieben. «Ich bin im Beirat.»

«Und wie wäre es, wenn *du* Präsident würdest? Präsident Isaiah: Das klingt doch!»

«Du Schmock, ich *war* Präsident, von 81 bis 84. Wo bist du da gewesen? Kümmere dich doch mal ein bisschen – du kommst nie zu den Abendessen.»

«Ich achte auf meine Figur. Findest du nicht, wenn man erst mal die fünfundsechzig überschritten hat –»

«Jaja, jaja. Hör zu, ich muss die Runde machen. Meine Frau guckt schon ganz böse. Aber denk an Edna – sie wäre glücklich. Sie bringt sich um für dich. Ich frage dich übrigens in ihrem Namen.» Edna war die Leiterin des Hauses, eine drahtige kleine, weißhaarige alte Jungfer aus Australien. «Lass dich nicht vergeblich von ihr bitten, denk an ihr Alter. Der ganze Beirat ist entzückt von der Idee. Sie haben mich delegiert, weil sie meinten, wir seien Freunde.»

«Izzy, wir *sind* Freunde. Lies deine beschissene Festschrift.»

«Menschen können Freunde sein. Schriftsteller nicht. Schriftsteller sind dazu verdammt, einander zu hassen – hat das nicht Goethe irgendwo gesagt? Mit der Dummheit kämpfen Götter … Oder war das Schiller? Vergiss es. Ich unterbreite dir den Vorschlag als Mensch. Sei nicht so verkrampft. Erinnerst du dich noch an die schöne Zeit, die wir in Albanien hatten? Wir waren die ersten westlichen Schriftsteller, die dort reingekommen sind.»

«Slowenien, *nicht* Albanien. Kein Mensch konnte nach Albanien. Ljubljana – Schriftsteller der Welt für den Frieden, in den Jahren unter Carter. Wie könntest du sie vergessen haben, Izzy, diese muntere kleine blonde Dichterin aus de Ukraine, mit der wir alles in gebrochenem Französisch machen mussten? Weißt du noch, wie sie uns den Trick mit der kleinen Tomate gezeigt hat – wie sie reinbiss, nachdem sie einen Schuss Wodka runtergekippt hatte?»

Allerdings war Bech es gewesen und nicht Thornbush, den sie mit in ihre Zelle von einem Zimmer im volkseigenen Hotel genommen hatte. Doch viel von der Glut der Begegnung war in einer atemlos in unbeholfenem Französisch geflüsterten Erörterung der Verhütung vergeudet worden. Sie hatte ständig mit rollenden Augen auf die Zimmerecken gewiesen, als wüsste er nicht, dass die Wände mit Wanzen bestückt waren. Er wusste es, aber ihm als Amerikaner war das egal. Vielleicht hatte sie seinetwegen den Gulag riskiert. Wie lieblich ihr nackter Körper in seiner kindlichen Magerkeit gewesen war! Das Schamhaar viel dunkler als das Haar auf ihrem Kopf. Der herbe Nachgeschmack der Kirschtomate, die in seinem Mund mit der Süße des Wodkas kämpfte. Sie hatte ihn auf halbem Wege zum Innehalten gebracht, mit ihrem Blick aus diesen weiten verängstigten Augen, Augen von einem vielblättrigen ukrainischen Blau. Von all dem Alkohol, den sie getrunken hatte, war sie in der Möse eng gewesen, aber er hatte weitergestoßen. Sie schien erleichtert, als er kam, zu früh. Er hatte zu warten versucht, auf ein Gemälde über dem Kopfende gestarrt. Wie schäbig das Mobiliar auch war, an den Wänden hingen echte Gemälde, die sich rau anfühlten: Der sozialistische Staat unterstützte seine Horden kollaborierender Kleckser.

Als hätte er Bech bei seinem schnellen Eintauchen in die Erinnerung begleitet, seufzte Thornbush laut auf und sagte: «Sie haben es uns schön gemacht, die Kommies. Wir werden sie vermissen.»

«Sie haben mir den Appetit auf Schriftstellerorganisationen verdorben. Ich möchte nicht Präsident der Vierzig werden.»

«Ist das die Nachricht, die ich Edna übermitteln soll? Glaubst du, ich kann zu ihr gehen und ihr das sagen? Sie ist nicht mehr die Jüngste, Henry. Sie will sich in absehbarer Zeit zurückziehen. Warum willst du ihr das Herz brechen?»

«Bei achtunddreißig Mitgliedern außer uns beiden», sagte Bech geduldig, «muss es doch sonst noch jemanden geben, der es tun kann. Wie wär's mit einer Frau? Oder mit einem Schwarzen?»

Wenn man mit jemandem wie Thornbush zu argumentieren begann, wurden Verhandlungen daraus. Sein Griff an Bechs Arm wurde wieder schmerzhafter. «Wir sind nicht mehr vierzig, uns fehlen vier oder fünf an der vollen Stärke. Diejenigen, die in Frage kommen, haben es alle schon gemacht. Wir sind alle alte Knacker. Jedes Mal wenn ein Platz frei wird auf der Mitgliederliste, schlägt irgendein Alter einen noch Älteren vor. Solange es um die Vierzig geht, bist du ein *Halbwüchsiger*. Komm schon; ich habe es auch gemacht; es ist keine große Sache. Zwei Versammlungen im Jahr, im Frühjahr und im Herbst; bei der einen oder anderen Abendgesellschaft kannst du schwänzen. Du brauchst nichts weiter zu tun, als zu präsidieren. Einfach nur dazusitzen auf deinem *tochess*.»

Martina O'Reilly war hinter der rauchigen Wand von Kleidern zum Vorschein gekommen; sie trug jetzt einen olivbraunen Lodenmantel und blickte forschend in alle Richtungen außer in seine. Sie war im Begriff zu gehen, sah Bech und wollte ihm die Chance geben, mit ihr aufzubrechen. Wenn er dieses Boot verpasste, wann würde das nächste gehen? Die Pier zerbröckelte – wie jene in der Höhe der fünfziger Straßen, wo es von Schleppern und Schauerleuten gewimmelt hatte, als er noch ein Junge war. «Ich bin kein Vorsitzer», sagte er zu Izzy in etwas schärferem Ton, «ich bin –»

Eher ein Lernender, hatte Stephan Dedalus gesagt, aber Bech sprach nicht zu Ende, erschrocken darüber, wie Martina, die sich jetzt entschloss, allein zu gehen, und umherblickte mit der rücksichtslosen Ungeduld einer in Tränen aufgelösten Frau, beide Hände hob und mit leichten symmetrischen Bewegungen ein paar lange Strähnen, die sich aus ihrer strengen Frisur gelöst hatten, zurückstrich.

«Ein Drückeberger», beendete Izzy für ihn den Satz. «Über allem erhaben. Das ist das Schöne an dir für diesen Posten – du machst dich, im Allgemeinen, nicht damit schmutzig, dass du ein netter Kerl bist. Deshalb brauchen wir gerade dich – nach der langen Reihe dieser Zwölfton-Schmeichler. *Edna* braucht dich; sie hat eine Horde von senilen Philistern am Hals.»

«Izzy, lass mich darüber nachdenken. Ich muss gehen.»

«Nie im Leben wirst du darüber nachdenken. Deine Absage ist schon in der Post – ich weiß, was eine Abfuhr ist.» Er hatte Bech bei den Unterarmen gepackt und der (eine Spur) jüngere Autor fürchtete schon, er werde mit dem kräftigen Älteren ringen müssen, um entfliehen zu können. Inzwischen entschwand Martina in einem Winkel von Bechs bedrängtem Blickfeld. Sie hastete ohne Hut davon.

«Okay», sagte Bech, «ich *mache* es. Ich mache es, vielleicht. Edna soll mich anrufen und mir sagen, was meine Aufgaben sind. Und sag Pamela von mir, dass es eine großartige Party war, eine großartige Apotheose.»

«Wieso diese Eile? Die richtigen Speisen kommen erst. Ich wollte gern, dass du Pams Bruder kennen lernst, er ist ein verdammt kluger Kerl, ein Genie in seinem Fach – er bewegt Immobilien wie ein Schachspieler seine Figuren. Und Pam wollte mit dir über eines ihrer Herzensanliegen sprechen, irgendeine Benefizangelegenheit, oben im Guggenheim.»

«Das kann ich mir denken. Ein andermal. Izzy –» er ertappte sich dabei, dass er den Mann umarmte, nach Kommunistenart, Breschnew und Tschu-En-Lai –, «die großen Klugscheißer wie du wachsen leider nicht nach.»

Er schob sich durch das Gedränge spät kommender Gäste in der Halle, wo die Wände mit seidenen Gebetsteppichen aus Kasachstan behängt waren, und sah vor sich gerade noch eine rosa Stoffrose entschwinden. «He!», rief er in Richtung des Fahrstuhls. «Bitte warten Sie auf mich!»

Sobald sie zusammen eingeschlossen waren und sanft die fünfzehn Stockwerke abtauchten, sah er an dem zufriedenen Ausdruck von Martinas unangemalten Lippen, dass sie von seiner Verfolgungsjagd nicht überrascht war; sie hatte darauf gehofft. «Danke», sagte er zu ihr. «Dass Sie die Tür offen gehalten haben.» Sie hatte ihr schmale nackte Hand in die gummigeränderten Klauen gesteckt. «Ziemlich heiß hier drinnen», fügte er nervös hinzu. «*Trop de* Fest.» Tatsächlich war ihm warm, quer über die Brust und unter den Armen: seine Anstrengungen, mit Izzy fertig zu werden und die Party zu fliehen, aber auch eine seltsame nagende Genugtuung, ein geschwollenes Selbstgefühl. Präsident Bech. Er hatte, aus ziemlich falschen Gründen, die richtige Entscheidung getroffen.

Es machte ihm sogar Spaß zu präsidieren. Etwa sieben oder acht der Vierzig nahmen an den halbjährigen Versammlungen teil. In der ehemaligen Sonnenveranda des hübschen Stadthauses der Baines saß Bech am wuchtigen Präsidententisch – Mahagoni, mit Einlegearbeiten aus Satinholz –, und ihm gegenüber, in einer Reihe lederner Ohrensessel, täuschten einige der hervorragendsten Geister seiner Generation respektvolle Aufmerksamkeit vor. Edna steckte ihm vorher ein Blatt Papier mit der Tagesordnung zu und saß mit Kassettenrecorder neben ihm, um den Gang der Dinge festzuhalten. Mal galt es, über irgendwelche Reparaturen an dem exquisit entworfenen Gebäude zu beschließen oder über das Gehalt Gabriels zu befinden, des spanischen Hauswarts, der mit seiner Frau und drei

Kindern im Souterrain wohnte; mal über die Versicherung der Gemälde und Zeichnungen, die Reginald Marsh, John Sloan, William Glackens, William Merritt Chase und andere gelegentlich dem Haus als vornehme Aufmerksamkeiten vermacht hatten und deren Wert inzwischen dermaßen gestiegen war, dass die Versicherung unerschwinglich wurde. Und dann war da das Dauerthema neue Mitglieder – in den vergangenen zwei Jahren hatten Todesfälle sechs weitere freie Plätze geschaffen, und von den vierunddreißig in diesem Jahr ausgesandten Nominierungsersuchen waren nur drei zurückgeschickt worden. Das Aufgebot von weisen und teilweise sogar heiligmäßig alten Gesichtern, dem Bech sich gegenüber sah, hörte mit höflichen und unergründlichen Mienen zu. Edna justierte die Lautstärke ihres Kassettengeräts und schob es näher an den Rand des Schreibtischs, um jedwede Äußerung der Versammlung aufzufangen. Die Zahl der zur Beschlussfähigkeit der Versammlung erforderlichen Mitglieder, die einst zehn betragen hatte, war aufgrund der geringen Teilnahme an den Versammlungen auf fünf reduziert worden. Die Versammlungen wurden immer bei Einbruch der Dämmerung abgehalten, vor einem der gemeinsamen Abendessen, sodass starker Verkehr die Third Avenue nordwärts brauste, Busse knatterten, Lastwagen schalteten die Gänge herunter, Taxis hupten. Es war schwer zuzuhören, auch für diejenigen, die nicht schwerhörig waren. Auf der anderen Straßenseite fuhren Sattelschlepper aus und ein, schwerfällig zurücksetzend in die Einfahrt eines namenlosen düsteren Gebäudes, das ein Drittel des Blocks einnahm.

J. Edward Jamison, dessen Sittenromane über die Stadt noch 1962 für spritzig und schamlos gehalten wurden, meldete sich mit zitternder Stimme zu Wort: «Da ist dieser Pynchon, scheint erstklassig zu sein. Meine Enkel jedenfalls beten sein Zeug an. Am meisten allerdings sind sie an Computern interessiert.»

«Er wird nie akzeptieren», krähte Amy Speer deLessups, eines der wenigen weiblichen Mitglieder und getreue Teilnehmerin der Sitzungen, vielleicht weil sie in Turtle Bay wohnte, einen bescheidenen Hopser weit nach Süden. Die gereimten Konfessionen ihrer vielen Liebschaften hatten einst Sensation gemacht, dank ihrer entschiedenen metrischen Verweigerung der vorherrschenden Methode des freien Verses. Jetzt waren es eher die Amouren selbst, die skandalös erschienen in Verbindung mit diesem geschrumpften, schmächtigen, von Gelenkrheuma gelähmten Körper. Sie benutzte einen Gehstock, trug eine schwarze Samthose mit Schlag und hielt ihr kleines runzliges rundes Gesicht nach oben gewandt, eine kokette Angewohnheit, Überbleibsel aus den Tagen, als sie eine anmutige Erscheinung gewesen war. Indem sie knarrend ihren Sessel drehte, um zu Jamison zu sprechen, und fast aufschrie vor Schmerz, fuhr sie fort: «Er lehnt *alles* ab. Diese jüngeren Leute sind so. Sie finden es chic, zu nichts zu gehören. Ich war auch so in ihrem Alter.»

Jamison hatte sie trotz ihrer Mühen womöglich nicht gehört, oder er hatte nur sehr allgemein die Bedeutung ihrer Worte erfasst, denn er erwiderte: «Keine schlechte Idee. Dann ist da noch dieser Salinger, über den meine Enkel eine Zeit lang geredet haben. Neuerdings nicht mehr so viel; jetzt haben sie das Internet entdeckt, und die Mädchen.»

«Er würde auch nicht annehmen», schrie Amy.

Dieser Austausch weckte Aaron Fisch, einen kleinen, koboldartigen Maler; der eigenartige emaillierte, fein ziselierte Stil seiner surrealistischen politischen Allegorien hatte in den späten Dreißigern seinen Höhepunkt erreicht, hielt sich vier Jahre lang in Gestalt von populärer Kriegspropaganda (niemand konnte Mussolini so zeichnen wie er, mit Nachmittagsbart und vorspringender Unterlippe, oder Kaiser Hiroito mit all seinen militärischen Litzen und Tressen, und Hitlers brennende schwarze Augen in einem hageren weißen, wie vergiftet wirkenden Gesicht) und war dann, in der Nachkriegszeit, schnell in abgrundtiefe Unmodernheit gestürzt, obwohl er, Aaron, doch weiterlebte. Ein Jahrzehnt oder etwas länger zuvor war sein Werk wieder aufgetaucht, in Kunstzeitschriften, als Vorläufer des Fotorealismus, aber seine jüngsten Gemälde gerieten, je mehr seine Augen und seine Feinmotorik versagten, zunehmend grob, erinnerten mehr und mehr an Soutine. Blinzelnd schob er seine dicke schwarz gerahmte Brille auf seiner schmalen Nase zurück, sah zu Bech hinüber und fragte: «Mr. President, haben wir jemals Arshile Gorky in Erwägung gezogen? Oder ist er nie amerikanischer Staatsbürger geworden?»

«Aaron, er ist *tot*», brach es aus dem anderen anwesenden Maler, Libaugh Seidensticker, düster hervor. «Er hat sich das Leben genommen.»

«Wer?», fragte der kleine Surrealist und blickte aufgeschreckt umher, ehe er seine rosa geränderten Augen fast fromm und wie Rat suchend wieder dem Präsidenten zuwandte.

«Arshile Gorky, Mr. Fisch», sagte Bech.

«O ja, natürlich. Das wusste ich. Eine wunderbare Sensibilität. Seine Zwiebel- und Knollenformen; sehr organisch. Ich habe nie verstanden, warum die Abstrakten sich für ihn interessiert haben.

Dies mochte eine absichtliche Taktlosigkeit sein, denn Seidensticker war ein beharrlich abstrakter Maler, der ausschließlich mit kommerziellen Farbrollen und Latexfarben direkt aus dem im Handwerkerladen gekauften Eimer arbeitete. Seit seiner großen Offenbarung 1947 war er nicht einen Moment von seiner Überzeugung abgewichen, dass der Gegenstand des Malers das Malen selbst sei, und noch die rechtwinklige Form der Leinwand war ihm eine peinliche Bindung an die Bild/Fenster-Täuschung. Sonst war fast niemand seinesgleichen mehr da; das Wiederaufkommen der gegenständlichen Malerei unter jungen Künstlern, die keinerlei Übung im Zeichnen hatten, bewirkte, dass er als Einziger weiterhin seine flächigen Felder von keuscher Monochromie hervorspritzte. «Es ist ein Skandal», sagte er jetzt, «dass Donald Judd nicht Mitglied ist.»

«Oh, Limby, wenn du *einen* seiner Aluminiumkästen gesehen hast, hast du sie *alle* gesehen, findest du nicht?», mischte sich Amy ein, indem sie ihm ihr gerunzeltes Gesicht zuwandte wie eine runde Schale, aus der das Licht ausgegossen werden soll, während die letzten Strahlen des Frühlingsnachmittags von den weißen Wänden des Lastwagendepots gegenüber abprallten und sich schräg in Lydia Baines' altes Solarium schlängelten. Als wäre sie noch von Pflanzen belebt, schimmerte die durch das Oberlicht erhellte Veranda; die Gesichter der Vierzig kamen Bech wie Blumen vor, gelbliche Blüten uralter Körper, die in dem Rembrandt'schen Dämmer der dunklen Ledersessel schwebten.

«Wäre ein Skandal, wenn er es wäre», sagte Aaron Fisch. «Wie ist es mit Andy Wyeth? Er ist ein Spätentwickler. Diese Helga-Bilder sind nicht so schlecht, wie die Leute gesagt haben.»

Limbaugh Seidensticker schnaubte. «Oh, all diese *Menschlichkeit*! All diese halb verrotteten Zaunpfähle und all das blühende Unkraut, Stängel um Stängel! *Kotzkotz*, wie die jungen Leute sagen.» Zorn elektrisierte seinen Körper, hob seinen Kopf in das abnehmende Licht empor, sodass seine randlosen Brillengläser Ovale von blinder Helligkeit bildeten. «Nächstens werden wir noch Lieferanten von Picto-Dreck wie David Hare in Betracht ziehen.»

«Der ist tot», sagte jemand von denen, die in den Sesseln saßen.

«Er war doch noch ein Kind», rief jemand anders mit sanfter Stimme.

Edna räusperte sich und flüsterte Bech etwas zu.

Bech sagte: «Die Geschäftsführerin teilt mir gerade mit, dass Andrew Wyeth bereits Mitglied ist, auch wenn er selten erscheint.»

«Wenn das so ist», verkündete Seidensticker mit dröhnender Stimme, «erkläre ich meinen Rücktritt.» Aber er erhob sich nicht von seinem Sessel.

Bech fragte die Gruppe: «Sonst noch Wortmeldungen zur Frage neuer Mitglieder?»

Schweigen.

«Möchte irgendjemand die Nominierung von Donald Judd unterstützen?»

Wieder Schweigen.

«Mr. President.» Eine andere alte, besonders würdevolle Stimme erzitterte zur Hörbarkeit über dem Sirren von Ednas Kassettenrecorder und dem gedämpften Rumpeln des Straßenverkehrs ringsum.

«Ja, Mr. MacDeane?» Amory Henry MacDeane war Historiker, ein eifriger Chronist der schäbigen, unbefriedigenden amerikanischen Regierungsabschnitte zwischen Jackson und Lincoln, als die Vereinigten Staaten nach erfolgreicher Konsolidierung ihrer Gründung vergebens einen Kompromiss suchten, der den Süden in der Union halten würde, ohne damit alles, darunter den gesamten Westen, den glühenden Befürwortern schwarzer Sklaverei zu überlassen. MacDeane, Sohn eines schottisch-irischen Fabrikbesitzers aus Ohio, hatte verschiedene Male die akademischen Hallen mit jenen in Washington getauscht, wo er Regierungen der Demokraten bei ihren Kompromissen beraten hatte, als es noch darum ging, den Kommunismus in Schach zu halten, ohne sich in einen Atomkrieg zu stürzen. MacDeane sprach Russisch, Französisch, Deutsch und Italienisch, und er hatte als Boschafter in mehreren heiklen, zu Demonstrationen neigenden Ländern gedient; er schrieb seine geschichtlichen Abrisse und seine Memoiren in elegischen viktorianischen Satzgefügen, die durchtränkt waren von der Traurigkeit der Realpolitik, wobei dieser Gedanke immer jenem anderen die Waage hielt. Bech bewunderte ihn als einen Intellektuellen, der sich willentlich die Hände schmutzig gemacht hatte bei Entscheidungsfindungen im Bereich der realen und eben nicht der begehrten Macht. Jetzt war er alt, über achtzig, schmalgesichtig, mit einem Schnurrbart von derselben Tönung wie seine graue Haut, und lebte in New York nur deshalb, weil er den Weg zurück nach Ohio, dem entschwundenen Ohio seiner Jugend, nicht mehr finden konnte. Er sprach in zittrigen, fein gesponnenen Sätzen. «Die Schwierigkeiten, Nominierungen zu erlangen, sodass die Zahl der Mitglieder der so genannten Vierzig gegenwärtig nur vierunddreißig beträgt, von denen ich hier sieben, den Präsidenten mit gerechnet acht, als magere beschlussfähige Versammlung zähle, veranlasst mich, mir die Frage zu stellen, Mr. President, ob unsere geliebte Institution, so wohlwollend ins Leben gerufen und so angenehm behaust, nicht vielleicht dazu bestimmt ist, sich jenen anderen Institutionen anzuschließen, deren historischer Moment der Vergangenheit angehört. Man denkt, in einem weit größeren Zusammenhang natürlich, an die Grand Army der Republik, so mächtig und einflussreich zu ihrer Zeit, und an die Wobblies, die Industrial Workers of the World. Im Tod liegt keine Schande», fuhr der alte Diplomat mit seiner dünnen, heiseren, aber immer noch wunderbar beherrschten Stimme fort. «Die Schande kommt, wenn man das Leben mit künstlichen und unziemlichen Mitteln verlängert.»

«Ich stimme zu», verkündete Isaiah Thornbush in uncharakteristischer Kürze vom Ende der Reihe her. Seine Einstellung überraschte Bech. Izzy saugte Ehren auf und liebte Clubs; Bech hatte ihn deswegen immer etwas verachtet.

Eric Von Klappenemner, hoch gewachsen und kahl, erklärte in durchdringendem flötengleichem Ton: «Oh, ihr meine

Freunde alle, es ist so *langweilig*, sie sagen, sie wollen nicht dies und sie wollen nicht das, und sie wollen keinen Sauerstoff und sie wollen keine elektronische Wiederbelebung, oder was immer es ist; ich halte ihnen entgegen: Warum nicht? Ich will *alles*. Sauerstoff und IV-Injektionen und blutige Leber und Knochenmark ... alles! Was nützt die ganze Wissenschaft, wenn sie nicht den Menschen das Leben verlängert?»

«Klappy, was bist du *gierig*!», rief Amy deLessups in flirtendem Ton. Wie, fragte sich Bech, betrachtete eine geradezu süchtig heterosexuelle Frau einen Homosexuellen wie Von Klappenemner? Zärtlich, wie es schien. Ein Bundesgenosse, wo es darum ging, sich als Perle vor das männliche Schwein zu werfen.

«Es geht nicht um *mich*, es ist nicht irgendein sinnloser *Hunger* nach persönlichem Fortbestehen, denn nichts wäre mir lieber als ein schöner langer Nachmittags*schlaf*, ein Schläfchen, das nie endet – das wäre *prächtig*. Es geht darum, was ich den Leuten noch *geben* kann, all das Schöne und Majestätische, das noch in mir verschlossen ist – man stelle sich vor, Beethoven hätte nach dieser eher piffrigen Achten Symphonie alles hingeworfen; wir hätten die glorreiche *Neunte* nie bekommen!»

Von Klappenemner hatte jenes Stadium geistigen Verfalls erreicht, wo verbale Hemmungen sich auflösen, die alten syntaktischen Gewohnheiten jedoch noch intakt sind. Mit seinem schimmernden Kopf und den sich kräuselnden nordischen Lippen, die unter der wie ein Sarazenerschwert geschwungenen Nase boshafte Scherze von sich gaben, war er ein weltgewandter Charmeur gewesen; jetzt hielt das im Dämmer versinkende Solarium wie eine geräuschschluckende Schallwand aus genippeltem schwarzem Schaumgummi das Schweigen fest: sein Charme war auf taube Ohren gestoßen. Die Melodie war noch da, aber das gealterte Instrument des Körpers konnte sie nicht mehr spielen. Bech hatte das Gefühl, dem babbelnden

Komponisten zu Hilfe zu kommen, als er sagte: «Vielleicht schweifen wir jetzt doch vom Thema ab.»

«Was war das Thema?», fragte Aaron Fisch unerschütterlich.

«Ist es nicht langsam Zeit für die Cocktails?», sekundierte J. Edward Jamison.

«Das Thema ist der Mangel an neuen Mitgliedern», erwiderte Bech dem einen, und sagte sodann dem anderen: «Es ist erst zehn Minuten vor sechs, Mr. Jamison. Lassen Sie mich sagen, ehe wir zum letzten Punkt der Tagesordnung kommen –» Edna hatte sich geräuspert und, eine Anwandlung von Ungeduld unterdrückend, mit einer äußerst scharfen Bleistiftspitze auf den Punkt, der noch besprochen werden musste, gewiesen –, «dass es mich überrascht, wenn hier von Auflösung gesprochen wird, falls es das ist, was ich gerade gehört habe. Die Ziele, für die Miss Baines einst ihre großmütigen Schenkungen machte, sind nach wie vor gültig. Die amerikanische Gesellschaft hat sich seit 1902 nicht so verändert, dass die Künste nicht mehr geehrt werden müssten, noch gibt es meines Wissens eine andere Organisation, die der unseren vergleichbar wäre – so rein und uneigennützig ehrenamtlich. Will etwa irgendjemand von Ihnen unterstellen, dass der künstlerische Geist – der Hunger nach Wahrheit und Schönheit – plötzlich gestorben ist? Wenn dem so wäre, hätte ich den Nachruf in der *New York Times* übersehen. Es gibt viele würdige künftige Mitglieder, die geeignet wären, die Lücken in unseren Reihen zu schließen; eine Versammlung wie diese dient hauptsächlich als eine Gelegenheit, unsere Ansichten auszutauschen. Nominierungen sollten schriftlich eingereicht werden, mit der Unterschrift eines weiteren Mitglieds, das den Antrag unterstützt. Dann, zu gegebener Zeit, werden wir abstimmen, wie unsere Vorgänger es immer gehalten haben und unsere Nachfolger es weiterhin tun werden.»

«Sehr gut gesagt, Henry», murmelte Edna an seiner Seite.

Tatsächlich überraschte ihn die Entschiedenheit, mit der er eine Institution verteidigte, die er immer für überflüssig gehalten hatte. Die Worte kamen ihm so fest und frisch über die Lippen, als wären sie mit dem Fernschreiber übermittelt worden; der Präsident in ihm, von dem er nie geahnt hatte, dass er existierte, hatte gesprochen. Und die älteren Gestalten, die vor ihm saßen, von Inspirationsnarben gezeichnete Krieger im Kampf um Präzision und Harmonie, um Ordnung in einer Welt, in der die Idee einer göttlichen Ordnung zum obszönen Witz verkommen war, verstummten unter seinem konservativen Sperrfeuer, seinem rasselnden Salut an die Kontinuität. «Der letzte Punkt auf der Tagesordnung», verkündete Bech, die Augen auf die Spitze von Ednas Bleistift gesenkt, «ist weniger existenzieller als vielmehr praktischer Natur. Gabriel Mendez, der, wie Sie alle wissen, als Hausmeister und Wächter in unserem Souterrain wohnt, hat Edna gesagt, dass er und seine Familie eine einigermaßen adäquate Krankenversicherungsbeihilfe haben müssen. Ihr jüngstes Kind braucht offenbar allerlei spezielle Pflege.»

Sobald festgestellt worden war, dass die Stiftung, die vom ständigen Anstieg der Aktienkurse seit dem Crash im Oktober 87 profitierte, für die Kosten aufkommen konnte, wurde die Beihilfe mit acht Stimmen, ohne Gegenstimme, beschlossen. Eine gute Tat war getan, mit Geld, das nicht ihr Geld war. Doch als Bech aufblickte von der berauschenden Aufgabe des Präsidierens, hatte er das Gefühl, dass sich der Boden unter ihm neigte, die breite dunkle Schreibtischplatte sich an beiden Seiten nach unten senkte und die sich leerenden Ohrensessel jeder Perspektive trotzten. Der Präsident befand sich irgendwie auf einer glitschigen schiefen Ebene. Beruhte die Vereinigung der Vierzig nicht, von ihrer Gründung um die Jahrhundertwende an, auf einer falschen Überzeugung, nämlich dass Kunst auf natürliche Weise mit Vornehmheit einherging und dass beide in Anmut im Dienst des Geldes standen – dass Geld und Macht sich mühelos in Wahrheit und Schönheit verwandeln ließen, und dass ein Club der Begünstigten existieren könne, nur zehn Sandsteinstufen aufwärts von der mit Schlaglöchern übersäten, schmutzigen, verkehrsreichen Straße? Was tat er hier, als Präsident?

Er wohnte an der Westseite der Crosby Street, diesem besonders grimmigen Pflastersteincanyon alter Industriegebäude mit gusseisernen Fassaden, der von der Houston Street nach Süden verlief, einen Block östlich vom unteren Broadway. Er bewohnte einen Loft, der so groß war, dass er endlich seine Bücher in einer einzigen Regalkonstruktion hatte unterbringen können, einem wackligen Wall von Kieferbrettern auf Stützen aus Hohlziegeln, Marx direkt neben Marvell, Freud in all seinen runzligen Taschenbuchausgaben zwischen den schmalen Gedichtbänden von Philip Freneau und den in weiches Leder gebundenen Chroniken von Jean Froissart – mitgenommen einst für vier Dollar in der Zeit, als der entlassene GI Henry Bech auf Kosten des Militärs an der New York University studierte.

Von Bech konnte man sagen, dass er sowohl ein begieriger Leser als auch das Gegenteil davon war; er zupfte nervös an jeder Zeitschrift, jeder Zeitung, die in Reichweite lag, oft blätterte er sie durch, von hinten nach vorn, eine ihm aus seiner Kindheit gebliebene Gewohnheit, als die Publikumszeitschriften hinten ihre Cartoons brachten. Er zog, seinen Launen folgend, Bücher aus seinen Regalen, schnell angetan oder gelangweilt von einer Seite, aber er nahm sich selten die Zeit, ein Buch ganz durchzulesen. Dieses Schmökern war selbstsüchtig und abergläubisch: er suchte nach Schlüsseln, die ihm helfen würden, seine eigene spezielle Welt in Worte zu fassen, und er widerstand der Versuchung, sich länger dem Zauber eines anderen Autors zu überlassen. Hatte er eine halbe Stunde in seinem alten Sacksessel gesessen, auf der mit Teppich ausgelegten Insel im Zentrum seines einen riesigen, durch Möbel in verstreute Inseln aufgeteilten Raums, zog es ihn nach draußen, wo die düsteren, aber bevölkerten Straßen eine andere Art von schnellen Einblicken gewährten. Touristen in Laufschuhen auf dem Gang durch die Galerien; Kunsthändler, die eingehüllte Rechtecke schleppten; ein wunderlicher Kerl mit gespaltenem Bart und rotem Hemd, frisch eingetroffen, wie es schien, aus den Bergen von Kentucky; ein junger Mann mit blond gebleichtem Pferdeschwanz, der auf einem absurd kleinen motorisierten Roller vorbeiflog; zwei junge Frauen, beide ganz in Schwarz, in der langen Umarmung eines leidenschaftlichen Wiedersehens oder einer entschiedenen Demonstration schwulen Stolzes, die kleinere in aufregend brutalen schwarzen Stiefeln mit klobigen Absätzen und silbernen Beschlägen; ein pummeliger Sozialarbeiter, der ein Quartett von durch eine Leine verbundenen Blinden mit eingesunkenen Augenhöhlen und einem richtungslosen Lächeln führte – all diese kleinen Portionen von Straßentheater erfüllten Bech mit dem Gefühl, menschliches Leben vor sich zu haben, eine weite, noch im Entstehen begriffene Atmosphäre, die, wie der graue, durch die Feuerleitern hindurch gesehene Himmel darauf wartete, verdichtet und erlebt zu werden als Regentropfen oder in Gestalt von Druckbuchstaben.

Jahrelang hatte er an der Ecke 99th Street und Riverside Drive gelebt, ehe eine romantische Exkursion in eine Ehe ihn in einen Vorort in Westchester entführt und eine weitere Exkursion (in den Leib der Schwester seiner Ehefrau) ihn unrühmlich in die Stadt zurückbefördert hatte. Innerhalb der Stadt hatte er sich südwärts bewegt, fort von dem Gitternetz nummerierter Straßen. Hier, in SoHo, vermischte sich das Blitzen und Glitzern jugendlichen Strebens mit dem Klirren aus alten Lagerhäusern. Da gab es Pflastersteinstraßen und kunstvolle, verschmutzte Gusseisenfassaden; da gab es noch ölige Fahrradläden und Männer mit blutbefleckten Schlachterschürzen. Die Gegend unterhalb der Houston Street – dieses lichterfüllten Schnitts quer durch das dichte Gewebe Manhattans – war einst als «die hundert Morgen Hölle» bekannt gewesen wegen ihrer infernalischen Sweatshops und der häufigen Brände. Lang gestreckte schwarze Limousinen schoben sich aus Little Italy zwischen Schneisen graffitibesprühter eiserner Rollläden entlang. Schilder in Chinesisch ragten am südöstlichen Rand auf. Von bestimmten Stellen in Broome Street und der Spring Street konnte Bech sowohl die schimmernde Nadel des Chrysler Building als auch die hoch aufragenden Gebäude des Finanzdistrikts sehen, überragt von den spitzenlosen World-Trade-Zwillingstürmen, Schachtelkathedralen. In den Niederungen von SoHo erlebte Bech einen seltsam großen Himmel und ein – für einen Künstler, wie er fand, wichtiges – Gefühl des Verrufenen, wenn auch nicht (dazu gab es zu viele Kunstgalerien und Cappuccino-Cafés) des Proletarischen.

Martina dachte ernsthaft über sein eingestandenes Unbehagen hinsichtlich der Vierzig nach. Zu jeder Frage, die er aufwarf, brachte sie eine zielgerichtete, todernste Überlegung ein, wie Bech sie mit kommunistischen Friedenskonferenzen, von denen er einige besucht hatte, assoziierte. «Was, nochmal», fragte sie, «ist die Bedeutung, das Ziel der Vierzig?»

«Zu existieren, nichts weiter. Eine Stadt auf einem Hügel, oder so ähnlich. Ein Berg, von der Ebene aus gesehen. Diese Lucinda Baines hinterließ ihr schniekes Stadthaus und dazu eine Menge unrechtmäßiger *Gewinne* – sie hatte so etwas wie eine Académie française im *Sinn*, obwohl wir keinerlei Verpflichtungen und Verantwortungen haben wie deren Mitglieder. Zum Beispiel arbeiten sie immer weiter an einem französischen Diktionär und haben mit Litzen geschmückte Uniformen.»

Die seit langem verstorbene Lucinda, so wurde ihm bewusst, war eines seiner Liebesobjekte geworden, und die kleine tüchtige Edna ebenfalls. In seiner Phantasie zog er sich eine bedürftige Schar heran, der zu dienen und die zu besänftigen er lebte – Schafe, die ihm seine Identität als Schafhirt gaben. Er war ein altmodischer Galan, dieser Henry Bech; bei all den Frauen seines Lebens suchte er Wahrheit und Güte. Ein großes Reservoir von beidem, so folgerte er, musste bei einem Wesen zu finden sein, das in der Lage war, seine sexuelle Erregung aufzunehmen und in einen ungetrübten postkoitalen Frieden zu verwandeln. Martina erging sich auf der Teppichinsel, die sich in einer See von durch verschwundene Maschinen zersplitterten Fußbodendielen befand: Sie ging auf festen bloßen Füßen, in einem weißen Frotteebademantel, den eine Geliebte Bechs, die flatterhafte Claire Hoagland, vor langer Zeit in einer ihrer kapriziösen Anwandlungen aus ihrer beider Zimmer im Plaza gestohlen hatte. Martina leistete sich wenig Kapriziöses; sie nahm literarische Größen ernst, auch wenn sie in Unterhosen waren.

«Ich frage mich», grübelte sie, «ob es nicht auch damals schon eine tot geborene Idee war. Ich meine, alte Männer, die herumsitzen und Portwein trinken und Zigarren rauchen und sich gegenseitig erzählen, was für feine Kerle sie sind – jeder ein William Dean Howells.»

«Der arme Howells», sagte Bech. «Jeder sieht ihn nur als den Toastmaster. Aber je älter er wurde, umso radikaler wurde er. Das könnte ich von mir nicht sagen. Du hättest Ednas Gesicht sehen sollen, als ich die Vierzig so mannhaft verteidigte – ihr Unterkiefer sackte runter, bis nach Alice Springs.»

Es war bezaubernd, wenn Martina lachte, die vorsichtige, Grübchen erzeugende und halb erstickte Eruption, ihr sozialistisches Gewissen, das ihre erworbene amerikanische Freiheit, sich lustig zu machen, in Schach hielt. «Es passt so wenig zu dir», sagte sie. «Normalerweise spottest du über alles, was pompös und prätentiös ist.»

«Aber die Vereinigung der Vierzig ist nicht pompös, sie ist *führend*. Fast keiner kommt. Diejenigen, die kommen, sind taub oder senil. In den Räumen hängen Gemälde, für die wir uns die Versicherung nicht mehr leisten können. Alles dort ist so exquisit und griechisch – hohe Stuckdecken und nicht zwei Kamine, die gleich gemeißelt sind, und jenseits der Straße hockt dieser riesige, rücksichtslose Klotz von Gebäude, wo Dutzende von Lastzügen zu hausen scheinen.»

«New York ist voll von rücksichtslosen Gebäuden», sagte sie in feierlichem Ton. «Was denkt dein Freund Isaiah Thornbush über die Vierzig?»

«Was weiß ich? Er hat mich überredet, die Präsidentschaft zu übernehmen, und dann, bei der Frühjahrsversammlung, hat er kaum etwas gesagt. An einem bestimmten Punkt verkündete er, er stimme mit MacDeane in irgendeiner Sache überein, aber es hätte sich auch ums Sterben drehen können, um das Verhindern außerordentlicher Maßnahmen. Wir konnten uns nicht einigen. Das Gespräch zerfaserte.»

«Warum bist du so gern Präsident?»

Martina hatte die Nacht bei ihm verbracht, und so war sie da, um die Vormittagssonne zu begrüßen, als sie ihre goldenen warmen Rhomben in den Loft warf. Sie hatte sich in einem dieser Felder zusammengerollt, auf einem Sofa gegenüber von Bechs Sacksessel, jenseits von seinem gläsernen Tischchen und seinem gestreiften peruanischen Läufer. Bea, Bechs so angenehm häusliche Exfrau, hatte ein rissiges altes Ledersofa von ihm mit einem knotigen Wollüberwurf bedeckt; behaglich darauf ausgestreckt, während ihre bloßen Füße blass unter dem Bademantel hervorstaken, erinnerte Martina an einen großen gefüllten Eierkuchen – das Frottee die umschließende Hülle, ihr Fleisch der weiche weiße Käse. Ihre sonnenbeschienenen Zehen wackelten vor schierem Vergnügen, und ihr Haar umwirbelte in einem lockeren Gewirr ihr breites Gesicht mit den ungewöhnlich dichten, geraden und strengen Brauen, die fragend gewölbt waren.

Wie gut es von Frauen war, dachte Bech nicht zum ersten Mal, dass sie Intimität zuließen, dass sie ihr Vergnügen an den schlichtesten Elementen des Lebens mit einem teilten. Man kann – durch Spalten in der männlichen Rüstung – einen Bruchteil von den Wonnen empfinden, die den ganzen Tag lang auf sie herabsinken müssen. «Vermutlich gefällt es mir, dass mir die Aufmerksamkeit zuteil wird», antwortete er, «und wenn es nur eine Formalität ist, von Männern und Frauen, deren Leistungen ich respektiere. Jetzt sind sie vielleicht alte Knacker, das mag schon sein, aber einst haben sie ihre Hirne und Herzen aufgeboten, um irgendetwas Vernünftiges zustande zu bringen. Denk nur daran, was MacDeane alles über Millard Fillmore weiß. Denk daran, wie er sich immer mehr um Calhoun gekümmert hat. Selbst Von Klappenemner – all der Beethoven, der durch seinen Kopf und seine Arme geflossen ist, er hat sich ein Recht darauf erworben, eine seiner Symphonien piffrig zu nennen. Ich finde das bewegend.»

«Ich finde es eher schockierend», sagte Martina, «und desgleichen, dass du dermaßen davon beeindruckt bist. Du hast die Schriftstellerverbände in den kommunistischen Ländern ihre Gaunereien begehen sehen – ist der Verein der Vierzig nicht genauso?»

«Nun, da hieß es: Zutritt nur für Genossen, und die Politiker zogen die Fäden. Wir sind über Politiker erhaben oder werden von ihnen nicht beachtet. Mailer hat vor ein paar Jahren George Shultz, als der Reagans Außenminister war, auf einer P.E.N.-Konferenz reden lassen, und alle sind über ihn hergefallen.»

«Und dir hat das nicht gepasst?»

«Mir hat nicht gepasst, dass sie über ihn herfielen. Die Redefreiheit sollte auch für Shultz gelten. Er hat eine ziemlich nette Rede gehalten, und niemand hat zugehört. Alles, was diesen Mob von Intelligenzlern interessierte, war, Reagan und die Contras auszubuhen.»

Martina streckte sich langsam und presste beide Füße in die Kissen an der anderen Armlehne des Sofas. «War das nicht schlau von Izzy», schnurrte sie, «zu wissen, dass du aus dem Holz bist, aus dem man Präsidenten schnitzt? Unter dem wuscheligen Lockenkopf, hinter diesen zerknitterten Augen ein so zuverlässiger Konservativer.»

«Ach, Izzy», sagte er, etwas gekränkt, wie vertraulich sie den Namen des alten Schwindlers benutzte. «Er trägt der Intelligenz einen schlechten Ruf ein.» War sie, fragte er sich in seinen paranoiden Momenten, ein Werkzeug von Izzys Stasi? Seine Fingerabdrücke waren überall an ihr.

Sie nahm die Füße herunter, sodass Bech sie durch die gläserne Tischplatte einen Augenblick lang so sah, als wären sie in einem Glaskasten, ihre gelben Fersen und rosa Zehen und die blauen Venen am Spann, fest montiert auf den roten und schwarzen peruanischen Streifen, und dann kam sie lässig um den kleinen Tisch herumgeschlendert, die Hände auf dem lockeren Knoten ihres Frotteebademantels. «Henry, ich finde es so lieb, dass du all diese altmodischen Gefühle hast. Wie sagten doch die Leute früher? Geil. Eine richtige Anmache.» Sie löste leichthin den Gürtel. Aus den geteilten Falten ihres Bademantels verströmte ihr nackter Körper, wenige Zentimeter vor seinem Gesicht zur Schau gestellt, die Wärme und den Duft von Speise, die sich vor ihm auftürmte, teigweich und doch fest, schimmernd, mit sichtbaren mundgerechten Details, Brüsten Pussi Hüften Bauchnabel Achselhöhlen, jedes mit seinem Aroma, seiner Glasur, seinem Geschmack von überwältigender Güte. Martina vögelte wie eine verordnete Tempeldienerin, amüsiert aus gewisser Distanz, und dann verringerte sich die Distanz, bis sie sich in ihrer Aufhebung fallen ließ. Dagegen kamen die Vierzig und ihr hübsches schniekes Herrenhaus nicht an.

Die Herbstsitzung war besser besucht als die Frühjahrssitzung. Von den Getreuen war der kleine Aaron Fisch gestorben; so würde niemand mehr Arshile Gorky nominieren. Seidensticker, MacDeane, Jamison, Von Klappenemner, Izzy und Amy deLessups waren gekommen, dazu sechs oder sieben andere, die Bech nicht alle kannte: Jason Marr, eines der beiden afrikanisch-amerikanischen Mitglieder der Vierzig, ein blasser und höflicher Predigersohn – seine Essays, seine langzeiligen Gedichte und seine surrealistischen Dichtungen waren voll von erbarmungslosem Zorn und düsteren Prophezeiungen; X.L. Fong, ein Flüchtling aus Maos China – seine großformatigen blassen zeichnerischen Abstraktionen näherten sich aufregend der Unsichtbarkeit; Isabella Úrsula «Lulu» Buendía Fleming, Tochter eines venezolanischen Diplomaten – die langen Jahre als Mädchen und später als junge Frau in Washington hatten dazu geführt, dass sie fließend Englisch sprach, mit einem Amerikaner verheiratet war und ein bemerkenswertes Propfreis von magischem Realismus auf die fade Substanz des suburbanen Marylands setzte; dazu drei oder vier andere in der hinteren Reihe, wahrscheinlich Komponisten, die dunkle Anzüge trugen. Edna verlas das Protokoll der letzten Sitzung, das gebilligt wurde. Wie hätte Ednas sorgfältig genaue Arbeit je missbilligt werden können? Einige spezielle Reparaturanträge – das kupferne Kehlblech am Schieferdach über dem Eingang hatte sich während der Hitzewelle des letzten Sommers verzogen, und eine bronzene Sonnenuhr in Gestalt eines sich aufrichtenden Greifen, ein Geschenk des verstorbenen Paul Manship, das im hinteren Garten auf dem Efeubeet stehen sollte, war von Vandalen verbogen und mit Farbe besprayt worden – wurden bewilligt. Ein Nachruf auf Aaron Fisch wurde vorgelesen, überraschenderweise von Lulu Fleming; das also war der Grund, wie Bech klar wurde, warum sie immer eigens von Bethesda heraufgekommen war. Sie sah in Fischs Werk ein würdiges, an der Lower East Side entstandenes Äquivalent der idealistischen Wandmalereien eines Rivera und eines Siqueiros, mit einer Spur von Salvador Dalís halluzinatorischer Perfektion, die ihrerseits von dem glühenden Buchstabenglauben der katholischen Altarmalerei herrührte; es war dieser breite und blutige Strom anonymer populärer Kunst, in der, wie sie behauptete, unser dahingeschiedener Freund und Kollege Aaron Fisch letzten Endes gestanden hatte.

Der Bericht über die Wahlergebnisse war entmutigend. Keiner der vier im Verlauf des Sommers ordnungsgemäß nominierten und unterstützten Kandidaten hatte die Mehrheit der per Briefwahl abgegebenen Stimmen oder das von der Satzung festgelegte Minimum von zehn Stimmen erhalten. Mündliche Nominierungen zum Füllen der inzwischen sieben neuen Vakanzen kamen schleppend und unwillig: der Name von William Gaddis, von Thornbush vorgebracht, wurde von J. Edward Jamison mit der Floskel «Joyce'sches Geschwafel» beiseite gewischt, und der von Jasper Johns stieß auf Unlust, die Seidensticker mit den Worten zusammenfasste: «Pop-Tricks und neo-figurative Doodles – er hatte eine abstrakte Phase, aber dann stellte sich heraus, dass es für ihn nur ein Spiel war.» Als MacDeane Susan Sontag erwähnte, hob Amy schnippisch das Kinn in die Luft und sagte, auf Deutsch: «*Sonntags Kind ist Montags Mutter*», was mehrere der Schatten im hinteren Teil des Raums – polyglotte Komponisten – zu lautem Gelächter veranlasste.

Bech verkündete, am Rande der Verzweiflung: «Wenn wir es

gar nicht schaffen, jemanden zu wählen, wird die Institution zu einem Nichts schrumpfen.»

Der verehrungswürdige MacDeane mit seinem vornehmen, von der nachhaltigen Sonnenbräune eines auf Nuntucket verbrachten Sommers getönten Armesündergesicht erklärte in schwachen und zittrigen Silben: «Wie ich schon bei unserem letzten Treffen anzudeuten mir die Freiheit nahm, Mr. President, wäre das eine gar so unglückliche Entwicklung? Vielleicht will das Befinden unserer Institution uns etwas sagen – dass der Moment der *gloire* vorüber ist. In den Schützengräben von 1914 bis 1918 hörte der Krieg auf, ein Weg zur *gloire* zu sein, den ein zivilisierter Mensch gutheißen konnte, und jetzt, da auch der Kalte Krieg vorbei ist, frage ich mich, ob *gloire* selbst durch friedliche Mittel nicht eine eitle Hoffnung ist, eine irrige Vision, die auf zerfallenen intellektuellen Konventionen beruht. Ich bringe diese Möglichkeit ohne einen Funken Freude zur Sprache, doch ist es oftmals des Historikers Pflicht zu beschreiben, was ihm – oder natürlich auch ihr – keinerlei Freude bereitet.»

Gllwaar, dachte Bech bei sich, indem er versuchte, seinen Geist um die aneinander gereihten Konsonanten zu hüllen. War es wegen der *gllwaar* gewesen, dass er sich hatte versklaven lassen und sich alles versagte: eine einträgliche Arbeit, eine Schar von Nachkommen, ein Leben, das mehr war als eine Entschuldigung für jene wenigen Minuten jeden Tages, wenn er Worte absonderte, die sich womöglich, wenn nicht zu unvergänglichen Diamanten, dann zu durchscheinendem Bernstein verhärteten und einen eingefangenen Augenblick wie einen ausgestorbenen Käfer bargen? Ein Abgrund von verschwendeten Minuten tat sich vor Bech und Edna auf – Edna, seine sterile Partnerin im Unsterblichkeits-Management, Edna, seine Präsidialbraut, hier an dem großen dunklen Tisch, dessen mit Satinholz geränderte Platte sich zum Horizont hin erstreckte wie das Deck eines Flugzeugträgers. In ihrer ordentlichen, wenn auch gezackten Handschrift, erbarmungslos wie ein Kardiograph, warf Edna Notizen auf gelbes Gerichtspapier, während der Kassettenrecorder neben ihrem eckigen Ellenbogen schnurrte. Unterhalb der Platte hatte der Tisch eine stattliche gebeugte Gestalt, als bögen sich seine Seiten – unter einem unsichtbaren Druck von oben – nach außen.

Ein Schattenmann in der hinteren Reihe erhob sich halb, wedelte mit den Händen wie ein Dirigent bei einem Allegro. «Es gibt keine Komponisten mehr!», rief er. «Es gibt nur noch elektronische Bänder! Das ist alles, was die jungen Musiker im Sinn haben! Einen von ihnen zu wählen, hieße, eine Maschine zu wählen!»

Seidensticker grummelte zustimmend: «Die ganze Malerei heutzutage ist Schrott – Betroffenheitskunst mit Stockmännchen. Seit Kiefer und Kienholz groß rausgekommen sind, kriegt man nur noch Abscheulichkeiten zu sehen – den Holocaust, den Sklavenhandel, Vergewaltigung und Ökologie, blah blah. Alles ist ein einziges Protest-Poster. Meine hier anwesenden ehrenwerten Kollegen immer ausgenommen.» X. I. Fong, der bei Sitzungen nie etwas sagte, brachte unter strahlendem Lächeln einen Kotau zustande, ohne von seinem Sessel aufzustehen. Seidensticker fuhr fort, bemüht jetzt, den verstorbenen Mitgliedern gegenüber Wohlwollen zu bekunden: «Aaron hatte immerhin die Entschuldigung, dass er in der grauen Vorzeit der amerikanischen Szene geboren war – die heutigen *kids* haben keine Entschuldigung, und sie wissen es. Alles Galeriepolitik, und die Kunden der Galerien sind allesamt begierig Schuld aufsaugende New Yorker Liberale, oder aber Japaner und Araber, die etwas Softpornoartiges für ihre Höhlen suchen.»

«Scheiße», verkündete Eric Von Klappenemner, der in der Enthemmungsphase seiner Demenz sechs Monate fortgeschritten war. «Was sie heutzutage Kunst nennen, ist Scheiße, an die Wände geschmiert, uns in die Ohren geschmiert. Wo gibt es noch Schönheit? Am Boden zertreten. Wo ist noch Anmut, Disziplin, Selbstverleugnung? Alles zum Schornstein raus. Meine jungen Freunde sagen: Sieh fern, das ist amerikanische Meditation. Aber ich sage, es ist Scheiße, ich nehme kein Blatt vor den Mund. Tun sie ja auch nicht. Sie sagen zu mir, du bist ein beknackter alter Idiot.»

«Klappy, warum hast du so rüde junge Freunde?», rief Amy deLessups, schelmisch mit den Augen rollend zu dem Komponisten hinüber, der über ihren Kopf hinweg auf die Stelle neben Bechs Kopf blickte, wo die Trikolore der Vierzig (kastanienbraun, golden und indigoblau) schlaff an ihrem Ständer baumelte, neben einem Porträt von Clarence Edmund Stedman, dem ersten Präsidenten der Vereinigung, einem Wall-Street-Broker und Poeten mit einem trapezförmigen wolligen Bart. Nicht einmal Jahwe höchstpersönlich hatte einen weißeren Bart gehabt.

Bech, der auf Stedmans Sessel hockte wie eine Ratte auf dem Königsthron, blickte über den ledrigen Halbkreis der Unsterblichen hin, auf der Suche nach einem Freund. «Wir haben einen Künstler, einen Komponisten und einen Historiker gehört; wie denken die Dichter und Romanciers unter uns?»

«Wie denkst *du*, Bech?», fragte J. Eward Jamison in reizbarem Ton zurück. «Kannst du auch nur einen dieser Jungen lesen? Ich meine die, die unter sechzig sind.»

«Da ist keine Magie», sagte Lulu Fleming spontan mit ihrem bezaubernden Anflug von spanischem Singsang. «Da gibt es nur Fakten, erst passiert dies, dann das, und alles wird in dieser klinischreinen Prosa erzählt. Sie haben ihren Master in kreativem Schreiben gemacht; sie fahren zu diesen Sommerseminaren und kritisieren sich gegenseitig, und da ist nichts mehr zu kritisieren, aber irgendetwas fehlt, ich weiß nicht was es ist –

eine gewisse Liebe zur Welt, irgendeine Hoffnung jenseits der Welt.»

«Ich lese die jungen Dichterinnen», sagte Amy deLessups, «und es kommt mir so vor, als hätten sie alle mit denselben Männern geschlafen wie ich, oder mit denselben Frauen, wären es aber ironisch angegangen, zum Selbstschutz eingehüllt in Ironie, und hätten im Voraus gewusst, dass es nicht funktionieren würde. Vielleicht», räumte sie ein, während sich in ihrem Gesicht verführerische Grübchen zeigten, «haben sie meine Gedichte gelesen.»

«Ich gestehe, meine Damen und Herren», sagte Bech, den Sesseln zugewandt, «dass neue erzählerische Prosa mich ermüdet. All dies Leben, das nicht das meine ist. All dies Aufmerksamkeit heischende Rufen: ‹Seht mich an!› Aber ich dachte, es läge vielleicht an mir, eine Folge des Alters. Izzy, was denkst du? Du liest immer noch alles, du hast die Verdauung eines Ochsen. Wann und wo ist heutzutage Literatur nicht ermüdend?» Seit Bech das Präsidentenamt übernommen hatte, war Izzy bei den Sitzungen schlecht gelaunt, wenn auch wachsam; er hatte es verdient, in Verlegenheit gebracht zu werden.

Thornbush, hingeräkelt auf einem Sessel in der zweiten Reihe, richtete sich halb auf und erklärte: «Hättest du mich in den Siebzigern gefragt, hätte ich wohl gesagt, in Lateinamerika, in den Achtzigern in Osteuropa. Jetzt, in den Neunzigern, scheint mir der ganze Globus festgefahren. Vielleicht sind die großartigen Sachen alle im Internet, und wir wissen noch nicht, wie wir an sie herankommen. Mr. President, ich würde gern ein Moratorium vorschlagen, was neue Mitglieder betrifft, und zwar bis sich nach der Jahrtausendwende die Luft wieder gereinigt hat.»

«Vorschlag unterstützt», sagte einer der Komponisten in der hinteren Reihe.

Noch ein paar andere unterstützten ihn.

«Antrag eingebracht und unterstützt», musste Bech sagen, obwohl er wusste, dass all dies ein schlechter Spaß war. «Diskussion gewünscht?»

Edna neben ihm räusperte sich und sagte in ihrem erregenden angloaustralischen näselnden Ton: «Wenn ich auf eines hinweisen darf. Die Statuten sind eindeutig, was die Wahl neuer Mitglieder betrifft. Es ist unsere Hauptaufgabe, ja, praktisch die *einzige* Aufgabe, für die wir verantwortlich sind. Ich bin mir nicht sicher, ob wir nicht unserer Stiftung und der damit verbundenen Privilegien verlustig gingen, wenn ein solcher Antrag angenommen würde.» Ihr weißes Haar, in Prinz-Eisenherz-Fasson geschnitten, bebte bei dem Gedanken. Diskret senkte sie ihren Blick wieder auf den gelben Block, wo sie ihre eigenen Bemerkungen notierte. Bech kämpfte gegen den Drang an, tröstend ihren glatten Kopf zu tätscheln.

«Aber wir finden anscheinend niemanden», sang Amy mit zuckersüßer Stimme, «der so wunderbar ist wie wir.»

«Wir müssen es *versuchen*», sagte Bech in dem strengsten Präsidententon, der ihm zu Gebote stand. «Wir müssen zurückdenken, an die Zeiten, als wir selber draußen waren und nach drinnen blickten. Angenommen, die damaligen Mitglieder wären genauso wählerisch gewesen, wie wir es jetzt anscheinend sind?»

«Die Zeiten haben sich geändert», sagte Seidensticker. «Damals war noch nicht alles hoffnungslos vom Geld und von den Medien korrumpiert. Eric hat es ja gesagt – es ist alles Scheiße.»

«Ich muss doch bitten», sagte der Präsident steif.

X.I. Fong meldete sich zu Wort, lächelnd. «Lim, Lim, nicht so schlimm. Wie immer – manches okay, manches nicht okay. Dinge haben Saison. Ändern, nie ändern.»

Izzy Thornbushs Stentorstimme durchschnitt diese melodiösen Formulierungen. «Mr. President, wir haben einen Antrag auf dem Tisch.»

«Wir diskutieren ihn doch gerade, oder etwa nicht?»

«Ich stelle den Antrag.»

Bech war bestürzt. Er hatte den Antrag vergessen. Thornbush, der es durchschaute, sagte: «Der Antrag lautet: Sollen wir in der Frage neuer Mitglieder ein Moratorium beschließen bis nach der Jahrtausendwende?»

«Es kann noch eine Menge passieren zwischen jetzt und der Jahrtausendwende», bemerkte Bech. «Es sind noch acht Jahre. Wir könnten bis dahin alle tot sein.»

«Der Antrag, der Antrag!», beharrten die dunklen Anzüge in der hinteren Reihe. Bech hatte immer schon eine leichte Angst vor Komponisten gehabt. Der verstand nicht, was in ihren Köpfen vor sich ging – diese Wechsel der Tonart, diese Dominanten und Sequenzen und Intervalle, was bedeutete das alles? Sie waren Männer aus den höheren Sphären und doch so irdisch, Verbündete der Geldleute, künstlerische Anwälte gewissermaßen, so vieles, was sie als neu anboten, war in Wirklichkeit aufgewärmt, und das Wiederholungszeichen besagte: Dasselbe nochmal …

«Unsere Geschäftsführerin sagt, wir könnten der Stiftung und unserer Privilegien verlustig gehen», hielt er den versammelten Mitgliedern entgegen.

«*Jaaa*», donnerte Izzy, und die hintere Reihe sekundierte im Chor, und Seidensticker, der puritanische Schlappschwanz, ebenso, und auch Von Klappenemner in seiner Demenz, sodass Bech sagen musste: «Der Antrag ist eingebracht. Alle, die für das Moratorium sind, mögen die Hand heben.» Drei aus der hinteren Reihe und Izzy und Seidensticker hoben die Hand, aber Von Klappenemner glaubte vielleicht, er hätte bereits gestimmt. Zu Bechs Kummer hob MacDeane die Hand, nachdem er einen Moment lang überlegt hatte – vielleicht war es der Instinkt des Kalten Kriegers, dass Zeitgewinn ein Sieg ist und jedes Moratorium etwas Gutes. Das hieß: sechs Stimmen dafür. «Die Gegenstimmen?», fragte Bech, und seine Hand fuhr hoch. Die Schriftsteller, Gott segne sie, hielten zu ihm – Jamison, Amy, Lulu und auch Marr, von dem Bech geglaubt hatte, er würde es begrüßen, wenn einem so weißen Club Schaden zugefügt wurde. Aber seine braune Hand war hoch erhoben, und ebenso die zarte gelbe Hand X.I. Fongs, dieses Meisters der Bleistiftführung auf Farbe. Machte sechs Gegenstimmen. In seiner Konfusion, worüber eigentlich abgestimmt wurde, oder vielleicht verzaubert von einer vorübergegangenen Ekstase, machte Von Klappenemner eine ausladende Dirigentengeste, und Bech zählte ihn mit. «Der Antrag ist gescheitert», verkündete er, «sieben gegen sechs Stimmen. Der Punkt Mitgliedschaft in der Vereinigung der Vierzig ist noch nicht abgehakt.»

Die Ordnung war zusammengebrochen, alle redeten durcheinander; der Tumult legte sich, als Jason Marr zu verstehen gab, dass er sprechen wollte. «Was dieser Verein braucht, ist ein bisschen Förderung der Minderheiten. Das Spektrum muss erweitert werden. Ich würde gern Toni Morrison nominieren, Henri Louis Gates, Cornel West, Albert Murray und Landford Wilson, die mir gleich auf Anhieb in den Kopf kommen.»

«Ich bin dafür, für alle», rief Amy.

Edna warf ein: «Toni Morrison ist bereits Mitglied.»

«Dann nominiere ich Rita Dove», sagte Marr in höflichem Ton.

«O ja, Frauen!», rief Amy. «Es gibt so viele heutzutage! Kluge Frauen! Elaine Pagels! Ellen Zwillich! Eudora Welty! Wir brauchen nicht länger auf dem Rücken zu schwimmen und unsere törichten gebrochenen Herzen in Lieder zu verwandeln, wie wir es zu meiner Zeit gemacht haben. Kinder und Lieder – nichts anderes war bedeutend genug. Selbst Dorothy Thompson und Martha Gellhorn glaubten, sie müssten verliebt sein. Ich kannte sie beide.»

«Miss Welty ist bereits Mitglied», sagte Edna.

«Ich habe Gellhorn geliebt», rief Lulu dazwischen. «Allein schon der Name! *Como una matadora.*»

«Sie waren nie Mitglieder», fühlte sich Edna bemüßigt zu sagen. Sie wurde müde. Ihre kleinen Kardiographien sackten abwärts, verrieten schwache, unregelmäßige Schläge, und im Kassettenrecorder drehte sich, wenn Bech das rote Licht richtig deutete, eine leere Spule. Er fühlte sich allmählich gerettet, frei. Im lautesten und erhabensten Präsidententon, den er aufbrachte, verkündete er: «All dies sind exzellente Nominierungen. Wir werden sie schriftlich formulieren. Schicken Sie auch noch weitere an Edna, mit Unterstützungen. Bis Weihnachten verschicken wir die Stimmzettel.» Eine von Ednas jungen Gehilfinnen war hereingekommen, attraktiv in ihrer Atemlosigkeit; ihr gewispertes Geheimnis wurde Bech von Edna mitgeteilt. «Ich höre gerade», gab er bekannt, «dass der Caterer unten sagt, die warmen Hors d'œuvres würden kalt. Möchten alle wie ich einen Drink? Wenn die Antwort ja lautet, schlage ich vor, die Sitzung zu schließen. Ich danke Ihnen allen, dass Sie in so außergewöhnlich großer Zahl gekommen sind.» In Ermangelung eines Hammers klopfte er mit den Fingerknöcheln auf den Tisch, und der hohle, an den Seiten gebogene Tisch hallte dunkel wider wie eine afrikanische Trommel.

Während das kleine ältliche Häuflein grummelnd und streitend und lachend der Treppe entgegendrängte, legte Edna neben ihm ihren Bleistift nieder. «Das war aber ein bisschen schlimm», murmelte sie, und es klang, als hätte sie gesagt «Schlamm».

«Ja, was ist denn nur los? Was nagt an Izzy? Erst bedrängt er mich, dass ich diesen Job annehme, und jetzt sendet er nur negative Vibrationen aus.»

«Er muss irgendwelche Probleme haben, Henry», sagte sie. Er sah sie an; noch nie hatte sie einen so intimen Ton angeschlagen. Seine *éminence grise*. Seine *First Lady*. Sie war förmlich und tatkräftig, aber da war zugleich eine lauernde antipodische Fremdartigkeit, ein gelegentlich durchbrechendes wildes Gelächter aus dem australischen Outback. Ihr Profil war wie eine Kamee im englischen Stil des achtzehnten Jahrhunderts – ein präzise geschürzter Mund, eine hohe Nasenwurzel wie bei Romney. Die weißen Flügel ihrer kurzen Pagenfrisur schwangen nach vorn, während sie sich, mütterlich, mit dem Aufnahmegerät und ihrem gelben Block voller gezackter Notizen beschäftigte. Während wir alle spielten, wir wären die Vierzig, dachte Bech, hat sie *gearbeitet*. Sie musste um die sechzig sein, aber immerhin wurde er in einem Jahr siebzig. Alte Jungfern halten sich gut, stellte er sich vor. Die Knospen der Leidenschaft bleiben fest zusammengerollt. Er war einst in Australien gewesen und hatte die hübschen eingeborenen Frauen dort ausprobiert, hatte aber Edna nie davon erzählt – das fahle ausgedörrte Land, der alkalische Himmel, die schmiedeeisernen Balkone in Sydney, das Opernhaus wie ein Schiff mit vollen Segeln. Ein Amerika ohne Calvinismus oder Judaismus, nur sonnige braune Weite und der derbe männliche Humor einer Strafkolonie. Jetzt, nach der Schlacht, die sie gemeinsam bestanden hatten, fühlte er sich Edna ganz nahe. Was hatte Izzy damals zu ihm gesagt? *Sie bringt sich um für dich*. Wenn er für sie starb, würde es nicht das übelste Schicksal sein. Sie hatte die erforderliche Strenge, eine silberne Reinheit.

Seine Beziehung zu Martina verschlechterte sich. Hinter der kommunistischen Unschuld lauerte die amerikanische Frau der Neunziger – pfiffig, ehrgeizig, konditionsbewusst, auf Selbsterhaltung bedacht. Bech konnte ihr schwerlich einen Vorwurf daraus machen, dass sie sich mit Männern traf, die jünger waren als er (wahrscheinlich brauchte sie die Gymnastik, die multiplen Orgasmen, die er nicht länger verschaffen konnte), aber der Verdacht, dass sie und Izzy etwas miteinander hatten, bohrte in ihm. Dieser polymathische Schmutzfink, dieser ausgehaltene Mann, dieser pseudotalmudische Unruhestifter. Bech hatte Gelegenheit, die Situation auszuspionieren, als Pamela ihn und, gesondert, Martina zu einer Weihnachtsparty in ihr Penthouse einlud. Die vielen Künstler, die über den Empfang anlässlich der Festschrift einen Schleier von Rauch und schalen Rivalitäten gelegt hatten, waren nur vereinzelt anwesend – eine pummelige Gelehrte aus Princeton, die glaubte, dass die Genesis von einer Frau verfasst sei; Vernon Klegg, der seinen jüngsten, trocken geschriebenen, von Alkohol durchtränkten *succès d'estime* feierte, und ein bebrillter dürrer Dichter, dessen Gedichte allesamt in Ascheglanz vom Niedergang der Schwerindustrie in Ohio handelten. «Ich hatte mir Ihren Mann vom Aussehen her ganz anders vorgestellt», vertraute Bech der Ehefrau des Dichters an, die Haare wie aus Draht hatte, aber noch biegsam und beweglich war.

«Oh, wie denn?», erwiderte sie, allzu strahlend. Es war etwas Leichtsinniges, beinahe schon Frivoles an dieser Frau, das Bech müde dem Ruf zuschrieb, der ihm vorauseilte, nämlich dass er ein alter Lüstling sei.

«Mehr *blue colar*», sagte er. «Er schreibt immer diese Sestinen und Pantouns über rostige I-Träger und wie er im Gummianzug Säurefässer ausgeschrubbt hat.»

«Das mit den Fässern war sein Bruder. Jim hat immer nur im Sommer in der Fabrik gearbeitet; er war der Träumer der Familie. Sie haben alles geopfert, damit er aufs College gehen konnte.»

«Und ist er dankbar?»

«Sehr», sagte sie. «Aber sie alle hassen seine Gedichte. Sie möchten gern, dass er über höhere Dinge schreibt, nicht über *sie* und die Fabriken.»

Jenseits des runden Tisches nickte der zarte, verwöhnte Jim mit seiner randlosen Brille und wand sich unter den plapperhaften, schmeichelnden Aufmerksamkeiten der Gastgeberin. Er hatte Preise bekommen, und das gefiel Pamela. Aber sie bemerkte, dass Bech sie beobachtete, und nach dem Dessert kam sie zu ihm. Die schimmernde Haut, entblößt von ihrem tief ausgeschnittenen Herrera-Kleid aus moirierter Seide, blitzte wie ein Brustpanzer; sie drängte ihn in eine ruhige Ecke. Stimuliert von den drei Farben des beim Essen gereichten Weins hätte er gern hinuntergelangt und eine ihrer Titten herausgefischt, um zu sehen, ob ihre Sommersprossen sich bis zur Brustwarze hinzogen. Ob sie wohl oben ohne herumlief, das heißt, wenn sie und Izzy an ihrem Pool in den Hamptons allein waren? Als Mädchen hatte sie bestimmt mit einem Minimum an Bedeckung auf dem regenbogenfarben überglitzerten Vordeck der Yachten ihres Vaters in der Sonne gebadet, wenn sie den Sund durchpflügten und die türkisene Karibik. Sie las diese Gedanken oder spürte deren Hitze und rückte ihr sommersprossiges Dekolleté noch fünf Zentimeter dichter an seine zerknitterte Hemdbrust. «Henry, was ist los mit dir und Martina? Sie wirkt so zerstreut und säuerlich.»

«So, tut sie das?» Er sah sich um, wo in der kleinen Schar der Penthouse-Gäste Martina in ihrem matt-anthrazitfarbenen Kostüm Halt gemacht hatte. Sie stand – sein geheimer, nach Kräutern und überreifen, blätterumlaubten Früchten duftender Garten – ins Gespräch mit dem *blue-collar*-Dichter vertieft; offenkundig war er der Held des Abends. «Nun, vielleicht gefällt es ihr nicht, wie die kommunistischen Länder den Kapitalismus übernommen haben», meinte Bech. «Jetzt haben sie dort die Gangster und die Ausbeutung der Massen, und alles Übrige haben sie ausgelassen.»

«Henry, Liebling –» das «Liebling» bedeutete, dass sie wusste, wie gern er ihre Titten herausgefischt hätte; auch sie hatte eine Trikolore von Wein geschlürft –, «nur du siehst Martina als Kommunistin. Sie hat die Tschechoslowakei verlassen, als sie noch ein Krabbelkind war.»

«Früh krümmt sich …», sagte Bech.

«Isaiah und ich dachten immer, ihr zwei wärt die perfekten Partner füreinander. Letzthin hat sie ihm gegenüber zwei- oder dreimal angedeutet, dass wir im Irrtum seien.»

«Perfekt füreinander sein, das ist schon in sich ein Mangel an Perfektion in der trüben Arena der Sexualität, findest du nicht? Ich meine, Sado-Masochismus braucht ein gewisses Maß an Übung. Wie haltet ihr das mit der Perfektion, du und Izzy, wenn ich fragen darf?»

Pamela tippte auf sein Brustbein – eine geschickte Spiegelung seines Wunsches, sie an der entsprechenden, aber nackten Stelle zu berühren. Kecke *schikssen*titten, ohne die blasse jüdische Schwere, die bohrende Erinnerung an die eigene Mutter. Pams Apfelwangen glühten; ihre Zähne, klein und rund und einwärts stehend wie bei einem Kleinkind, waren bis zu den Backenzähnen, die keine einzige Füllung aufwiesen, zu einem flirtenden Lachen entblößt. Waren sie überkront? Was ist natürlich und was nicht? Bei reichen Frauen weiß man nie. Waren Pamelas Augen so weit geöffnet, weil er, Bech, faszinierend provokativ war, oder weil sie sich die Augenlider hatte operieren lassen? Er spähte auf die zarte Haut unterhalb ihrer gewölbten Brauen, suchte nach winzigen Narben. «Wir haben gemeinsame Interessen», sagte sie zu ihm. «Und wir beten die Kinder an, die wir aus anderen Ehen haben.»

«Ah, Kinder», sagte Bech, betäubt von seiner Erinnerung an die drei Kinder von Bea Latchett, mit denen er eine Zeit lang ein Domizil in Westchester County geteilt hatte – drei kleine schnelle Stiche, dann ein dumpfer Schlag, der Verlust. Ann und Judy, die Zwillinge, hatten geheiratet, weit weg von der Ostküste, aber Donald, ihr jüngerer Bruder, lebte in New York und war Assistent eines Modefotografen. Einmal im Jahr trafen er und sein früherer Stiefvater sich zum Lunch. Donald war, seinem kurz geschnittenen, aber gefärbten Haar und dem Ring im rechten Ohr nach zu urteilen und danach, dass er niemals eine Freundin erwähnte, schwul, aber Bech fragte ihn nie. Falls der Junge in diese Richtung geraten war, musste er, Bech, sich das selbst zuschreiben: Als er und Bea sich trennten, war Donald zehn gewesen und herzzerreißend entschlossen, sie beide zu lieben.

«Und in den seltenen Fällen, in denen wir nicht übereinstimmen», erklärte Pamela weiter, «verstehen wir erquickend zu streiten.»

«Ja, das Erquickende sehe ich überall an dir. Aber der am Sessel festgewachsene alte Izzy? Pamela, sag mir –» er berührte ihren nackten Arm, gleich unter der sommersprossigen Wölbung ihrer Schulter, ein Kompromiss –, «findest du ihn nicht manchmal, wie soll ich sagen, schrecklich erdrückend?»

Ihre Züge erstarrten, was Bechs Verdacht auf Schönheitschirurgie verstärkte. Sie sagte: «Isaiah ist der empfindsamste und geistreichste Mann, der mir je begegnet ist. Sei nicht eifersüchtig, Henry, du hast deinen eigenen Stil. Es ist Platz genug in der Welt für beides, für epische Dichter und für Verfasser von Haikus.»

«Schreibe ich die etwa? Haikus? Auch in *Thing Big*?»

Wie so viele Frauen vor ihr erkannte Pamela, dass es ein Fehler gewesen war, ihn auf sein Schreiben zu bringen: Er nahm es zu ernst, ernster als Sex oder Geld. Man kann nicht flirtend mit einem Schriftsteller über seine Bücher reden. Sie wechselte das Thema: Ohne auch nur ein Blinzeln dieser weit offenen Augen packte sie einen massigen Mann in einen zweireihigen blauen Blazer. «Henry, ich glaube nicht, dass du die letzten Male, als du hier warst, meinen Bruder kennen gelernt hast. Zeke liebt deine Bücher. Er sagt, du überrundest meinen lieben Mann.»

«Er will dich nur necken», versicherte ihr Bech und schüttelte die ihm entgegengestreckte große, dickliche Hand. Zeke Towers Jr., hatte diese geübte Art, einem die Hand so zu geben, dass man irgendwie nicht die ganze Hand zu fassen bekam, sondern nur die Finger. Die zur Familie gehörenden Sommersprossen bedeckten sein breites Gesicht so dicht, dass er ungesund aussah – oder als trüge er eine Tom-Sawyer -Maske.

«*The Travellers*», erklärte der junge Zeke, und sein Knabengesicht verriet eine große mnemotechnische Anstrengung. «Hat mich glatt umgehauen, damals, auf dem College. Es war Pflichtlektüre in zwei verschiedenen Kursen.»

«*Travel Light* meinen Sie, vermute ich. Über eine Motorradfahrergang, die vergewaltigend und raubend von Stadt zu Stadt durch den mittleren Westen fährt.»

Das faszinierende Gesicht, das, wie ein Teller mit einem *nouvelle cuisine*-Gericht, größer war als nötig für das, was darauf war, leuchtete erleichtert auf. «Jaaa, irre – ich bin eigentlich nie westlich vom Hudson gewesen, und hier kam jede Menge Sex und Gewalt vor.»

«Alles erfunden», versicherte ihm Bech.

«Und dann das andere, das in New York spielt, mit der Szene, wo die Fernsehcrew –»

«*Think Big*. Das Buch hat mich immer ein bisschen verlegen gemacht – es wurde ein Bestseller.»

«Wieso? War das schlimm?», fragte Zeke Jr. ehrlich verwirrt. Bech nahm an, dass der Schwager des jungen Mannes keine solchen perversen Reden führte. Für Izzy war Erfolg in der Welt ein legitimes Ziel.

«Ziemlich schlimm. Und außerdem hat es mir meine absolut glückliche Ehe ruiniert. Die Schwester meiner Frau war so empört, dass ich einen Bestseller geschrieben hatte und in der Zeitschrift *People* erschien, dass sie mich verführt und ihre Schwester mich rausgeschmissen hat.» Er gestand all dies teilweise, um Pamelas Interesse zu wecken und um sie zu kränken; aber Pamela hatte sich, wie es ihre Art war, davongemacht und ihn mit dem Gesprächspartner ihrer Wahl stehen lassen.

Bei den weißen angelsächsischen Protestanten war es schwer, ihr Alter zu schätzen; sie hörten nicht auf, große Jungen zu sein. Zeke Jr. musste schon ungefähr fünfzig sein, und er blinzelte so, als hätte er noch nie im Leben jemanden selbstironisch zweideutige Bemerkungen machen hören. «Klingt hart», sagte er. «He, sagen Sie, bestimmt sind Sie das schon oft gefragt worden, aber was ich schon immer mal über Schriftstellertypen wie Sie wissen wollte: Wo zur Hölle kriegen Sie Ihre Ideen her?»

Immer häufiger kam es vor, dass Bech, wenn er zu Partys ging, sich plötzlich in ein Interview verwickelt sah. Es war eine Art der Konversation, die er nicht mochte, aber inzwischen war er sehr geschickt darin. «Eine gute Frage», sagte er mit fester Stimme und wiederholte: «Mr. Bech, wo kriegen Sie Ihre Ideen her?» Nachdem er sich einen Moment Zeit zum Nachdenken verschafft hatte, antwortete er schließlich: «Die Ideen sind im Allgemeinen das Produkt von Hass. Da ist jemand, dem sie etwas heimzahlen wollen, oder ein Rivale, den Sie aus dem Feld stechen wollen. Das Schreiben ist dann das, was die Analytiker das Abarbeiten nennen. Oder ist es ein ‹Ausagieren›?»

«Danach müssen Sie Pam fragen. Ehe sie sich mit Izzy zusammengetan hat, war sie an fünf Tagen in der Woche auf der Couch.»

«Aber jetzt ist sie ein Bild von blühender Gesundheit.» Rosige Wangen, federnde gesprenkelte Brüste, nahtlose Schönheitschirurgie. War Bech im Begriff, sich doch noch einmal zu verlieben?

«Izzy hat bei ihr Wunder gewirkt, das kann ich Ihnen sagen. Mein Dad starb glücklich, als er seine Tochter endlich in guten Händen sah.»

«Das klingt so, als wäre er ein Mann gewesen, der leicht glücklich zu machen war.»

Zeke Jr. war abermals verwirrt, aber er hatte in die Erwartungen, die er an Bech richtete, die Verwirrung gleich miteingebaut und war entschlossen, höflich zu sein. Warum? Mit Unbehagen fragte sich der wenig produktive Autor, was diesen Finanzpiraten, diesen knabenhaften Machthaber über Luftrechte und Metropolenflächen in seinem Bann hielt. «Mein Dad hatte Glück im Leben», sagte der junge Zeke ehrerbietig, als legte er vor einem Geheimbund ein Beitrittsversprechen ab, «und nichts war ihm zu gut für seine Familie. Er hätte uns echt verdorben, wenn er uns nicht zugleich eine so beispielhafte Arbeitsethik vorgelebt hätte.»

Angesichts solch frommer Ehrfrucht verstummte Bech beinahe. «*Mein* Vater», gestand er, «glaubte, nichts könne schlecht genug für uns sein. Er war ein Spielverderber. Er brachte es fertig, während der Rushhour in der Subway tot umzufallen.»

«Mein Dad kam aus Queens», sagte Zeke Jr., den sichersten Weg einschlagend. «Er fing mit zwei, drei unbebauten Grundstücken an, und dann, während der großen Wirtschaftskrise, übernahm er die Hypotheken für den Besitz bankrotter Unternehmen, Zeug, das niemand sonst anrühren wollte. Von da an ging's bergauf. Noch mit über achtzig arbeitete er zehn, zwölf Stunden am Tag. ‹Ich mag nun mal das Gehetze und Gewetze›, pflegte er zu sagen.»

Was wollte dieser große Junge – ein Junge, der sechzig sein konnte, wenn man die Verjüngungseffekte des Fitness-Centers einrechnete und die Winterreisen zum Jungbrunnen –, was wollte er ihm verkaufen? Vielleicht war das aufrichtige, unschuldige Verkaufsgebaren sein einziger Stil geworden, so wie Bech nur Haiku-Prosa schreiben konnte. Er war es nicht gewohnt, mit so freundlicher Aufmerksamkeit bedacht zu werden, von Männern in so teuren Blazern, mit einem seidenen

Tuch, das wie eine Paisleyorchidee aus der Brusttasche baumelte. «Wo kriegen Sie *Ihre* Ideen her?», fragte Bech ihn.

«Ideen?»

«Für Geschäfte.»

Zeke Jr.s arglose Augen wurden schmal; die Haut unter seinen Augen nahm eine kreppartige Blässe an, eine Spur von Verderbtheit. «Oh – die entwickeln sich so. Das ist Team-Arbeit. Nicht wie das, was Sie tun – sich all dies Zeug aus dem Nichts heraus ausdenken. Das finde ich imponierend.»

Gott sei Dank kam Izzy auf sie zu und brachte die frische Luft familiärer Ruppigkeit. «Henry *ist* imponierend», sagte er. «Besonders im Bett.»

«Wer sagt das?», fragte Bech.

«Das Gerücht», erwiderte Thornbush selbstgefällig. «Henry, du sprichst hier mit einem deiner führenden Fans. Es erbittert mich, es zuzugeben, aber in den Augen dieses Knaben zeichne ich mich hauptsächlich dadurch aus, dass ich Anspruch auf die Minenrechte deiner Bekanntschaft habe.»

«Nicht nur Anspruch. Du hast auch das Schürfen besorgt.»

«Und es war pures Gold. Ist pures Gold.» Der feste Izzygriff hatte sich um Bechs Oberarm geschlossen, der so etwas wie eine Ruderpinne wurde in diesen kabbeligen Strömungen. Bech sah sich auf eine Wand zugesteuert, wo ein Eiskübel und ein militantes Aufgebot von Flaschen von einem schmalen jungen Mimen mit einen Ring in der Nase gewartet wurden.

«Ein Privileg und ein Vergnügen, Ihnen zu begegnen, Mr. Bech», rief die Stimme seines angeblichen Bewunderers ihnen nach.

Izzy wandte sich würdevoll wie ein Staatsmann nach ihm um. «Zeke», sagte er, «ich würde dich ja ermuntern, dass du dich uns anschließt, auf Brandy und Zigarren, aber ich weiß, dass du dich niemals kontaminieren lässt. Deine bessere Hälfte klagte im Esszimmer über die lange Fahrt zurück nach Greenwich.»

«Fühlst du dich wirklich wohl mit einem *schéjgez* wie dem?», musste Bech fragen, als er und der andere Schriftsteller allein in einer Ecke waren – der einzigen solchen Ecke –, wo die Bücherregale standen. Bechs Blicke suchten vergeblich nach einem seiner eigenen; er kannte ihre Rücken besser als die Gesichter früherer Geliebter. Pamela musste sie bei sich im Schlafzimmer haben.

«Unterschätze den Burschen nicht», versicherte ihm Izzy. «Er sieht vielleicht nicht so aus, aber er ist ein Genie auf seinem Gebiet. Der New Yorker Immobilienmarkt ist letzthin ziemlich steinig, aber der junge Zeke ist noch nie gestolpert. *Sehr* eindrucksvoll. Er ist so rücksichtslos wie sein alter Herr, und geschmeidiger. Du kannst froh sein, dass der alte Zeke nicht mehr da ist. Ein verdammtes Ungeheuer – ist nie über die achte Klasse hinausgekommen, und mit jedem Vorurteil, das im Buche steht. Kam aus den Kiefernwäldern im südlichen Jersey – Appalachenland ohne die Gebirgsluft. Er hätte unsere Heirat verhindert, wenn ich ihm nicht gesagt hätte, ich würde seine Tochter vor jüdischen Seelenzergliederern retten. Man braucht einen Juden, um einen Juden zu jagen, würde er denken, und ich wusste es.»

Izzy hatte sich eine Zigarre angezündet, eine geschmuggelte Havanna, und Bech hielt den Brandy. Der dritte Schluck von dem kratzigen Cognac brachte ihn, auf dem Weg über einen Springerzug seines Bewusstseins, mit der flüchtigen Essenz der Wahrheit in Berührung. «Wie hätte er sie verhindert?», fragte er.

«Enterbung», sagte Izzy.

«Aber», protestierte Bech, «du hast doch bestimmt nicht des Geldes wegen geheiratet?»

«Es war ein Teil des Bildes. Genau wie ihre Titten. Würdest du eine Frau heiraten, wenn man ihr die Brüste absäbelte? Bei ihr bleiben, sicher – aber sie nehmen? He, was ist eigentlich mit dir und La O'Reilly?»

«Sie ist sauer auf mich. Hat sie mit dir mal darüber gesprochen?»

Unter den gewaltigen Brauen verschleierten sich die Augen des alten Zauberers auffallend. «Sie und ich reden nicht von Liebesdingen, wir kennen nur das Wort Geschäft. Ich war überrascht, dass du so hinter ihr her warst. Du bist doch sonst nicht scharf auf blaustrümpfige, systematische Typen; du ziehst die destruktiven vor.»

«Martina hat ihre süße destruktive Seite», sagte Bech. Er durfte diesen Brandy nicht zu Ende trinken, gelobte er sich.

«Ich glaube, sie ist eifersüchtig auf Edna», meinte Thornbush.

«Edna? Das liebe kleine Vögelchen, die jungfräuliche Edna?» Doch allein schon der Name hatte die keuschen inneren Hallen des Stadthauses der Vierzig heraufbeschworen, und die ehrwürdigen undeutlichen Gesichter, über die er dann und wann präsidierte wie über eine Versammlung der Geister der Würde, der Integrität und der heiligen Hingabe, die einst mit dem Konzept der Künste in der amerikanischen Republik verbunden gewesen waren. Edna hatte ein so reines Profil wie die Miss Liberty auf dem alten Zehncentstück.

«Sie sagt, dass du viel über Edna sprichst. Du redest allzu zärtlich über die Vierzig – in Martinas Augen. Sie glaubt, du seist zum Establishment übergelaufen. Ich sage ihr: ‹Nicht Bech. Der ist der letzte der Desperados. *Dérèglement de tous les sens*, das ist sein Motto.›»

«Oh, vielen Dank. Ich verstehe. Habt ihr, du und Martina, diese intimen Beratungen über mich öfter?»

«Nein, nur neulich, beim Lunch. Wir hatten geschäftlich zu tun. Aesop bringt eine Sammlung meiner vergriffenen Essays heraus, darunter eine Hand voll, das ich für *Displeasure* geschrieben habe. Erinnerst du dich noch an *Displeasure*?»

«Wie könnte ich vergessen?» Allen seinen haarsträubenden

Fehlern zum Trotz hatte Izzy etwas, das nur wenigen noch lebenden Leuten in der Welt eigen war: Er konnte sich an *Displeasure* erinnern. An die voll gestopften Büros im ersten Obergeschoss in Chelsea, an die flatternden rechten Ränder, an die Überschriften in Kleinbuchstaben sans-serif. Die schwarzhaarigen Praktikantinnen aus dem Village, Freundinnen von befreundeten Redakteuren, die aushalfen, die dreieckigen Augenbrauen gefurcht bei der Suche nach Druckfehlern, die sich, wenn sie korrigiert wurden, oft eher noch vervielfältigten.

«Der alte Fritzi Egle in seinen Schlafzimmerschlappen», sagte Izzy, «und immer mit diesem komisch süßlichen Geruch rund um seinen Schädel. In unserer grenzenlosen Unschuld wussten wir nicht, dass er Opium rauchte. Wir glaubten, es wäre sein Haarwasser.»

«Wie umfangreich ist die Sammlung?» Bech war eifersüchtig. Die Vellum Press hatte seinen vergriffenen Sammelband *When the Saints* nicht nachgedruckt, und sein zweiter Roman, *Brother Pig*, existierte nur noch in einer Paperbackausgabe, die höchstens in College-Buchhandlungen am Lager gehalten wurde. Einst hatte er sich in Drugstore-Regalen und an Flughäfen vertreten gesehen, neuerdings nicht mehr. Wenn er nicht gerade im Rahmen eines Collegeseminars über den Antirealismus der Nachkriegsjahre behandelt wurde, dann wurde er überhaupt nicht gelesen.

«Zu dick», erklärte Thornbush in gespielter Bescheidenheit. «Über tausend Seiten, sofern sie mich nicht beschwindeln. Diese jungen Lektoren fragen dauernd nach diesem und jenem Lieblingsstück, an das sie sich erinnern, und Aesop will keine wirkliche Perle auslassen.»

«Gott behüte», sagte Bech und beschloss, nun doch den ganzen Brandy zu trinken. Er ließ die restliche dunkel-bernsteinfarbene Flüssigkeit in dem Schwenker kreisen und dachte betäubt, dass es ganz ohne Zweifel strenge, Mathematikern und Chaosspezialisten bekannte Gesetze gab, um diese elliptischen Bewegungen exakt zu beschreiben. Dann kippte er den Rest. Es brannte, tiefer und tiefer, in seiner Speiseröhre. «Hör zu, Izzy», sagte er. «Du hast mich überredet, Präsident der Vierzig zu werden, nichts, worum ich mich gerissen hätte. Und jetzt verhältst du dich so, als wäre etwas Schmutziges daran. Bei der Herbstsitzung, als MacDeane mit etwas kam, was sehr nach Auflösung klang, hast du es noch auf die Spitze getrieben, indem du dieses Moratorium in der Frage neuer Mitglieder vorschlugst, das um ein Haar die ganze Institution beschädigt hätte. Wer von uns wird denn im Jahr 2000 noch da sein? Edna war entsetzt. Und ich war es auch.»

«Ich wollte die Situation retten», sagte Izzy mit höflicher Stimme. «Diese komischen Musiker wollten Blut sehen.»

«Tja, und warum?»

«Du hast sie doch gehört. Sie halten nichts von den Elektronikern, die vielleicht gewählt werden könnten. Seidensticker mag keinen repräsentativen Revisionismus. MacDeane hasst die revisionistischen Historiker, die uns als die bösen Buben im vergangenen Kalten Krieg hinstellen. Außerdem ist er raus aus der Machtschleife in Washington, und das tut weh.»

«Dann macht doch gleich alles kaputt. Die ganze Idee der Vierzig, einerlei welche Vierzig es sind. Ist es schon so weit gekommen mit den Künsten in Amerika? Hat Lucinda Baines dafür ihr Vermögen hingegeben? Eine Menge Leute haben Baines' Puder benutzt und sind gestorben, damit die Vierzig existieren konnten.»

Izzy mit seinen clownesken Seitenschwingen schneeweißen Haars spielte eine imaginäre Violine, so überzeugend, dass sein vorgeschobener Unterkiefer das Kinn vervielfachte, Bech sah die Saiten, hörte das Vibrato. «Du brichst mir das Herz», sagte Izzy. «Wie dem auch sei, mein Antrag hat die Situation gerettet.

Freut mich, dass ich aushelfen konnte. Du kannst mir später danken.»

«Wenn das Hilfe war, dann wandere ich in die Opposition. He, ich muss gehen», sagte Bech. «Martina gibt schon Zeichen auf ihre Art.» Sie ging, wie vor einem Jahr, in ihrem Lodenmantel hin und her, bereit, ohne ihn aufzubrechen.

Izzy genoss das Gespräch. «Es ist wie mit Preisen und Preiskomitees», sagte er. «Möchtest *du* gern literarischer Juror sein? All den Mist lesen und keinen Dank dafür ernten?»

«Nein», gab Bech zu. «Ich drücke mich immer darum.»

«Ich mich auch. Wer nimmt also an? Kümmerlinge. Wem sprechen sie also den Preis zu? Einem anderen Kümmerling.»

Da war noch irgendeine Analogie, aber Bech spürte, dass sie ihm entging. Er wusste, dass Thornbush keinen Preis mehr bekommen hatte seit einem Critics Circle für *LB-Bull* im Jahre 1971. Saure Trauben – der Champagner der Intellektuellen. Martina hatte sich ihren unförmigen grünen Mantel über ihr graues Wollkostüm gezogen, und als sie sich vorbeugte, um Pamela ohne ein Lächeln einen Kuss zu geben, einen Hauch auf beide Wangen nach europäischer Art, kam sie dem vom Brandy berauschten Bech wie ein Schulmädchen vor, wie ein Flüchtling aus den Vorkriegsklassenräumen der Grundschulen, wo er gesessen und die Grundzüge von Geschichte, Biologie und Mathematik gelernt hatte. P.S. 87, Public School 87, ein kaltes Klinkergebäude Ecke 77th Street und Amsterdam Avenue – die Lehrer waren in jener etwas unordentlichen Zeit meist unverheiratete christliche Frauen gewesen, die, wie ihm rückblickend klar wurde, sehr jung waren. Junge Mädchen eigentlich. Sie waren ihm enorm groß und reif und weise vorgekommen. Sie hatten ihn lesen gelehrt, und das war sein Glück und sein Unglück gewesen. «Ich habe das Gefühl, meine Füße stecken in Eimern voll Brandy», sagte er zu Izzy in dem Bemühen, sich von dem starken Gravitationsfeld des anderen Schriftstellers loszueisen.

Aber Martina bewegte sich durch sein Gesichtsfeld, grün, ein Stückchen von Birnams Wald, das sich entfernt zum Dunsinan. *Und, sieh, mir deucht, der Wald fängt an zu gehen,* berichtete der Bote Macbeth. Die Macht der sexuellen Anziehung riss Bech weg von Izzys Bann; er segelte quer durch den Raum und stieß mit einem Bums gegen Martina. «Was machst du?», fragte er.

«Ich gehe.»

«Ohne mich?»

«Warum nicht? Du hast mich den ganzen Abend lang nicht beachtet.»

«Ich wollte nicht, dass dein Stil beeinträchtigt wird.»

«Ich habe keinen Stil, Henry. Ich bin nur eine schlichte Redakteurin, die anderer Leute Stil in Ordnung bringt und wenig Dank erntet.»

Wenig Dank schien das Thema des Abends zu sein. «Das stimmt nicht. Du hast jede Menge Stil. Du bist eine Colette im Lodenmantel. Hör zu. Wir sind zwar nicht zusammen gekommen, aber wir gehen zusammen. So wollen wir es halten.» Sein Magen hing durch und brannte angesichts der brandygetränkten Möglichkeit, diese duftende, solide, ganz leicht unamerikanische Frau zu verlieren. Er war nicht gut in dem Geschäft des Lebens, das gehen lassen hieß. Im Fahrstuhl flehte er: «Komm zurück in den Loft. Wir müssen an unserer Beziehung arbeiten.»

«Ha», sagte Martina. «Mit dir eine Beziehung zu haben, ist, wie wenn man ein Iglu tapeziert.»

«So schlimm?» Die Formulierung klang nicht nach ihr; sie war zu gut, zu kompliziert, klang zu sehr nach Thornbush.

Martina fuhr fort: «Ich habe dich mit Pamela gesehen, wie du ihr vorn ins Kleid zu kriechen versucht hast. Sie ist nichts als Show, Henry, das sage ich dir als Freundin. Nichts als Show, und keine Handlung. Wie alle reichen Hexen. Sie vögelt verheerend.»

«Woher weißt du das denn? Lass mich raten. Der Ehemann, der Heilige Isaiah, mit seinem Saugnapfmund. Und er mit seinen einundsiebzig Jahren will Handlung?»

Der sinkende Fahrstuhl stoppte mit einem Schluckauf, und beide setzten ein neutrales Gesicht für den Portier auf, der sie mit seinem lustigen Akzent des russischen Flüchtlings darauf aufmerksam machte, dass es draußen kalt sei – kallterrer als Hexenwahn.

Als Bech an der Upper Westside in der 99th Street wohnte, hatte er sich, wenn er die West End Avenue Richtung Riverside Drive und dann die Hudson Street kreuzte, endlich in Sicherheit gefühlt; jetzt ging es ihm so, als das Taxi den rasenden Autostrom der Houston Street querte. In den industriellen Straßen spiegelten sich vereinzelte matte Lichter an dem alten Kopfsteinpflaster; das Vorkommen von Wohnstätten hier war wie eine Rückkehr in vorhistorische Zeiten, als der Mensch den Löwen und Wölfen zahlenmäßig unterlegen war, und seine einsamen Feuer an der Höhlenwand halb die von Eisen durchzogenen Felsen hinaufflackerten. Bechs Loft im zweiten Geschoss (im dritten, wenn man das Erdgeschoss mitzählte) lag in dem rachitischen Block zwischen Prince und Spring Street. Seine Nachbarn waren, unter ihm, eine sich recht und schlecht durchschlagende Galerie für Kunst und Kunsthandwerk aus der Sahelzone und, über ihm, ein düsterer Sweatshop, wo ein Rudel Filipinos webte und flocht – Körbe, Hanfsandalen, Türvorleger und Tiere aus Rattan. Bei Nacht war sein nächster Nachbar ein Jazzclub am Hintereingang eines Gebäudes blockaufwärts; die mit dünnem Applaus bedachten Riffs und durch Beckengetöse betonten Höhepunkte sickerten durch seine Wände.

Bech, dem etwas übel war von dem Cognac und dem süßlichen Duft von Izzy Thornbushs Ausverkauf an die Reichen, goss sich ein reinigendes Pellegrino ein, aber Martina beschloss, bei Weißwein zu bleiben. Sie fand einen wieder zugekorkten Chardonnay hinten in seinem Kühlschrank. «Henry», sagte sie, während sie sich exakt in die Mitte des Sofas gegenüber von seinem Sacksessel setzte, sodass auf beiden Seiten von ihr kein Platz blieb für einen amourösen Betrunkenen, «ich habe nicht die Absicht, mit dir zu streiten oder mit dir zu schlafen. Wir haben beides zur Genüge getan.»

«Erledigt und vorbei? Gibt es denn kein Bedürfnis nach Wiederholung? Pamela fand, dass du in letzter Zeit zerstreut und säuerlich wirkst.»

«Oh, Pamela. Diese weit aufgerissenen Kleinmädchenaugen. Im Gegensatz zu ihr ist mir mein Leben mehr als nur Spiel. All die Bücher, mit denen ich zu tun habe, sind schwierige Bücher. Eine Menge Überarbeitung ist nötig, Kämpfe mit Primadonnaautoren, und wahrscheinlich nicht viel Lohn, wenn man es genau rechnet.»

Er wollte schon zu einer imaginären Violine greifen und spielen, fragte aber stattdessen: «Worüber redest du eigentlich mit Izzy die ganze Zeit? Er sagte, du bringst eine Sammlung aller Essays, die er je geschrieben hat, heraus. Das ist eine ganz schöne Portion.»

«Manche darunter sind wirklich erstaunlich», sagte sie, zog ihre Füße hoch und steckte sie unter ihre soliden Hüften auf dem alten Ledersofa, das Bea in Ossining mit einem mandelfarbenen Wollstoff mit Noppen bezogen hatte, ehe sie beide, Bech und das Sofa, zurück nach New York und in die trostlose Einsamkeit geschickt hatte. Seltsam, aber was Stoffe betraf, so hatte Bech bemerkt, dass Martina das Kunststück fertig gebracht hatte, in den Vereinigten Staaten Strumpfhosen von der weniger feinen graubraunen Machart aufzutreiben, wie sie üblicherweise die kommunistischen Frauen trugen. «Was für eine intellektuelle Neugier!», fuhr sie fort, immer noch über die erbärmlichen schriftlichen Effusionen Thornbushs. «Es gab nichts, was er nicht angehen wollte – Schach, die internationale Bedeutung von Ping-Pong, Adlai Stevenson als Hamlet gegen Eisenhowers Fortinbras, dann die persischen und chinesischen und äthiopischen Romanciers, von denen kein Mensch je gehört oder etwas gelesen hat –»

«Wunderbar, wunderbar. Das wandelnde Hirn, das später als Mr. Kartoffelkopf bekannt werden sollte. Was hast du gemeint, als du ihm beim Lunch erzähltest, du glaubtest, ich liefe zum Establishment über?»

Ihr Gesicht – die tief liegenden Augen, die ungezupften Brauen, die lippenstiftlosen Lippen – erschrak über den Verrat. Eine Klarinette in dem viele Wände entfernten Jazzclub jagte eine Oktave rauf und rutschte dann über lauter b- und Kreuztöne nach unten. «So habe ich das nicht gesagt. Ich bin erstaunt, dass er dir davon erzählt hat.»

«So ist Izzy nun mal. Ein Multiplikator. Falls du geglaubt hast, du und er, ihr hättet irgendwelche Geheimnisse miteinander, vergiss es.»

Die ruhelose, leicht schuldbewusste Art, in der sie ihre bestrumpften Füße unter dem warmen Gewicht ihre Hüfte zurechtrückte, machte ihn wild vor Zärtlichkeit. «Was ich gesagt haben mag, war, dass du dich, seit du Präsident der Vierzig bist, etwas anders verhältst. Nicht unbedingt eingebildet, aber – bestimmender. Diktatorisch sogar. Wenn du von einer Besprechung mit Edna, die den ganzen Nachmittag lang gedauert hat, zurückkommst, bist du völlig unmöglich – ich glaube nicht einmal, dass dir das bewusst ist.»

«Nun ja, ich diktiere. Ich habe nie zuvor eine Sekretärin gehabt, die meine Worte aufnimmt und sie auf cremeweißes Briefpapier tippt. Zum ersten Mal sehe ich, woran sich alle diese Machtmenschen so klammern.»

«Und du hattest möglicherweise nie zuvor einen beruflichen Harem», sagte sie in einem Ton, als arbeitete sie mit ihm therapeutisch daran. «Sie kriechen allesamt vor dir, Edna und ihre Gehilfinnen. Du bist der große Fang, der lebende Unsterbliche.»

«Autor von Haikus in Prosa», sagte er. Es nagte immer noch an ihm.

«Was kümmerst du dich darum, was ein Flatterhirn wie Pamela Thornbush sagt? Wie gierig du bist, Henry. Jede Frau in der Welt soll auf Knien vor dir liegen.»

Das Bild war purer Blue movie. Jetzt hatte der Drummer mit klirrenden Besen und Becken zu einem Solo angesetzt, womit er der unbeständigen kleinen Gruppe der Gäste kurzen Applaus abnötigte. «Flatterhirn», sagte er. «Hast du das Wort erfunden, oder sagen das die smarten jungen Leute jetzt?»

«Du weißt, was ich gemeint habe. Spatzenhirn. Lenk nicht ab. Ich finde es traurig, wenn ein absolut bedeutungsloser Verein wie die Vierzig, nur weil er über ein gewisses Vermögen verfügt, mit dem man spielen kann, und weil die Mitarbeiter dir schmeicheln, auch nur ein bisschen von deiner Zeit und Energie beansprucht. In den Zeiten, als du integer warst, hättest du darüber gespottet. Es ist der dekadente Kapitalismus in seiner hintertückischsten Form.»

«Meinst du nicht, eher triumphierend als dekadent? Lies die Zeitungen.»

«Es ist einfach nicht *real*», sagte Martina. «Ein Häufchen hauptsächlich New Yorker Größen von gestern, die sich gegenseitig wählen. Es ist schlimmer als die Schriftstellerverbände – die hatten zumindest eine gewisse polizeiliche Funktion. Sie konnten belohnen und bestrafen.»

«Was findest du, sollte ich tun, den Verein auflösen?»

«Ja.» Der schlichte Einsilber paarte sich mit dem fernen Getöse multipler Instrumente zum sich zuspitzenden, abschließenden Set von Akkorden. «Er ist sinnlos», sagte sie, «und eine Beleidigung für junge Künstler. Das einzig Positive ist, dass er Edna und ihren aalglatten kleinen Lakaien Arbeit verschafft!»

Woher wusste sie, dass Ednas Assistentinnen aalglatt waren? Ihr gebürstetes Haar, ihr respektvolles Lächeln, ihre kleinen, in Gold gefassten Großmutterbrillen. Wie in einer Himmelsvision von Tiepolo versahen sie, mit baumelnden bloßen Beinen, Ministrantendienste an dem Halbkreis verwirrter alter Gesichter, die alle reinlich schimmerten von ihrem lebenslangen Bad in den höchsten Wahrheiten. «Stell dir die Vierzig», sagte er zu Martina, «als eine dich das Jahr hindurch in Atem haltende Festschrift vor.»

«Das war meine Aufgabe. Ich fand es albern von dir, dass du dazu beigetragen hast. Ich dachte, es sei unter deiner Würde. Und deine Ironie hat dich nicht gerettet.»

«Warum war dann dein Brief so verführerisch?»

Sie zog die Füße unter ihrer Hüfte hervor und setzte sich auf, als wollte sie gehen. «War es das?»

«Ich fand schon.»

«Meine Strumpfhose ist mir zu warm.»

«Sie sieht sehr schwer aus. Du solltest aufgeben und die feinermaschigen kaufen.»

«Die kriegen so leicht Laufmaschen», sagte sie und hob ihr Becken in Richtung der Decke des Lofts, um ihre Daumen hinter das Hüftband der Strumpfhose zu schieben.

«Du hast unverzeihliche Dinge zu mir gesagt», hielt er ihr vor.

Ihre Stimme klang jetzt milder, obwohl sie noch immer nicht lächelte. «Nur dass du töricht bist, dich von einem Verein wie den Vierzig verführen zu lassen. Du verachtest Izzy und seine reiche Frau, aber du bist lächerlich beeindruckt von dieser toten Frau und ihrem Geld, wie hieß sie doch, Lucinda Baines?» Während sie ihre Strumpfhose abstreifte, hatte sie ihm einen flüchtigen Blick auf ihre altmodische schlichte weiße Nicht-Bikini-Unterhose gewährt; das Altmodische daran hatte Bech schwer getroffen und ihn zurückgeschleudert in Zeiten, in denen er als Junge in der P. S. 87 nach Schlüpfern spähte. Trog ihn seine Erinnerung, oder hatten tatsächlich Büschel von Schamhaarflaum unter den locker sitzenden Hosenbeinen hervorgesehen – das schwache Gummiband in den Zeiten der Depression?

«Du solltest das Haus sehen, das Lucinda uns vermacht hat», prahlte er. «So wunderschön – keine zwei Kaminsimse, die einander gleichen, und eine Sonnenveranda wie eine hohe ovale Voliere. Dort treffen wir uns. Der Tisch, an dem der Präsident sitzt, hat nach außen geschwungene Seiten wie eine spanische Galeone, und oben ist diese phantastische Bibliothek mit geschnitzten Tierköpfen, abwechselnd Löwen und Lämmer, voll von den Büchern aller Mitglieder, die keiner liest.»

Sie stopfte die Strumpfhose in ihre Tasche und hockte zum Aufbruch auf der Sofakante. «Es tut mit Leid», sagte sie, «aber ich kann nicht mit einem Mann schlafen, der einen Vogelkäfig oder ein Puppenhaus, was immer es sein mag, so ernst nimmt. Wen außer Kümmerlingen würde es interessieren, dort Mitglied zu werden?»

«Kümmerlinge», sagte er. «Das Wort habe ich doch heute Abend schon einmal gehört. Laut Izzy sind wir alle Kümmerlinge, außer ihm.»

«Du nicht, Henry.» Es klang aufrichtig, und ihre ernsten Augen, verdunkelt von der nachtschlafenden Stunde, bohrten sich in seine. «Du kannst magische Dinge vollbringen, die Izzy nicht kann. Du kannst Gestalten erschaffen, die atmen und selbständig umhergehen. Er dagegen muss seine selbst umherführen; all ihre Energie ist seine.»

«Wirklich?», fragte er. Errötete er, oder war das der Brandy? Er war zutiefst erfreut. Weiter drüben, in den düsteren hinteren Bereichen der Crosby Street, begann die Jazzgruppe einen weiteren Set, zu dem ein Tenorsaxophon in zögernden, introspektiven Tonfolgen die Melodie – «April in Paris» – vorführte. «Glaubst du das?»

Sie stand in ihrer ganzen Größe vor ihm, die kleinen Wollkügelchen ihres grauen Kleids schienen ihm anziehender als die schimmerndste moirierte Seide: die graue Textur der Tugend. «Jeder weiß das», sagte sie, und er hörte die Resonanz ihrer Stimme in ihrem Bauch. Er legte sein Gesicht, sein Ohr an ihren flachen Bauch. Er spürte die Wärme durch die abgetragene Wolle. Haut und Haar waren in Kussdistanz.

«Du hast Recht», sagte er. «Die Vierzig sind eine Farce. Ich finde nur, sie sind eine harmlose Farce.»

«Nichts ist harmlos», sagte Martina streng, «wenn es Raum einnimmt. Geistigen und spirituellen Raum. Du musst sehen, dass du das wieder aus dem Kopf bekommst.»

«Das werde ich. Ist schon passiert. Aus.» Er rappelte sich hoch aus dem klammen Griff seines Sacksessels, um seine Arme um ihren umfangreichsten Teil zu legen, Hüften und Hintern, deren Muskulatur und Fett von ihrem ausladenden Becken gestützt wurden. Er dachte an all ihre Schichten, von den Knochen bis hin zu ihrer Kleidung, und sah die tiefe Befriedigung voraus, die ihm schon das Entfernen der alleräußersten bereiten würde. Sie hatten seit Wochen nicht miteinander geschlafen wegen dieser nervösen politischen Spannungen, die dauernd zwischen ihnen waren. «Bleib heute Nacht», flehte Bech mit heiserer Stimme. «Ich werde dem Präsidenten für immer abschwören.» Bildete er es sich ein, oder war es Moschusgeruch, der sich durch den wollenen Schoß ihres Kleids drängte, an dem horizontalen Saum, da, wo, falls Martina eine Meerjungfrau wäre, ihr Fischleib begänne.

«Du kannst ja präsidieren», sagte Martina. Sie machte eine ungeduldige Bewegung in seinen Armen, wollte frei sein.

«Nur, sei nicht so stolz darauf. Es ist so absurd, du wirkst dann wie ein Gockel.»

«Das ist jetzt ein Wort, das du von einem deiner Primadonna-Autoren aufgeschnappt haben musst», sagte er und sank in den Sesselsack zurück. Er war müde, aber er musste nur einen Augenblick ausruhen, und dann würde alles geschehen, so sicher wie Wasser bergabwärts floss; sie hatte schon die Jacke abgelegt und knöpfte die kleinen perlmuttenen Knöpfe ihrer Bluse auf. *Chestnuts in blossom* wiederholte das Saxophon. «Glaubst du wirklich, dass ich ein besserer Schriftsteller bin als Izzy?»

«Ein besserer *Schriftsteller*, ja», antwortete Martina, während sie ihre Kleider abstreifte und den Loft mit ihren Düften füllte, so wie faulende Äpfel im langen nassen Gras einen ganzen Obstgarten durchduften. «Es ist der bessere *Denker*. Meistens, liebster Henry» – sie näherte sich jetzt – «scheinst du überhaupt nicht nachzudenken.»

Die Frühjahrssitzung der Vierzig brachte es, obwohl der Tag regnerisch war, zu einem nie da gewesenen Hoch: Dreiundzwanzig Mitglieder waren anwesend. Stimmen schwirrten; die weißhaarigen alten Köpfe wackelten aufeinander zu, während der Regen auf die Glasscheiben der Sonnenveranda trommelte, die sich hoch über ihren Köpfen zu einer halben Muschelschale wölbte. Im vergangenen Winter war der würdevolle MacDeane verstorben, und ebenso Amy Speer deLessups, deren immer auf Flirt begieriges Herz nach einer letzten Lyriklesung im Poetry Center «Y» in der 92nd Street unerwartet ausgesetzt hatte. Bech würden sie beide fehlen. Er hatte sie, als er jung war, gelesen; sie nahmen etwas vom Glamour der Nachkriegsjahre mit sich, als die New Yorker Schule Paris in den Schatten stellte und jeden Moment das neue *Farewell to Arms* erscheinen musste und als es so schien, als würde alles wieder aufgegriffen werden und so weitergehen wie vor dem Krieg, nur besser, ohne die Armut und die rassistischen Grausamkeiten. Man aß Lunch in Drugstores, und Bücher kosteten zwei Dollar, und die College-Studenten trugen Schlipse, und Schreibmaschinen waren die fortschrittlichsten Wortprozessoren, die es damals gab. Amy war gescheit und schlank gewesen und trug große Strohhüte und schlief mit Delmore Schwartz und Philip Rahv, und die gerüchtweise kolportierten Vereinigungen waren so erhaben und wolkig-keusch wie die Kopulationen der Götter im Olymp. Jetzt war sie dahingeschieden, mit Schwartz und Rahv und Wilson und Trilling und all den anderen, die über Bechs jugendliche Aspirationen gewacht hatten.

Als die am Anfang stehenden Routineangelegenheiten, Bekanntmachungen und Verlesungen des Protokolls, erledigt waren, hob sich Aufmerksamkeit heischend die wohlgeformte braune Hand Jason Marrs. Bech stellte sich vor, er würde nun etwas sagen über die beispiellose Anzahl afrikanisch-amerikanischer Kandidaten, die nominiert worden waren. Aber nein, es war etwas Gewichtigeres, mehr Allgemeines, was Marr vortrug. «Mr. President», sagte er mit seiner vollen leisen Stimme, die an einen Kanzelprediger erinnerte, «wie wir bei unserer letzten Sitzung feststellen mussten, gibt es Mitglieder in dieser Institution, die aus unerforschlichen, nur ihnen selbst bekannten Gründen die Vereinigung aufgelöst sehen möchten. Ich möchte meinem ehrlichen Entsetzen über diese Entwicklung Ausdruck verleihen. Seitdem ich als Kind in den ärmlichen Straßen weiter nördlich von hier lebt, habe ich von den Vierzig gehört; die Straßen waren nicht so ärmlich und unsere Unwissenheit nicht so vollständig, dass nicht auch zu dem Letzten von uns die Kunde gelangt wäre, dass irgendwo auf dieser Felseninsel der Gipfel künstlerischer Vollendung entdeckt werden könne – wie sich herausstellen sollte in eben dem Gebäude, in dem zu sitzen ich, zu meiner anhaltenden Verwunderung und Dankbarkeit, das Privileg habe. Ich habe oft andere Mitglieder darüber klagen hören, dass diese Institution keinem bestimmten Zweck diene, außer dem der Selbstverherrlichung. Aber von wie vielen Institutionen kann gesagt werden, dass sie, auch wenn ihre entschieden guten Taten nicht gerade eine Legion von Schlagzeilen machen, allein durch ihr Bestehen etwas Ewiges und zweifellos hoch zu Bewertendes darstellen? Sind Liebe und Respekt gegenüber den Künsten so tot, ist unsere elektronische Erniedrigung und unsere Gier nach geldlichem Profit so weit fortgeschritten, dass wir im Ernst erwägen, ‹finis› unter einen Traum zu schreiben, der zu Beginn dieses grausamsten aller Jahrhunderte geboren wurde, im Herzen einer vornehmen Lady von Vermögen, einer Lucinda Baines, die zu hoffen wagte, sie könne den unseligen Reichtum ihrer mit Drogen handelnden Familie ehrbar machen, indem sie einen Bruchteil davon der Etablierung eines Goldenen Hügels widmete, eines Hügels, der vor den Augen der Jungen des Landes wie ein Mount Siani, ein Mount Olympus, ein Mount Everest des Geistes errichtet werden sollte, damit sie ihn erklimmen? Mr. President, ich wäre dankbar für einen Kommentar des Vorsitzenden und für eine Bekräftigung oder Ablehnung dieser Gefühle.» Er setzte sich.

In Bechs Kopf dreht es sich einen Moment lang – hier ging mehr vor, als er wusste. Was hatte «die Gier nach geldlichem Profit» damit zu tun? Wachsam sagte er: «Mr. Marr, Ihre Gefühle unterstützen sich selbst, kraft der Eloquenz, mit der sie zum Ausdruck gebracht wurden. Doch könnte gefragt werden, von jemandem, der den advocatus diaboli spielt: Wäre es nicht denkbar, dass wir eine Idee verkörpern, die ihre Zeit hatte und deren Zeit vergangen ist, mit ihrer ausdrücklichen Vorliebe für Elitäres und außer Mode geratene Werte des Establishments? Werte, das brauche ich Ihnen nicht zu sagen, die von einer weißen männlichen Hierarchie errichtet wurden, deren komfortabler Idealismus auf der uneingestandenen Ausbeutung von Frauen, Arbeitern und farbigen Menschen beruhte?» Martina, dachte er, hätte bestimmt besonderen Gefallen an dem Einschub von «Arbeitern» in die Litanei der missbrauchten Minderheiten gefunden.

Marr sprang empört auf. «Mr. President, ich habe nicht als Mensch von dunkler Hautfarbe gesprochen. Ich sprach als ein empfindsamer Mensch, als einer, der aufgrund der Stärke seines Werkes in dieses Gremium gewählt wurde. Mag der Inhalt meines Werkes Zorn sein, schwarzer Zorn, seine Form ist zeitlos, alterslos. Als Dichter betrachte ich mich als Gefährte von Sappho, Whitman, Shaespeare – ja, von Kipling und Tennyson und jenen, die das weiße Imperium ihrer Zeit besangen. Wenn die Vereinigung der Vierzig sich auflöst, werde ich eines der wenigen Orte beraubt sein, wo ich diese immer währende Gemeinschaft zum Ausdruck bringen kann – ich und alle meine farbigen Brüder und Schwestern. Wir sind entschlossen, den Goldenen Hügel zu erklimmen; und jetzt möchten uns manche den Goldenen Hügel nehmen!»

«Aber es gibt keinerlei Antrag», erklärte Bech, «die Vereinigung der Vierzig aufzulösen.»

«Ich stelle diesen Antrag, Mr. President», tönte eine Stimme mitten aus den Reihen von Köpfen, über denen der Schatten des trommelnden Regens hing. Bech erkannte die Stimme von Isaiah Thornbush, den englischen Akzent, mit dem er den lokalen Kies überzuckerte. Und da war eine ganze Schar, die den Antrag begierig unterstützte.

«Möchte Mr. Thornbush», fragte Bech, bemüht, nicht den Kopf zu verlieren, «den Antrag vielleicht erläutern?»

«Du hast ihn schon festgeklopft, Henry», sagte Izzy in unverschämt behaglichem Ton.

«Elitär. Edwardianisch. Establishment. Erloschen. Du gehst entweder mit dem Fortschritt, oder du behinderst ihn. Diese luxuriöse, sinnlose, *ehrenamtliche* –» verächtlich betont und gedehnt – «Vereinigung ist eine Behinderung. Sie ist unsolide und ideenlos, wenn ich ein virtuelles Anagramm prägen darf.»

An Bechs Ellenbogen stupste Ednas Bleistift hektisch auf ihren gelben Block. *Gesetzlich festgeschriebene Satzung sieht keine Auflösung vor,* entzifferte er. Das Wirbeln in seinem Kopf nahm zu; er hatte das Gefühl, als würde er von einem Helikopter dem Gemenge entrückt. Die Köpfe der Mitglieder sahen wie Eier im Pappkarton aus. Sein Tisch schrumpfte auf die Größe einer Schuhschachtel. «Die Geschäftsführerin», verkündete er aus seiner Höhe den Teilnehmern der Versammlung, «teilt mir mit, dass die Statuten keine Auflösung vorsehen.»

«Die Gesetze sind für die Menschen gemacht, nicht die Menschen für die Gesetze», brüllte einer der Komponisten in der hinteren Reihe.

Seidensticker in seiner umfassenden Gereiztheit erklärte: «Wählt niemanden, wählt nicht diesen miesen Künstler – nur so kann man dieser Zeitvergeudung ein Ende machen. Schlimm wie die NEA all diese Performances fördert, eine Frau, die sich in der Öffentlichkeit die Möse rasiert, sich von Kopf bis Fuß mit Schokoladenpudding einschmiert, all diese so genannte Erdkunst, ein breiter Graben, mit dem Bulldozer in der Wüste gezogen – wer braucht das? Fotorealismus – was für ein Scheiß. Jeder Tölpel mit einer Polaroid und einem Vergrößerungsapparat kann das! Das ist kein Zeichnen, das ist *Abklatsch!*»

Auch andere machten ihrem Ärger über die in einem aktiven Künstlerleben erduldeten Ungerechtigkeiten und Schmerzen Luft. Betrüger, Fälscher, Pedanten, Narzisse – daraus bestand die Preise und Beifall einheimsende Konkurrenz. Izzys volltönende Stimme rollte durch den Tumult: «Könnte die Geschäftsführerin freundlicherweise eine simple Frage beantworten: Wer ist der Eigentümer dieses Gebäudes?»

Bech warf einen schnellen Blick auf Edna; Röte war hoch in ihr Kameenprofil gestiegen. Eine himbeerfarbene Tönung war emporgekrochen, wie ein Fleck im Lackmuspapier, und hatte ihren Hals gerötet. Die versammelten Mitglieder verstummten. «Die Bestimmungen im Testament», sagte sie, und ihre Oberlippe hob sich verächtlich angesichts dieser Invasion in die institutionelle Intimität, «sind etwas ungenau. Der Rechtsanwalt, der das Testament aufsetzte, war ein enger Vertrauter von Miss Baines, der den Nachlass bis zu seinem Tod etliche Jahre später selbst verwaltete; seither hat seine Firma in der Wall Street, Briggs, Parsons, and Traphagen, als Vermögensverwaltung fungiert und die finanziellen Dinge überwacht.»

«Aber für wen», drängte Izzy, «wurde das Vermögen verwaltet?»

«Nun», räumte Edna ein, und ihr Hals gewann dabei langsam seine Weiße wieder, während die Oberlippe sich versteifte, als wäre sie gefroren, «dem Wortlaut nach sieht es wohl so aus, als hätte Miss Baines es direkt den Vierzig vermacht, so wie die Vereinigung sich nach ihrem Tod konstituieren würde. Aber das ist juristisch gesehen eine Unmöglichkeit.»

«Ich wüsste nicht, warum», sagte Izzy. Er musste nun nicht mehr die Stimme heben, um sich Gehör zu verschaffen; in der aufmerksamen Stille, die sich über die Veranda gebreitet hatte, konnte man hören, wie unten die Caterer Flaschen auf den Tisch stellten und die Edelstahltüren ihrer Wärmeschränke schlugen. «Die Gruppe der Vierzig besitzt das Gebäude, mitsamt der Schenkung zu seiner Erhaltung, und schritte man zur Auflösung, würden die Erlöse unter die vierzig Mitglieder verteilt. Deshalb die Frage – wie viele Mitgliederplätze sind zurzeit unbesetzt?»

«Neun, insgesamt.»

«Wenn neun offen sind – dann also unter lediglich einunddreißig. Ein hübsches Stück Geld, würde ich schätzen – damals, zu Lucindas Zeiten, am nördlichen Rand der Stadt gelegen, ist es jetzt eine Immobilie in bester Lage in der Stadtmitte. Und vergessen wir nicht die Gemälde an den Wänden. Chase und Sloan sind schließlich kein Pappenstiel.»

Ein aufgeregter Furor folgte; Bech nahm ihn wahr, aber mit dem unwiderstehlichen Gefühl, davonzudriften, nichts mehr damit zu tun zu haben. Nachdem er die Hälfte seiner dreijährigen Amtszeit hinter sich gebracht hatte, war es des Präsidierens müde. J. Edward Jamison sprach mit bebender Empörung vom Bruch mit Traditionen; sein grauer Schmierfleck von einem Schnurrbart im Stil Brian Ahernes wippte, als er höhnisch grinsend seine Meinung äußerte über jene, die bereit wären, ihr Vaterhaus für ein mieses Linsengericht zu verkaufen; Jason Marr hatte den passenden biblischen Ton vorgegeben. Von Klappenemner, dessen kahler Schädel wie ein quarzener Axtkopf herausragte, stand auf und formulierte Gedanken über Gruppeneuthanasie, die aufgrund seiner fortgeschrittenen Demenz nun völlig unverständlich waren, obwohl ihm alle seine bezwingend anmutigen Dirigentengesten geblieben waren. Lulu Fleming sagte, dass ihrer Meinung nach alles, was den Vereinigten Staaten an Adel des Geistes noch blieb, hier, in diesem Raum, versammelt war; die Gruppe aufzulösen wäre eine Schande, obwohl es für sie, da sie ebenfalls Ehrenmitglied der Academia Brasileira de Letras und der Academía Venezolana sei, nicht wirklich das Ende der Welt bedeuten würde.

Die Gegner, die Befürworter, alle klangen gleich – der gleiche schrille Ton, die gleiche schnelle Suche nach Zuflucht bei der ersten Person Singular, die gleiche defensive Einkreisung imaginärer Vorrechte. Bech musste an Martina denken, wie sie ihren Bademantel öffnete und einen weichen Hauch fleischlichen Dufts verströmte, das Gesicht streng und ohne ein Lächeln über ihrer stämmigen Nacktheit – und alles andere schien Eitelkeit und täuschende Magie. Seine Ruhe, seine psychische Abwesenheit während des rhetorischen Sturms wurde nach und nach von den erregten Mitgliedern als Kränkung empfunden. Izzy rief: «Mr. President, ich stelle die Frage.»

«Wie lautet die Frage, Mr. Thornbush?»

«Sein oder Nichtsein, das ist hier die Frage. Ob die Vierzig sich auflösen, das Haus verkaufen und die Erlöse unter den Mitgliedern verteilen wollen als eine Ermunterung der lebenden Besten in der amerikanischen Kunst – oder nicht.»

«Unterstützt!», schnaubte Seidensticker.

Elf stimmten für die Auflösung, elf waren dafür, weiterzumachen wie bisher. Bech selbst hatte seine Stimme nicht abgegeben. Aller Augen wandten sich auf ihn. Edna war bis über ihre hektisch geröteten Wangen beunruhigt. Sie war ein Nervenbündel, und Bech war schon immer als Reaktion auf die Nervosität von Frauen, auf ihre schillernde Aura potenzieller Hysterie in Schwingungen geraten. Hilflos treibend, versuchte er sich ins Boot zu ziehen und an der abscheulichen und peinlichen Angelegenheit anzudocken. «Nun, da fragt man sich doch», begann er, «wenn die Hälfte der Mitglieder einer Vereinigung zum Ausverkauf entschlossen ist, was hat es dann für einen Sinn, wenn die andere Hälfte der Mitglieder ihnen das Vergnügen versagt. Ich möchte gern zurücktreten und meinem verehrten alten Freund und Kollegen Isaiah Thornbush den Vorsitz überlassen. Er scheint die Dinge ohnehin zu lenken – als Hinterbänkler.»

Edna kritzelte auf ihren Block, und ihre Schrift sah aus wie die Aufzeichnung einer Herzattacke: «Geht nicht. Neuwahlen erforderlich.»

Bech fand sein Präsidententimbre wieder: «Aber da das offenbar nicht möglich ist, will ich auf meinem Platz bleiben und gegen den Antrag stimmen und vorschlagen, dass unsere kompetente Geschäftsführerin sich bei Briggs, Parsons, und Traphagen nach den finanziellen und juristischen Parametern des

Falls erkundigt und uns bei der Herbstsitzung einen ausführlichen Bericht darüber vorlegt.»

Von Klappenemner wedelte mit seinen langen, unübersehbaren Armen und rappelte sich auf die Beine, ob Bech ihn zur Kenntnis nahm oder nicht. «O nein, das machen Sie nicht, wie dreist Sie auch sind, Mr. President», flötete er mit seiner wahnumwölkten, aber immer noch melodiösen Stimme. «O nein, das machen Sie nicht, sie literarischer Besserwisser. Sie bringen mich nicht um meinen Anteil an diesem Haus – wir sprechen hier über Millionen, wie mir meine Komponistenkollegen gerade versichert haben. Millionen für jeden! Ich ändere mein Votum. Ich stimme mit Ja. Ja, erlösen wir uns doch um des menschlichen Anstands willen aus unserer Misere und gehen auseinander. Sterben wir, ein jeder! Dieser Verein wird seit Jahren künstlich am Leben erhalten. Keine Intubation mehr, keine künstliche Beatmung, keine Plastikherzen, keine Leber- und Lungen-Transplantate! Lasst uns alle sterben! Reich sterben!»

Bech fragte Edna mit ruhiger Stimme: «Hat er vorhin dagegen gestimmt?»

«Ich fürchte ja, Henry.»

«Tja», verkündete er mit ungeheurer Erleichterung. «Sehr gut. Mit Mr. Von Klappenemners Stimmenwechsel lautet das Abstimmungsergebnis zwölf zu elf für Auflösung und Liquidation und Verteilung der Erlöse. Bei einem so drastischen Schritt jedoch müssen sämtliche Mitglieder informiert, und eine offizielle Abstimmung muss eingeleitet werden. Die Anwälte müssen konsultiert werden. Der U.S. Congress sollte konsultiert werden, da er 1904 unsere Gründungsurkunde genehmigt hat. All dies braucht Zeit. Jetzt jedoch ist es für uns an der Zeit, meine Damen und Herren, nach unten zu gehen und zu trinken und zu speisen. *Carpe diem*, die Nacht wird kommen.» Da ihm ein Hammer nach wie vor nicht zur Verfügung stand, klopfte er mit den Fingerknöcheln mehrere Male auf den hallenden Tisch.

«Sehr gut, Mr. President», sagte Edna mit leiser Stimme, während das Geschiebe durstiger, hungriger Scherben der sich auflösenden Vereinigung nach draußen drängte.

«Aber Edna, es sieht nicht gut aus. Wenn sich erst herumspricht, dass da Geld zu holen ist ...»

Sie schrie höhnisch auf: ein lärmendes Was-zum-Teufel-Geheul brach aus den feinen Zügen ihres kleinen Gesichts hervor; es war wie ein schnaubendes Geständnis, dass sie beide sozusagen zusammen im selben Bett gewesen waren. Eine uraustralische Wildheit lauerte in diesem Schrei. Dann schnappte ihr Gesicht wieder zu, schloss sich über seiner üblichen Gefasstheit. Eine entschiedene Müdigkeit verschleierte die kreideblauen Augen und kräuselte die gemeißelten Lippen. «Ich habe daran gedacht, mich zur Ruhe zu setzen, Henry. Es ist ein langer Weg gewesen, fünfunddreißig Jahre bei den Vierzig. Ich bin mit zweiundzwanzig Jahren nach Manhattan gekommen, habe an der Columbia anthropologischen Forschungen, ausgerechnet, betrieben – und hatte nie vor zu bleiben. Sie sind, glaube ich, hier geboren; die Stadt lastet nicht auf Ihrer Brust wie auf meiner. Jahrelang habe ich, wenn ich aufwachte, das Gefühl gehabt, ich sei in seiner riesigen, rings um mich herum ratternden Maschine gefangen. Grace Paul stellte mich als Assistentin ein, als ich nichts Festes hatte und sie selber immer wirrer im Kopf wurde, und der Zeitpunkt, um wieder auszusteigen, kam nie. Ich wurde ordentlich bezahlt. Ich mochte das Haus sehr gern, ich mochte und bewunderte die Mitglieder, und das Seltsamste war, ich glaube, ich habe mich in Lucinda Baines verliebt. Sie haben die Porträts und Fotografien von ihr gesehen, die wir hier im Haus haben; die Arme, sie war schrecklich unscheinbar. Ich hatte Mitleid mit ihr, bildete mir ein, selber *nicht* unscheinbar zu sein, aber wenn ich so auf mein

Leben zurückblicke, sehe ich, dass ich es wohl doch auch gewesen sein könnte. Ich habe das Leben einer sehr unscheinbaren Frau geführt. Wie dem auch sei, Lieber, ich will Ihre Aufmerksamkeit nicht strapazieren.»

«Strapazieren Sie, strapazieren Sie. Die Sphinx spricht.»

«Sie sind ein guter Kerl. Wie die meisten vor Ihnen. Sie müssen alle egozentrisch sein, das ist mir klar, wenn Sie irgendetwas Vernünftiges zuwege bringen wollen.»

Von unten tönte der Lärm der Mitglieder herauf, die redeten und gierig die kostenlosen Drinks und Brunnenkressesandwiches verschlangen. In der fast verwaisten Veranda sammelte sich die Frühlingsdämmerung in der hohen umgestülpten Schale aus in Blei gefassten Scheiben. Pollen und blassgrüne Kätzchen tönten die Traufen und Autodächer, im Frühling Manhattans, und der Teergeruch wurde stärker. *Pollen und Kätzchen / tönen Traufen und Autos grün. / Süß duftet der Teer.*

Edna berührte eine Stelle unter dem einen Auge und betrachtete die Fingerspitze, um zu sehen, ob sie nass war. «Tut mir Leid, lieber Henry. Dies ist ein sentimentaler Augenblick für mich, wie mir scheint. Meine verwitwete Schwester hat ein riesiges Anwesen in den Hügeln nördlich von Adelaide. Seit Jahren wünscht sie sich, dass ich kommen und mich mit ihr um die Weinberge kümmere. Und die Schafe.» Sie schob eine seidige Strähne weißen Haars zurück und strich sich wieder über die Stelle unter dem Auge, als erwachte sie zu schlichten Empfindungen. «Das wird seltsam sein, nach New York, wieder den Horizont zu sehen. Meine Erinnerung von früher sagt mir, dass es dort eine enorme Menge Horizont gibt.»

Es hat geheißen – und das war natürlich nicht abfällig gemeint –, dass Henry Bech amerikanische Haikus schreibe. Doch obwohl manche seiner kostbaren Sätze, Molekül für

Molekül wie Tautropfen destilliert, den wohl überlegten Eindruck vermitteln, er habe die Silben gezählt, sehe ich Bech nicht als jemanden, der zum Kreis von Basho, Buson und Isaa gehört. *Travel Light*, der Roman, mit dem er in die Mittfünfziger hereinbricht wie ein Motorradfahrer in Lederkluft in eine Gesellschaft grauer Flanellanzüge, findet seine geistige Verwandtschaft zweifellos in den Erzählungen von der verkommenen Halbwelt des mitfühlenden und ungehemmten Ihara Saikaku auf, und sein folgender Roman, *Brother Pig*, in den grotesken Phantasien des herrlichen Ueda Akinari. *The Chosen*, mit seinen Unterströmungen von Moral nicht weniger unwiderstehlich, weil gesalzen mit satirischer Ironie, evoziert noch einen weiteren Tokugawa-Meister, den wortreichen und doch hoch gesinnten Takizawa Bakin, und *Think Big*, wenn auch nicht ganz Bechs *Genji monogatari* (um der berühmten Erzählung ihren genauen Titel zu geben), enthält ganz gewiss Szenen, die in ihrer unbeschwerten Wärme von Stilisierung und vornehmer Aufrichtigkeit auch eine Dame Murasaki nicht geniert haben dürften. Und doch ist es ein viel zu wenig bekannter Dichter, Tachibana Akemi, der in dem Jahr zur Welt kam, als Napoleon besiegt wurde, und in dem Jahr starb, in dem Ulysses Grant zum Präsidenten der Vereinigten Staaten gewählt wurde, dem Bech am nächsten ist, eine mächtige Verwandtschaft, die sich anagrammatisch andeutet. Denn natürlich war es Taschibana Akemi, zusammen mit seinen Kollegen Okuma Kotomichi und dem buddhistischen Priester Ryokan, der die Tanka – eine Form, die zwei Zeilen mehr umfasst als der Haiku – den höfischen Poeten entrang und in ein Vehikel umschmiedete, geeignet für die Beschreibung nicht nur des Herbstmonds und der Kirschblüten, sondern auch der unausweichlichen Einzelheiten täglicher Zufälligkeiten, politische Entwicklungen und Sonstiges in der versiegelten Kammer der Tokugawa-Periode ungehörtes Gepolter eingeschlossen. Hier haben wir den Bech von unschätzbarem Wert – ihn, der auf uns zugehastet kommt, ein Kellner, der nicht nur die Terrine bringt mit Suppe aus der Schildkröte, auf deren Rücken der Legende nach das Universum ruht, sondern auch die alltägliche Kost – Fleisch, Erbsen und Kartoffeln –, die er mit seiner gewissenhaften Kochkunst in Ambrosia verwandelt. Wäre Bech weniger gewissenhaft gewesen, wäre das Bücherbrett, auf dem seine Werke stehen, dreimal so lang, aber wir wären wahrscheinlich nur ein Drittel so dankbar für seine exquisites *yugen*, um den japanischen Begriff zu gebrauchen, den man am einfachsten mit «Mysterium und Tiefe» übersetzt. Glückwunsch, unverzichtbarer Henry – siebzig ist doch eine Zahl zum Zaubern für jene, die des Zauberers jünglingshaften Geist noch ihr Eigen nennen.

So las sich Isaiah Thornbushs verhaltener Beitrag zu der Festschrift für Henry Bech, die gegen Bechs Einwände, von der Assistentin seines Lektors, Jim Flaggerty, zusammengestellt worden war. Die Assistentin, die Bech zuerst kennen gelernt hatte, die zierliche, schwarzhaarige Arlene Schoenberg – er hatte sich kurz in den Schatten ihrer feinen fraulichen Hände auf dem Fotokopierapparat verliebt –, war seit langem nicht mehr da; ihre jüngste Nachfolgerin, die auf den New-Age-Namen Crystal hörte, hatte bei der Zusammenstellung des Bandes ordentliche Arbeit geleistet, doch insgesamt blieb die literarische Ernte, um von der Glut der Ehrungen nicht zu sprechen, beträchtlich hinter dem zurück, was Thornbush zwei Jahre zuvor empfangen hatte. Die Festschrift-Party wurde, statt in einem Penthouse in der Park Avenue, in den Hinterräumen von Michael's Pub abgefeiert. Ein Klavierspieler und ein Bassist spielten etwas stotternd, aber Woody Allen, obwohl eingeladen, hatte es abgelehnt aufzutreten. Auch Donald Trump war nicht gekommen, obwohl Pamela Thornbush ihm und Marla, wie sie glaubte, ein Versprechen abgerungen hatte.

Thornbush selbst gab sich Mühe, seine umfängliche Gestalt

behutsam und unauffällig durch die auf Bech konzentrierte Menge zu schieben, aber sein spiegelnder kahler Kopf, geflügelt wie ein Schwan, der im Begriff ist, von einem Teich abzuheben, war schwer zu übersehen. Bech machte sich schmal und schlängelte sich geschickt, zwischen einem Trio von Agenten in Armanianzügen hindurch, zu ihm hinüber. «Izzy, ich habe gar nicht gewusst, dass du Japanisch kannst», sagte er.

«Kann ich nicht. Ich habe die *Britannica* konsultiert. Die 69er Ausgabe, die letzte solide, ehe sie ihre Enuzyklopädie mit diesen Micro- / Macro-Mist ruiniert haben. Pam hatte erzählt, du wärst anscheinend beleidigt gewesen, als sie zu dir sagte, du schriebest Haikus.»

«Bin ich ein solcher Griesgram? Habe ich mich je darüber beklagt, wie gemein du *Think Big* in *Commentary* in die Pfanne gehauen hast? Wer sollte im Alter von dreimal zwanzig plus zehn einen Groll hegen? Wo *ist* Pam? Ich will sie in die Arme schließen, dass ihre Titten quieken.»

Izzy wirkte eine Spur deprimiert. «Sie konnte nicht kommen – irgendein christliches Barmherzigkeitswerk, für das ihr Bruder sie in den Beirat gelotst hat. Büchsenmilch für verhungernde Äthiopier – wer weiß? Zeke Jr. erweist sich plötzlich als frommer Heiliger. Sie sagte, sie hoffe, sie könne noch kommen, aber diese Wohltätigkeitsversammlungen dauern immer ewig.»

«Keine Pam, nein? Und was ist mit Martina?»

Thornbush sah entschieden mitgenommen aus. Er hatte gelbe Tränensäcke unter den Augen, und unter den gespreizten Schwingen seines Haars waren seine Ohren rot wie Ampellichter. *Augen mit gelben Säcken. / Unter Schwingen gespreizten Haars / rot die Ohren wie Ampeln.*

«Hast du noch nicht gehört?», fragte er Bech. «Sie ist bei Aesop weggegangen, um bei der Produktion des zweimonatlich erscheinenden *newsletters* eines konservativen Washingtoner

Think-tank mitzuarbeiten. Sie haben ihr mehr Geld geboten, als sie sich erträumen konnte, und einen Job in der Redaktion in zwei Jahren, falls sie bis dahin lernt, das Lied der Neo-Ökonomie dieser Leute zu singen. Und das, wo meine Megasammlung kritischer Schriften und Meinungsäußerungen immer noch in der Schwebe ist! Ich habe sie damit aufgezogen, dass sie jetzt eine Verteidigerin des Kapitalismus wird, aber sie wurde ganz feierlich, wie es ihre Art ist, und sagte: ‹Was gibt es denn sonst noch, woran man glauben kann?› Aber das musst du doch alles von ihr gehört haben!»

«Nein. Wie *du* gehört haben dürftest, haben wir Schluss gemacht, als es bei den Vierzig zu Ende ging. Ich weiß, ich hätte ihr nicht die Schuld geben dürfen, aber ich habe es getan. Ich sah sie als große Verführerin. In meiner Vorstellung formte sich die Idee, dass Edna für alles Noble stand und dass ihr Gewalt angetan worden war. Das machte Martina zur Gewalttäterin. Und dich auch, natürlich.»

«Mich? *Mich?* Ich war der Letzte in dem Spiel. Es waren die Komponisten und bildenden Künstler, sie ertragen den Mist der anderen nicht, nur ihren eigenen. Ich hätte mich auch anders entscheiden können. Die Vierzig – es machte Spaß, zweimal im Jahr hinzugehen, aber ehrlich gesagt, Edna kam mir immer so vor, als wäre sie etwas daneben. Wie geht es ihr eigentlich, hast du von ihr gehört?»

«Sie hat mir eine Postkarte geschickt. Sie schreibt, nach all den Jahren mit uns kämen ihr die Schafe ziemlich vernünftig vor.»

Die Briefwahl im vergangenen Sommer hatte insgesamt sechs Gegenstimmen, sechs Stimmenthaltungen und zwanzig Stimmen für die Auflösung der Vereinigung und Verteilung der realisierten Vermögenswerte gebracht. Die Baines-Erben – eine kleine Schar entfernter Cousinen und Cousins in Indiana und Oklahoma – hatten beantragt, die Interpretation von Lucindas Testament anzufechten, und verlangt, dass alle nicht durch Rechtsanwaltsgebühren verbrauchten Gelder unter den noch lebenden Baines' verteilt werden sollten. Es würde Jahre dauern, bis die Angelegenheit juristisch geregelt war, falls es je dazu kam. Bei der Herbstsitzung gab Bech diese Entwicklungen bekannt, und außerdem wurde Edna eine eigens für sie geprägte Medaille aus einer Goldlegierung verliehen für ihre jahrzehntelangen Dienste. Beim Essen gab es spontane Toasts, und es wurden sogar Lieder gesungen; mehrere Mitglieder sagten, es sei das beste Dinner seit Urzeiten, und sie freuten sich tatsächlich schon auf das im nächsten Jahr. Sie begriffen nicht, dass es im nächsten Jahr kein Dinner mehr geben würde. Bech hatte nur zwei von den üblichen drei Amtsjahren als Präsident abgedient. Er stand am Ende einer Liste, auf der Clarence Edmund Stedman, von der sterbenden Lucinda noch selbst ausgewählt, der Erste war. Das Haus hatte bereits einen Käufer gefunden, für einen achtstelligen Betrag. Die Rechtsanwälte aller Seiten waren übereingekommen, der Verkauf lieber durchzuführen, als dass die Instandhaltung das Stiftungsvermögen minderte.

Izzy fragte ihn: «Wie gefällt dir *Summa Saecolorum* als Titel?»

«Wofür?»

«Für mein Buch, du *farmischter*. Verstehst du, es ist die Zusammenfassung meines Werks, und *saeculum* bedeutet sowohl Zeitalter, unser Zeitalter, wie auch Welt, weltlich, du weißt, im Gegensatz zu *theologica*.»

«Du und Thomas von Aquino, wieder vereint. Findest du nicht, dass es, wie soll ich sagen, ein bisschen bombastisch klingt?»

«Also sprach der alte Haikumeister. Aber hör zu, im Ernst –» da war wieder dieser Griff am empfindlichen Teil des Arms –, «du hast die Sache bei den Vierzig wirklich großartig gemacht. Eine ganze Reihe von uns sah das Ableben kommen, und du hast ihm Würde verliehen, ich hatte dir das zugetraut. Und Edna hat zugestimmt.»

«Sie sah es auch kommen?»

«Vielleicht nicht bewusst, aber sie spürte es im Gedärm. Du kennst die Frauen. Nanu, wer ist denn diese kleine Augenweide?»

Ein junges Mädchen in einem sehr kurzen silbrigen Kleid, mit platinblondem Haar, wollige anderthalb Zentimeter lang überall auf ihrem schönen eiförmigen Schädel, war an Bechs Seite erschienen. «Izzy», sagte Bech, «ich möchte dir Crystal Medford vorstellen, Jim Flaggertys Assistentin drüben bei Vellum und die Lektorin, die meine Festschrift zusammengestellt hat. Ein Verstoß gegen meine Bescheidenheit, aber nichts, was ich sagte, konnte sie von der ihr aufgetragenen Aufgabe abbringen.»

«Crystal», wiederholte Izzy. «Ja, natürlich. *Angebetet* habe ich Ihren Brief, mit dem Sie mich dazu brachten, etwas zu tun, war ich – ich hatte es mir geschworen – nie tun würde, nämlich noch mehr Lob auf das geschwollene Haupt dieses üblen Burschen zu häufen. Ihre Mutter hat Sie also Crystal genannt. Ich wette, der Gedanke kam ihr in einer Vision.»

«Meine Eltern haben mir gesagt, dass Daddy die Idee hatte», sagte die Lektoratsassistentin höflich, ihre kleine Hand verloren und augenscheinlich vergessen in des alten Unruhestifters festem Griff. «Er ist derjenige, der nach überirdischen Dimensionen strebt.»

«Ja, diese Überirdischen. Weilt er noch unter uns, Ihr Dad? Auf unserem irdischen Planeten?»

«O ja, er ist sehr erfolgreich. Er baut in Vermont diese speziellen Vogelhäuschen. Sie sind wie Mietshäuser, für die Purpurschwalben. Sie werden dann in den Marschen und auf Golfplätzen aufgestellt.»

«Bezaubernd», sagte Izzy, und Bech spürte, wie sich das

kreative Getriebe seines alten Rivalen ein, zwei abgenutzte Zähne weiterdrehte. Mietshaus, Vögel, eine ganze Stadt solcher Käfige, eine verrückte epische Satire auf die moderne Gesellschaft, Feder um Feder. Ein Muskel in Bechs Unterkieferpartie schmerzte vom Unterdrücken eines antizipatorischen Gähnens.

«Crystal steht mit beiden Beinen fest auf der Erde», sagte er, wie um sie zu beschützen.

«Aber doch hoffentlich nicht zu jeder Stunde des Tages», sagte Izzy mit schelmischer Galanterie und entließ ihre Hand aus seinem einhüllenden Griff, als gebe er ein feuchtes Geheimnis preis.

Crystal starrte auf ihre zerknitterte Hand und sagte nervös zu Bech: «Mr. Flaggerty sagt, es seien mehrere deutsche Buchclub-Leute da, mit denen er Sie gern bekannt machen würde.»

Während sie sich ihren Weg zu diesen heiligen Gästen bahnten, versuchte Bech sie zu trösten; ihre Hand war hellrot von dem langen heftigen Druck. «Das ist Amerikas ominösester Schriftsteller», sagte er. «War auf dem College denn nichts von Thornbush Pflichtlektüre?»

«Irgendetwas mit Nixon», sagte sie. «Oder war das bei Philip Roth? Ich bin da nicht sehr tief eingedrungen. Ist Nixon der Präsident, der immer mit Golfbällen auf die Leute gezielt hat?»

«Versuchen Sie es mit Izyy, wenn Sie etwas älter sind. Er ist das, was man professionell *un sacré monstre* nennt. Guten Abend, meine Herren», fuhr er geschmeidig auf Deutsch fort, da sie bei den lächelnden Deutschen ankamen, die so schön Englisch sprachen, dass es Bech vorkam, als hinge ihnen eine blank polierte metallene Sprechmaschine vor den Gesichtern.

Mit der Hilfe von zwei Cocktails und einem häufig aufgefüllten Weinglas empfand er die Party als einen enormen Erfolg, eine spontane Bezeugung von Liebe zu seiner Person und von Respekt für sein schmales, aber agiles Œuvre. Sogar jene, die nicht da waren, waren da: Seine Mutter, tot seit einem Menschenalter, aber ihr Glaube an ihn war noch ein lebendiger Ansporn, und Norma Latchett, seine Geliebte und fruchtbare Kritikerin über viele Jahre hin, und Bea Latchett, seine Frau und ihn milde stimmende Muse für leider nur allzu kurze Zeit, und all die Frauen, die er brennend begehrt und (eine sehr viel kleinere Anzahl) flüchtig besessen hatte, und Woody Allen höchstpersönlich, der sich dem Klavierspieler und dem Bassisten zugesellt hatte und einen hohen Ton nach dem andern auf seiner alten Lakritzstange, wie wir zu sagen pflegten, traf. In seiner Vorstellung präsidierte Bech über diese Versammlung – *Dies ist mein Endfest*, hatte er auf Deutsch zu den Deutschen gesagt, zu ihrem verwirrten, höflichen Gelächter –, mit übermenschlicher Energie und ebensolchem Charme, von einem Gesprächsgrüppchen zum anderen gleitend, sich immer mit den geschickten Worten einmischend, die jedem Gast klar machten, dass seine – oder ihre – Anwesenheit besonders bedeutsam war. So wie die Würmer in Wallace Stevens Gedicht Badroulbadour aus ihrem Grab heraufbrachten, so brachte ihm jeder ein Stück von ihm, von seiner ärmlichen Kindheit an der Upper West Side bis zu seinen berauschenden Tagen als im Ausland einsetzbarer Posten des amerikanischen Kulturaustauschprogramms. Skip Reynolds vom State Department war da, inzwischen pensioniert und Präsident eines bankrotten College auf Long Island, und Angus Desmouches, der allgegenwärtige Modefotograf, dessen Mähne drahtigen schwarzen Haars so weiß geworden war wie Kohle auf einem Negativ, und Lucy Ebright, die Bech in einen ihrer unzähligen Romane gesteckt hatte, doch so, dass er sich selbst nicht wieder erkannte, und Tad Greenbaum, der über einsneunzig große, sehr gut aussehenden Held aus *Think Big*, Bechs einsamem Bestseller. Selbst Pamela Thornbush erschien wie versprochen, obwohl

Bech es nicht zu hoffen gewagt hatte, am Arm ihres jungenhaften Bruders, Zeke Towers Jr.

Bech umarmte Pamela, aber ihre Brüste quiekten nicht. Ihre Wange duftete unter seinem Kuss wie ein Apfel aus dem Norden, noch frisch und glatt vom Kühllastwagen. «Hat Izzy sich schlecht benommen?», flüsterte sie atemlos flirtend in sein Ohr.

«Aber Süße, wann tut er das nicht?» Er mochte das an sich, wie geschmeidig verderbt er reden konnte.

«Wer ist das Mädchen in dem silbernen Kleid, das er da bedrängt?»

«Sie heißt Crystal, aber beruhige dich. Er ist nicht auf der Suche nach einem stillen Winkel, sondern nach einer leichtgläubigen Sklavin, die das dickste Buch nach dem Lexikon für ihn lektoriert. *Summa Summorum.* Warum sagst du ihm nicht, er soll zur Abwechselung mal im Kleinformat denken? Es täte seinen Herzkranzgefäßen gut.»

«Henry, bitte – du bist manisch. Mein Bruder hat dir etwas Ernstes zu sagen.»

Der junge Zeke sah Bech mit liebevollem Blick tief in die Augen und sagte: «Mr. Bech, ich möchte Ihnen wirklich danken für alles, was Sie getan haben, um das Baines'sche Anwesen verfügbar zu machen.»

«Das Baines'sche Anwesen? Oh. Ich habe nichts dazu getan. Oder doch?»

«Leugnen Sie es nicht, Sir. Mein Schwager sagt, Sie seien der Einzige, der es habe deichseln könne, mit dem gebotenen Takt und Feingefühl. Wir sind um diese Immobilie seit fünf Jahren verlegen gewesen, um unseren Besitz zu komplettieren. Jetzt haben wir den ganzen halben Block, und wenn die Stadt mitzieht, werden wir ein Gebäude errichten, das drei Meter höher ist als Citicorp.»

«Drei Meter?» Bech kam es so vor, als wäre er, nachdem er

eben noch schwebend auf seiner Party hin und her gehuscht war wie die Fee Tinker Bel's, plötzlich mit beiden Beinen auf dem schlammigen Boden gelandet, wo die realen Dinge ruhen.

«Und das, ohne den Fahnenmast und die Warnlichter für den Flugverkehr mitzurechnen. Das Towers-Gebäude – der Traum, den mein Vater sein Leben lang träumte. Wir werden unseren eigenen Tunnel haben, sowohl zur Station in der 53rd Street an der Linie nach Queens als auch in der 51st Street an der Lexington-Linie. Eines Tages, wenn sie alles renovieren, kriegen wir vielleicht den Namen der Station. Beim Einfahren sehen Sie dann TOWERS in großen Lettern auf den Kacheln an der Wand.»

Pamela mischte sich ein und fügte hinzu: «Wir sind alle noch ganz aufgeregt und so dankbar, Henry.» Ihre blauen Augen waren klar wie Amethyste; die Sommersprossen auf ihrem Busen tanzten, ihre runden Wangen flammten. Es ist das Geld, was das bewirkt, dachte er – es fördert die Gesundheit und festigt den Familiensinn.

«Wir werden irgendwie unsere Dankbarkeit zum Ausdruck bringen, darauf können Sie sich verlassen», versicherte Zeke dem siebzigjährigen Autor. Bech zuckte zurück unter dem durchdringenden Blick dieser Verbindungsstudenten-Aufrichtigkeit, dieser blendenden Leere in dem Wasp-Gesicht, die daherrührte, dass solche Leute nie verfolgt und nie verhöhnt worden waren.

«Ich habe nichts verdient, großes Ehrenwort», beteuerte Bech und überlegte im gleichen Augenblick, mit einem Kribbeln, das ihn von Kopf bis zu den Zehenspitzen betäubte, worin dieser Ausdruck plutokratischer Dankbarkeit wohl bestehen mochte. In einem Mercedes? Einem Cottage in den Hamptons auf Long Island? *Nach langem Leben / stets vornehm im Schatten geführt / eine Abfindung endlich.*

Bech bekennt

:

:

JETZT, UND ERST JETZT darf es erzählt werden. Bis vor kurzem haben mögliche juristische Konsequenzen ein Siegel der Verschwiegenheit über die drei Wochen gelegt, die Bech einst in Los Angeles verbrachte, wo er wegen Verleumdung vor Gericht stand. Es war im Jahr 1972. Vietnam ging seinem Ende zu, und die Saat von Watergate nistete warm in Nixons Paranoia. Bech war ganze neunundvierzig Jahre alt und taumelte durch die ausgedehnte Talsohle zwischen dem Erscheinen seines ziemlich enttäuschend aufgenommenen Meisterwerks *The Chosen*, 1963, und dem triumphierend leichtgewichtigen Bestseller *Think Big* sechzehn Jahre später. Er lebte in schäbiger Junggeselleneinsamkeit in seiner Wohnung in der West 99th Street, nahe Riverside Drive, und obwohl noch immer, neben anderen unregelmäßigen Summen, Honorare von seinem 1955 erschienen beatverwandten Beinahe-Klassiker *Travel Light* in die Kasse tröpfelten, war sein Bedarf an Geld so akut, dass es ihn hinaustrieb auf die sonnenbeschienene Agora eines weiter ausgedehnten Amerikas: Er reiste herum, gab in Colleges Vorstellungen von sich selbst und nahm gelegentlich Aufträge von Zeitschriften an, wenn sie exzentrisch genug erschienen, dass sich das, was er schrieb, mit einem kleinen eigenwilligen Extradreh in Kunst verwandeln ließ. Kunst – wie man sie in der Ära seiner Knabenzeit verstand, die sich hinzog durch die Jahre der Depression und des Zweiten Weltkriegs, in dem er knabenhaft gekämpft hatte – war sein Gott, sein Leitstern.

Als eine neue, zweiwöchentlich erscheinende New Yorker Zeitschrift mit dem Namen *Flying Fur* – hoffnungsvolles Echo von *Rolling Stone* –, ihn aufforderte, ein «impressionistisches Stück» über das neue Hollywood, das Hollywood nach den großen Studios, zu schreiben, willigte er ein und stellte sich vor, er würde die Schauplätze der Schwarzweiß-Melodramen aufsuchen, die seine Jugend verzaubert hatten. Stattdessen geriet er in eine Welt in bunten und schrecklichen Farben, wie Rollen von fermentierenden verblichenen Kodachromefilmen – Dosen über Dosen, aus denen Würmer krochen, Agenten und Manipulatoren, die nun, da es die autokratischen alten Studios nicht mehr gab, begierig Pakete mit Knüllerpotenzial zusammenzustellen versuchten, aus einer chaotischen Ursuppe von unterbeschäftigten Schauspielern, Regisseuren, Stuntmen und all den anderen frei gewordenen Handlangern, die einst in der Filmindustrie tätig gewesen waren, als die Produktion noch wie am Fließband lief und die Masse der Zuschauer noch nicht vom Fernsehen gekidnappt worden war. Bech hatte beschrieben, was er sah und empfand, und wurde für seine Mühen gerichtlich belangt. Als ehemaliger Bewunderer der Melodramen aus Hollywood konnte er das indessen kaum fassen. «Heißt das, ich muss da wieder hinfahren, mich in einen Gerichtssaal setzen und mich dafür anklagen lassen, dass ich schlicht die Wahrheit geschrieben habe?»

«Was ist Wahrheit?», fragte sein New Yorker Anwalt am Telefon, während jede Silbe von der laufenden Uhr zum damaligen Preis von 110 Dollar pro Stunde berechnet wurde.

Bech hatte 1250 Dollar für den Artikel bekommen, plus Spesen für seine einwöchigen Recherchen an der Westküste. Zwei Jahre nach Erscheinen des Artikels war *Flying Fur* untergegangen. Die Redakteure und Layout-Graphiker hatten sich zerstreut und waren zu neuen Ufern aufgebrochen, die alten Büroräume in der East 17th Street – kanariengelbe Wände, mit Pop-Art-Drucken behängt – wurden einem Team junger Zahntechniker übergeben. Das Gerichtsverfahren jedoch überlebte, ein unverwüstlicher Zombie, der seine Beute im Nebel verfolgte.

«Unser Westküsten-Team wird Ihnen gefallen», sagte der Anwalt beschwichtigend. «Tom Rantoul sieht vielleicht nicht so aus, Henry, aber er ist ein juristischer Zauberkünstler. Ich weiß nicht, wann er das letzte Mal einen Fall verloren hat, so weit reicht mein Gedächtnis nicht zurück!»

Rantoul entpuppte sich als kräftiger und kerniger ehemaliger Athlet aus den Südstaaten mit einer Delle am Hinterkopf und fleischigen, jedoch manikürten Händen. Bei einem Lunchtermin, den Anwalt und Mandant an Bechs viertem Tag in Los Angeles hatten, verkündete Rantoul: «Nun, meine Damen und Herren, es sieht so aus, als hätten wir endlich einen Richter für den Fall.» Mit einer seiner manikürten Hände zeigte er auf das gebräunte Seezungenfilet auf dem Teller des Angeklagten. «Er hat ungefähr die gleiche Farbe wie dieser Fisch da.»

Bech zögerte mit seiner Gabel, dann stach er in das weiße Fleisch und zerteilte es. Rassenfragen standen hier also offenbar nicht zur Debatte. Er stand unter Anklage, weil er den Kläger, einen ehrbaren Hollywood-Agenten, der Morris Ohrbach hieß, einen «Erzgauner» genannt hatte, der «aus Gründen der Gier und Gewinnsucht die vorherrschende tragische Kluft zwischen den literarischen und cineastischen Künsten vergrößert» habe. Er kannte die Sätze auswendig, das sie Gegenstand einer unregelmäßigen und zunehmend unerfreulichen Korrespondenz gewesen waren, seit sein Artikel unter dem (aus der Feder eines verschwundenen Redakteurs stammenden) Titel «Die einzigen Gewinner in Tinseltown» erschienen war. Ohrbach behauptete, er habe persönliche Schmerzen und Demütigungen im Wert von fünf Millionen Dollar erlitten sowie einen Verlust an professioneller Glaubwürdigkeit im Wert von weiteren fünf Millionen. Im Laufe jener Woche, die Bech zwei Jahre zuvor mit Gallenbeschwerden fördernden Lunchterminen, Telefonaten von öffentlichen Telefonen und heißen Wartezeiten unter der albtraumhaft beständigen kalifornischen Sonne verbracht hatte, war Ohrbachs Name immer wieder aufgetaucht – in einem Schaumgemisch aus Empörung und Bewunderung, mit dem die Fleischfresser der Filmwelt einen besonders spektakulären raubgierigen Menschen begrüßten. Es war Ohrbach gewesen, der die Agentengebühr von 15 Prozent erfunden hatte, bei einer nicht rückzahlbaren Anzahlung des Klienten; es war Ohrbach gewesen, der eine Ermessensklausel ersonnen hatte, wonach, zusätzlich zu den 15 Prozent, bis zu fünfzig Prozent der Einkünfte des Klienten nach Ermessen des Agenten investiert und halbjährlich eine dreiprozentige Investitionskommission von dem Kapital abgezogen werden konnte. Jemand berichtete Bech, dass Ohrbach, nachdem er die große Popsängerin Lanna Jerome und ihren damaligen leichtgläubigen Ehemann (einen ehemaligen Hundefriseur, berühmt für seine Pudelschnitte) um mehrere Millionen erleichtert hatte, eine weitere halbe Million verlangte, um das wacklige Gebäude aus Schweinebauch-Optionen und trockenen Ölquellen, das er konstruiert hatte, zu stützen, und sie prompt vor Gericht brachte, als sie und ihr neuer Ehemann (ein ehemaliger Rausschmeißer einer Diskothek) endlich Schritte unternahmen, um dem Schröpfen ein Ende zu machen. Ohrbach war schnell wie der Blitz, wenn es darum ging, Anklage zu erheben. Er war sogar bereit, wie ein Skorpion, der sich im Zustand der Erregung angeblich selber sticht, seine eigenen Anwälte zu verklagen, wenn er der Meinung war, dass eine Klage nicht angemessen vertreten worden sei.

Was Bech anging, so hatte er eine Schwäche für Lanna

Jerome. Er und Claire Hoagland, ein kapriziöses blondes Liebesobjekt, für das er geschmachtet hatte, als sein Herz noch relativ jung und schwielenlos war, hatten sich bei Lannas erstem Hit, «Comin' On Strong», kennen gelernt und sich vier Jahre später getrennt, als die Sängerin mit «Don't Send Me Back My Letters» («Keep them in their envelopes / Holding my forsaken hopes») auf allen Sendern zu hören war. Diese Schwäche Bechs, die schmerzlich berührt wurde durch die Geschichten über Ohrbachs räuberische Überfälle auf Lanna Jeromes mit dem Ausdruck von Gefühlen erworbenes Vermögen, mochte es wohl gewesen sein, was ihn in diese Lage, in den eisernen Griff der Anwälte, getrieben hatte. Schon als er das Wort «Erzgauner» hinschrieb, schien es ihm eine Spur zu extrem zu sein, ein kleiner künstlerischer Extradreh. Doch schwerlich, dachte er, Grund für eine Klage. Ein schleichendes Gefühl der Unwirklichkeit umfing ihn, als sich nach und nach die beglaubigten Briefe auf Gerichtspapier häuften und er einen eigenen Anwalt bestellen musste, als in einer unguten Atmosphäre, die gelöst war und zugleich etwas Bedrohliches hatte, eidliche Aussagen gemacht wurden und verschiedene Vorstöße und Schritte seinerseits, die auf die Einstellung des Verfahrens abzielten, von der Gegenseite in einem unerbittlichen Kauprozess zermahlen wurden. Schließlich verlangte es die juristische Lage, dass Bech ein weiteres Mal eine den Kontinent umspannende Reise nach Los Angeles machte, der Hauptstadt der organisierten Unwirklichkeit. Hier war das Recht zu Hause, mit seiner Zeitlupengeschwindigkeit und der vorgetäuschten Höflichkeit – in einer Welt des Scheins, wo inmitten der Gipssäulen und der verdeckten Falltüren das launische Ungeheuer der Unvorhersehbarkeit rumorte. Rantoul, der das Gespenst der Rassenfrage aufgeworfen hatte, sagte jetzt etwas über die Unwägbarkeiten regionaler Vorurteile und gestand feierlich ein, dass es schwer zu sagen sei, wie die

Geschworenen auf Bechs Ruf, ein intellektueller Ostküstenmensch zu sein, reagieren würden.

«Ohrbach ist also aus dem Westen, ja? Ein Cowboy, wie?», fragte Bech. Sein Anwalt zeigte nur ein müdes Lächeln.

«Ja, in gewisser Weise ist Morris einer von uns», räumte er ein. Er hatte einen hybriden Akzent, in dem Georgia noch immer die Vokale beherrschte.

«Und die Ratten in diesem üblen Nest von Santa Monica auch», brauste Bech auf; lang aufgestauter, unterdrückter Unmut lauerte in ihm. «Er ist genau die Sorte Geier, die Hollywood in krasser Dummheit und Kokain ertränken.» Noch während er sprach, fragte er sich, ob er, der einst an jedem Samstagnachmittag und manchen Abenden in der Woche sein jungenhaftes Refugium in den hypertrophen Kinopalästen am oberen Broadway fand, das alte Hollywood, die Wiege von Träumen auf Zelluloid, nicht allzu sehr idealisiert hatte.

Der Assistent des Anwalts meldete sich zu Wort. Er hieß Gregg Nunn, und er trug eine Pagenfrisur und eine breitrandige Brille im Pilotenstil. Seine Stimme hatte ein irritierendes Timbre, ein Quieken fast, wie der halb musikalische Ton, den man erzeugt, wenn man mit nassem Finger über einen Glasrand fährt. «O, ich glaube, er ist ziemlich puritanisch», sagte er. «Er arbeitet bis in die Nacht und lebt ziemlich bescheiden, drüben in Westwood, hinter der Universität. Er sieht sich als gewissenhaften Sklaven seiner Klienten und ihrer Interessen.»

Irritiert von dem elfenhaften Leuchten perverser Bewunderung im Gesicht dieses Untertans sagte Bech zu Rantoul: «Um auf Ihren Punkt zurückzukommen: Ich kann mir nicht vorstellen, dass sich eine Gruppe von Geschworenen, lauter berufstätige Männer und Frauen aus Los Angeles, so weit mit einem skrupellosen Hollywood-Geschäftemacher identifiziert.»

«Oh, und ob sie sich identifizieren», lautete in schleppendem Ton die Antwort. «Jeder hier denkt an die Filmindustrie.

Man ist hier genauso stolz auf das lokale Produkt wie die Leute in Iowa auf ihr Getreide. Die Gegenseite wird den Fall mit tödlicher Sicherheit als den Versuch eines schwächlichen Klugscheißers von der Ostküste hinstellen, einen Mann, der auf diesem Feld arbeitet, zu verleumden. Was Sie Gaunerei nennen, wird der Kläger als das gängige Honorar und lediglich ein ehrenwertes Geschäft darzustellen versuchen.»

Nach Rantouls Rede klang Bechs Stimme in seinen eigenen Ohren eher ängstlich und gehetzt – schrill und, so nahm er an, nach einem schwächlichen Ostküstenbewohner. «Aber was er der armen Lanna Jerome angetan hat – was ist damit? Er hat sie regelrecht *aus*genommen.» Gewaltsame, blutige Bilder – Kreissägen, die sich durch Stapel von Dollarnoten fraßen, Geier und Hyänen, die unter einer gleißenden Wüstensonne an dem Aas einer saftigen Sängerin zerrten – stürzten auf den Angeklagten ein. Vielleicht hatte die Anklage doch eine gewisse Berechtigung; er war zu leicht beeinflussbar, um ein vertrauenswürdiger Journalist zu sein. Sein Vater hatte für Bechs Traum, Schriftsteller zu werden, immer nur Spott und Hohn übrig gehabt. Einen hart gesottenen Artikel wie «Die einzigen Gewinner in Tinseltown» für eine kurzlebige Zeitschrift wie *Flying Fur* zu schreiben, war ein Versuch gewesen, vielleicht, seinen alten Herrn davon zu überzeugen, dass er mit dem Schreiben Geld machen konnte, wenn es nötig war. Abraham Bech war im letzten Jahr gestorben, in der Subway, unter dem dahingleitenden Dreck des East River. Wenigsten konnte er nicht mehr frohlocken angesichts dieses Debakels.

«Jetzt sprechen Sie die hiesige Sprache», sagte der Anwalt, und sein Blick wanderte von seinem sehr sauber abgegessenen Teller zu Bechs halb verspeister Seezunge. «Wenn Sie Lanna Jerome in den Zeugenstand bringen, haben Sie die Geschworenen gewonnen. Aber sie versteckt sich in Palm Springs und drückt sich um jede Vorladung, die wir ihr schicken.»

«Andererseits», sagte Gregg Nunn, «kann man nicht abschätzen, wie die Geschworenen reagieren würden. Die lange Affäre, die sie mit dem Gouverneur von Nevada hatte, dürfte etlichen der Fundamentalisten überhaupt nicht gepasst haben.»

Rantoul erklärte: «In L. A. ist es heutzutage fast so wie in Persien: Man ist entweder Fundamentalist oder Hure. Und dann kommt noch dies hinzu: Wenn wir den Eindruck erwecken, das wir Lanna auf unserer Seite haben, dann denken die Geschworenen vielleicht, dass es bei uns haufenweise Geld zu holen gibt, und warum soll man dem armen alten Morris nicht einen Brocken von einer Million oder so zuwerfen?»

Meine nicht existierende Million, dachte Bech. Der Fisch, den er geschluckt hatte, biss in die zarte Schleimhaut seines Magens, und er wünschte sich inbrünstig, er wäre wieder in dem italienischen Restaurant, nur zwölf Tische, das er gleich um die Ecke am oberen Broadway in der 97th Street kannte, wo er allein vor einem Teller mit Spinat-Fettucine und der *Post* vom gleichen Nachmittag sitzen würde. Selbst in seiner idealistischen Nachkriegsphase, bei der *Partisan Review* und bei *Accent*, hatte er sich nicht träumen lassen, dass Wörter, nichts als Wörter, eine solche Macht haben konnten – die Macht, ihn quer über den ganzen Kontinent zu ziehen und in diesem üppigen Restaurant mit den drei teuren Fremden abzusetzen. Das Restaurant war sehr groß und tief und dunkel und in eben dem schweren, prunkvollen Stil gehalten, von dem Hollywood zur Hochzeit seines Glanzes beherrscht gewesen war. Er sah geschnitzte Postamentwürfel, steinerne Konsolen und in Blei gefasste Fenster in gotischen Bögen, Errol Flynn und der (von Basil Rathbone verkörperte) Sheriff von Nottingham konnten, so schien es, jeden Moment hereingeschlendert kommen.

Die vierte Person am Tisch, die «Lady», wie Rantoul sie im

Scherz angekündigt hatte, war Rechtsgehilfin und hieß Rita: streng zurückgekämmtes langes schwarzes Haar, karminrote Lippen, Reifenohrringe und die kein Lächeln erlaubende Intensität einer Latina. Auf dem blau linierten Block neben ihrem Teller machte sie sporadisch hastige Notizen.

Flying Fur war zwar gegen Verleumdungsklagen versichert gewesen, doch durch den Bankrott war die Versicherung erloschen. Falls das Urteil zugunsten des Angeklagten ausfiel, wollte Rantoul eine Gegenklage wegen der Rechtskosten anstrengen. Vorerst hatte Bech seine Ersparnisse flüssig gemacht und von seinem Verleger einen Vorschuss auf einen Roman erbeten, den er jedoch nicht schreiben konnte, weil er sich zu abgelenkt und bedrängt fühlte. Vier kostspielige Tage waren bereits mit Warten ins Land gegangen, während das Gericht in Los Angeles einen Richter suchte, der den Fall noch in seiner Prozessliste unterbringen konnte. Ohrbachs Anwälte hatten eine Verhandlung vor einem Schwurgericht beantragt, und es würde noch mehrere Tage dauern, bis es so weit war. Beißender, nagender, magenumdrehender Hass raubte Bech jeglichen Appetit, und er fragte seinen Anwalt, ob er Lust habe, seine Seezunge probieren. «Nur einen Happen», sagte der schwere Mann in gefälligem Ton und langte mit seiner Gabel herüber. «In der Restaurant-Spalte der L. A. *Times* ist ziemlich viel Aufhebens davon gemacht worden, als die hier einen französischen Koch aus Grenoble haben kommen lassen, aber ich muss sagen, dass ich nach meinem Schweinekotelett nicht verstehe, warum sie das ganze Theater gemacht haben.»

Der Richter war in Wirklichkeit mehr von der Farbe einer blassen Aktentasche, überraschend jung und, wie Bech fand, als sich im Gericht ein Tag an den anderen reihte, von erstaunlicher Geduld. Der Mann saß stundenlang wortlos da, leicht nach links gelehnt, als wollte er den Winden der Gerechtigkeit ausweichen, die von der sich allmählich füllenden Geschworenenbank herüberwehten. Wenn er sprach, dann fest und sanft, übertrieben fair, für Bechs Empfinden, gegenüber den tölpelhaften, Zeit verschwendenden Manövern von Ohrbachs Anwalt, einem kleinen, reizbaren Mann, der Ralph Kepper hieß. Das Verteidigungsteam nannte ihn Sergeant Kepper. Er trug immer eine Khakihose und Sportblousons, als wollte er damit feststellen, dass er kein modischer Handlanger des Ostküsten-Establishments im Nadelstreifenanzug sei, sondern ein ehrlicher, hart arbeitender Mann des Rechts.

Bei der Befragung der vorgeschlagenen Geschworenen fragte Kepper, ob sie je eine Zeitschrift mit dem Titel *Flying Fur* gelesen hätten (sie verneinten einer nach dem andern) und ob sie auf Anhieb eine Voreingenommenheit gegen einen «intellektuellen, zynischen Journalismus im New York Stil» hätten. Manchmal fragte er sie auch, ob sie bei der Bezeichnung «Hollywood-Agent» einen pejorativen Input verspürten. Sprache vollbrachte wundersame Dinge in Keppers Mund, und häufig verkündete er, er habe sich «fälschlich ausgedrückt» – «Euerehrn, ich habe mich fälschlich ausgedrückt.»

Dennoch wurde dieser zerknitterte Clown von dem blassbraunen Richter mit unverwandtem Ernst betrachtet, während seine endlosen entschiedenen Ablehnungen bewirkten, dass ein Geschworener nach dem andern gedemütigt von der Bank aufstand. Die Taktik, so wurde Bech von seinem Team erklärt, diente lediglich dazu, die Verhandlungen hinauszuzögern und den Angeklagten umso bereitwilliger zu machen, eine außergerichtliche Einigung als billigsten Ausweg anzubieten.

«Und?», fragte Bech. «Wäre es das? Der billigste Ausweg?»

Rantoul war so verblüfft, dass er im Kauen innehielt. Er schluckte und legte seine dicke weiche Hand auf Bechs Ärmel.

«Selbst wenn es das wäre», sagte er, «dieses Team würde es nicht zulassen. Und sagen Sie mir nicht, dass es Ihnen an Teamgeist fehlt.»

Eine geräumige Cafeteria nahm das oberste Geschoss des Gerichtsgebäudes von Los Angeles ein, und hier versammelte sich das Verteidigungsteam jeden Mittag während der langen Verhandlungspause zum Lunch. Das Protokoll verlangte es, dass sie Kepper nur kurz und knapp zunickten und ihn sonst ignorierten, während er in mürrischer Einsamkeit an seinem Sandwich kaute, das immer wieder unter Prozesspapieren begraben wurde. Ohrbach hatte es, obwohl die Verhandlungen seit einer Woche liefen, noch nicht für nötig befunden zu erscheinen. Rantoul glaubte, dass die Geschworenen, wenn sie endlich alle versammelt waren, etwas gegen diese zur Schau gestellte Gleichgültigkeit haben würden, während Nunn die Meinung vertrat, dass sie im Gegenteil auch auf einen beeindruckend vollen Terminplan schließen lassen konnte und die Bedeutung von Ohrbachs Auftritt, wenn er schließlich erscheine, noch steigerte. «Durch seine Abwesenheit», fuhr Nunn verspielt fort, während seine kleinen Hände flatterten und sein elfenhaftes Gesicht unter dem geraden blonden Pony schimmerte, «wird er zur zentralen Gestalt in unserem Drama, der lang erwartete Godot, die kafkaeske Gottheit, deren Gehilfen im Namen seiner undurchsichtigen, aber majestätischen Autorität tätig sind. Abwesenheit ist eine ehrfurchteinflößende Aussage, wie die Weltreligionen bezeugen.»

«Er wird leicht arrogant», gab Rantoul zu und rückte seinen Stuhl heran, bevor er sich ein dickes Stück Pekannusskuchen mit Sahne in den Mund schob. «Das hat sich bei einigen seiner anderen Prozesse gezeigt. Zuerst ist er aalglatt im Zeugenstand, und dann wird er zu clever. Er hat den Laden nicht mehr im Auge. Das hat ihm früher schon geschadet, und es wird ihm wieder schaden.»

Diese Beschreibung schlug bei Bech eine heimliche Saite des Mitgefühls an. «Clever» und «seinen Laden nicht im Auge haben» – das waren Formulierungen, die sein verstorbener Vater gebraucht hätte für das, was sein einziger Sohn in seinem Leben zu tun beschlossen hatte. Der junge Bech stand nicht mit beiden Beinen auf dem Boden der Realität, er konnte nicht zwischen seinem Hintern und seinem Ellbogen unterscheiden. Stimmt, dachte Bech. Dass er «Erzgauner» geschrieben hatte, bewies eine Art Verträumtheit; er hätte die Fakten und die Prozentzahlen für sich sprechen lassen sollen. Von fehlgeleiteter Liebe zu Lanna Jerome entflammt, hatte er sie mit der verlorenen Claire verwechselt. Er hatte versucht, ihre Aufmerksamkeit auf sich zu lenken durch den Eifer, mit dem er den, der sie beraubt hatte, denunzierte. Doch wie sollte Lanna Jerome sich für ihn und für das, was er in einer dem Untergang geweihten Zeitschrift in der 17th Street schrieb, interessieren? Sie kassierte drei Millionen plus ein paar Prozent der Bruttoeinnahmen für einen Spielfilm, und ihr letztes Album war binnen einer Woche nach Erscheinen in Platin gepresst worden.

Außerhalb der Cafeteria gab es auf dem Dach eine umlaufende Terrasse; von dort aus konnte man weit ausgedehnte, im Dunst liegende Blöcke pastellfarbener Häuser sehen, gläserne Wolkenkratzer, die ineinander verschlungenen Bänder der Freeways und ferne Hügel, die zum Gold des südkalifornischen Winters verdorrt waren. Auf einer nahen Erhebung hockte das glitzernde blaue Stadion, in dem die Ex-Brooklyner Dodgers spielten, und weiter unterhalb, jenseits der Straße, stand ein mit viel Gold verziertes Opernhaus, das von einem kleinen grünen Park umgeben war. Obwohl das alles keinesfalls seiner Vorstellung von einer Metropole entsprach, fühlte Bech sich auf diesem Dach zu Hause. Als er linkische dreizehn war, zog seine Familie von der Upper West Side nach Brooklyn um. An der West Side siedelten sich, wie sein Vater fand, zu viele Schwarze und Latinos an, und zwei von Abe Bechs Brüdern, Ike und Joe, lebten schon seit Jahren in Brooklyn. Sein Vater handelte in der West 47th Street mit Diamanten und Edelmetallen. Trotz der Kostspieligkeit der Ware war die Konkurrenz heftig, und die Gewinnspannen wurden immer knapper kalkuliert. Das Leben war ein Kampf. Selbst in Brooklyn, so stellte sich heraus, war es ein Kampf. Die Jugendlichen waren nicht unbedingt rauer als die an der Upper West Side, aber sie waren provinziell – intolerant gegenüber Außenseitern, ohne Verständnis für Nuancen. Henry war damals schon ein Geschöpf der Nuancen. Wenn er an die frische Luft wollte, war es für ihn das Einfachste, wenn er, statt die acht Blocks zum Prospect Park zu gehen, wo er Gefahr lief, von älteren Jugendlichen belästigt zu werden, auf das Dach ihres Brownstonehauses in der 9th Street hinaufstieg. Die anderen Dächer von Brooklyn breiteten sich wie eine unermessliche dunkel Ebene aus, dicht bepflanzt mit Schornsteinkappen; an dem einen Rand der Ebene erhob sich unwirklich, wie ein rechtwinkliger Berg im Dunst von Kohlendioxyd, Manhattan. Jetzt an der entgegengesetzten Seite des Kontinents, fühlte er sich erinnert an die monotonen weiten Ausblicke über Teerpappendächer hin, und wieder, wie damals als Teenager, verspürte er die Sehnsucht davonzufliegen, sich von dem Dach in eine anderes Leben zu stürzen, ein luftiges, glanzvolles Leben der Literatur.

Der Prozess kam endlich in Gang. Die Seite des Klägers hatte alle Möglichkeiten der Ablehnung der Geschworenen erschöpft. Rantoul versuchte, die Dinge zu beschleunigen, indem er seinerseits fast niemanden ablehnte, bis auf einen alten würdevollen Gärtner mexikanischer Abstammung, der des Englischen nur stockend mächtig zu sein schien (er war beleidigt, er protestierte: «Ich verstehen gut, ich Bürger schon zwanzig Jahre!»), und eine nach dem jüngsten Schrei angezogene Matrone aus Bel Air, die mit einem Anwalt verheiratet gewesen war. «Man weiß nie, wie sie reagieren», erklärte Rantoul. «Ex-Ehefrauen sind einfach nicht rational, wo es um das Gesetz geht.»

Die feierlich eingesetzten zwölf Geschworenen und die beiden Ersatz-Geschworenen saßen auf der linken Seite des Gerichtssaals. Bech und die wenigen Zuhörer, die sich einfanden – ein verwirrter Passant, ein Gerichtsangestellter, der Pause hatte –, saßen der erhöhten Richterbank jenseits von einigen Tischen und Stühlen gegenüber; hier gaben die Anwälte, die Agonisten, ihre Vorstellung, und der Gerichtsstenograph ließ, wie ein stummer griechischer Chor, Meter um Meter des getippten Protokolls dahinplätschern. Das Papier faltete sich ziehharmonikaartig in eine Pappschachtel hinter seiner Stenographiemaschine. Der Stenograph war ein dünner blasser kahlköpfiger Mann mit einem gelben Zahnbürstenschnurrbart und einem irrenden blauen Blick. Er kleidete sich wie die alten Vaudeville-Komiker: karierter Anzug und gepunktete Krawatte. Wenn die Anwälte mit dem Richter konferierten, eilte er mit seiner Maschine hinzu und lauschte ihnen, wobei er immer weiter tippte. Wenn der Richter erklärte, ein Austausch sei nicht fürs Protokoll bestimmt, sanken die unermüdlichen schmalen weißen Finger des Stenographen in seinen Schoß, und sein Blick ruhte starr auf der leeren Wand nahe der amerikanischen Flagge. Er war der Einzige im Raum, der nach Bechs Dafürhalten seine Zeit nicht verschwendete.

Obwohl nach modernistischem Gewohnheitsrecht Künstler am Rande von Sitte und Anstand lebten, in einem Zustand befreiender Unordnung, war Bech doch noch nie zuvor vor Gericht geladen worden. Er hatte gehört, dass die Räder der Gerechtigkeit langsam mahlten, doch hatte er nicht erwartet, dass sie so sehr holperten und so seltsam in jede Richtung eierten, nur nicht in die der schlichten Wahrheit.

Der erste Zeuge für den Kläger war ein sich geschraubt ausdrückender Professor für Englisch von der Southern Californian University, der des Langen und Breiten auf Sergeant Keppers Fragen nach Wörtern, um die es ging, antwortete. Die Vorsilbe «arch» (erz), leite sich über das Angelsächsische und Altfranzösische von einem griechischen Verb mit der Bedeutung «anfangen, herrschen» her und bezeichne entweder den ersten oder obersten seiner Art, wie in «*archbishop*» (Erzbischof) oder «*archangel*» (Erzengel), oder, um den Webster zu zitieren, «die Person oder Sache, die am umfassendsten die Eigenschaften ihrer Zeit verkörpert». Mr. Bechs Artikel behaupte folglich, dass Mr. Ohrbach der oberste oder der am höchsten entwickelte Gauner in der gesamten Region von Los Angeles sei. «*Gouger*» (Gauner), da stimmten die Experten weitgehend überein, sei ein Wort keltischen Ursprungs, auf dem Weg über das Spätlateinische, und bezeichne eine *chisel* (Meißel) von konkavem Querschnitt. Hätte Mr. Bech das Wort *chiseller* (Meißler oder Mogler) gewählt, wäre interessanterweise die Implikation von Missetat oder Vergehen deutlicher gewesen und die Konnotation von brutaler Stärke eher weniger deutlich. Die Formulierung «aus Gründen der Gier und Gewinnsucht» sei weniger leicht zu dechiffrieren, und eine Zeit lang hegte der Experte die Vermutung, dass hier ein typographischer Irrtum oder eine Nachlässigkeit des Redakteurs im Spiel sei. Der Ausdruck *rake-off* (Gewinn oder Profit) stamme natürlich von der alten Gepflogenheit des Croupiers, mit seinem Rechen den Anteil der Spielbank an den Chips auf dem Spieltisch abzuzweigen. «Der ... die bestehende tragische Kluft zwischen den literarischen und cineastischen Künsten vergrößert» habe, sei auch keinesfalls klar, da die beiden Künste einander noch nie nahe gewesen und die Tragödie ihrer Trennung doch wohl lediglich im Auge des Betrachters bestehe, in diesem Fall eines bescheiden honorierten Urhebers schriftstellerischer und journalistischer Schriften, der möglicherweise die weit größeren finanziellen Vergütungen für die Arbeit beim Film vor Augen gehabt habe.

«Einspruch: Mutmaßungen», brummte Rantoul automatisch.

«Stattgegeben», erwiderte der Richter ebenso automatisch.

All diese semantischen Darlegungen schläferten die Geschworenen ein. Da saßen sie in ihren zwei Sechserreihen (fünf Männer, sieben Frauen; fünf Weiße, vier Schwarze, zwei asiatische Amerikaner und einer mit Cherokee-Blut), dazu die beiden Stellvertreter, die neben den Geschworenen saßen, aber nicht auf der erhöhten Bank, und sie alle hofften, Lanna Jerome zu Gesicht zu bekommen, mit ihrem Make-up aus Reispuder, ihrem künstlichen Muttermal, ihrer geschmeidigen, schlank gehungerten Figur, die Haare rußschwarz gefärbt und mit Gel zu kurzen Stacheln geformt. «Geschmeidig, schlank gehungert»: bei ihren Millionen von Fans war es allgemein bekannt, dass Lanna eine Schwäche für Dr. Pepper und Junk-snacks hatte. Nachdem ihre Beziehung mit dem Gouverneur von Nevada in die Brüche gegangen war, hatte sie in trauervoller Sauferei dreißig Pfund zugenommen. Bech hatte sie dieser Verletzbarkeit, dieses aufgequollenen Äußeren wegen umso mehr geliebt.

Rantoul und der Wortexperte schmetterten das Präfix «erz» hin und her, und Letzterer gab schließlich in seiner geschraubten Art zu, dass seine Verwendung hier wohl lediglich einen relativ hohen Rang als Gauner bezeichnete und nicht einen höchsten und herrschenden Status in einer organisierten Gruppe von Gaunern.

Der nächste Zeuge für die Anklage, der sich als «Medienexperte» stilisierte, verbreitete sich über die Auflagenzahlen von *Flying Fur* während der achtzehnmonatigen Existenz des Magazins. Obwohl die Zahl der Abonnements in Südkalifornien nur zweiundvierzig betragen hatte, wovon achtzehn an städtische

Büchereien gingen, sei der Einfluss dieser wenigen Exemplare kaum zu überschätzen; als Blatt mit den neuesten «Hip»-Meldungen aus New York City wurde die Zeitschrift von Agenten, Schauspielern, Produzenten und anderen, die in Mr. Ohrbachs Geschäftsbereichen tätig waren, gierig verschlungen, und eine nachteilige Erwähnung in ihren Seiten habe ihm mit Sicherheit unermesslichen beruflichen Schaden zugefügt.

Rantoul hatte bei diesem Zeugen seine große Stunde und verzehrte anschließend in der Cafeteria mit Himmelsblick eine besonders deftige Mittagsmahlzeit. Der Prozess war angelaufen, und Ohrbach hatte sich immer noch nicht blicken lassen. Doch erhaschte Bech eines Nachmittags draußen bei den Aufzügen einen Blick auf den Richter, der auf dem Weg nach Hause war. Er trug einen Jeansanzug in dem geschmackvollen Farbton von Honigmelonen, mit ausgestellten Hosenbeinen und einem reverslosen Jackett. Ohne seine Robe sah er aus wie ein flotter junger Dandy, der im Begriff war, sich in die Vergnügungen des Abends zu stürzen. Er war sichtlich bemüht, Bechs Blick zu meiden.

In der Welt des Rechts ist die Vermeidung des Blickkontakts eine Kunst. Morris Ohrbach erwies sich als Meister darin. Als er am nächsten Tag endlich erschien, betrat er den Gerichtssaal mit tänzelnden Schritten und lächelte in alle Richtungen, doch sein Lächeln landete nirgends – es war wie die Fausthiebe, mit denen ein Boxer sich auf den Kampf vorbereitet. Sein Blick, huldvoll und allgemein gehalten wie der einer byzantinischen Ikone, flackerte an Bechs Gesicht vorbei. Es gehörte zu Ohrbachs nur zu wohl bekannten exzentrischen Eigenschaften, dass er es mit geradezu religiösem Eifer vermied, sich fotografieren zu lassen, sodass Bech keinerlei Vorstellung vom Aussehen seines Erzfeindes gehabt hatte. Der ältliche Kläger von mittlerem Wuchs, leicht nach vorn gebeugt wie jemand, der drauf und dran ist davonzustürzen, hatte ein vages Lächeln um die Lippen; er hatte eine große Nase und einen Schopf welligen weißen Haars, das in einem Wirbel nach vorn drängte und Bech an sein eigenes störrisch-drahtiges, widerspenstiges Haar erinnerte. Seins war immer noch mehr oder weniger dunkel, und er hatte noch nicht die gebeugte Haltung älterer Menschen, aber dennoch war die Ähnlichkeit erstaunlich groß; seinem Aussehen nach hätte Ohrbach sein Vater sein können.

Die Geschworenen rührten sich, erregt durch die Anwesenheit eines Menschen, der selbst zwar nicht eigentlich berühmt war, aber Berühmtheiten geprellt hatte. Der Richter nahm sogleich eine aufrechte Haltung ein und schenkte den Zeugen der Morgensitzung, einer Reihe von Leumundszeugen für Ohrbach, seine ungeteilte Aufmerksamkeit. Es waren Frauen, Damen aus Hollywood, die, anfangs schüchtern, dann nicht mehr bremsbar, die Menschlichkeit des Klägers bezeugten – seine höflichen Umgangsformen, seine gleich bleibende Freundlichkeit und Ausgeglichenheit, seine persönliche und finanzielle Großzügigkeit, die er in einer Vielzahl von Fällen bewies, angefangen beim Staat Israel bis hin zu einem Baseball-Team der unteren Liga, in dem mexikanisch-amerikanische Jugendliche aus armen Verhältnissen spielten.

«Morrie Ohrbach ist ein *präch*tiger Mensch!», rief eine besonders pneumatische Witwe, wobei sie abrupt Druck abließ, nachdem ihr zuvor die Puste ausgegangen war bei Rantouls Einsprüchen gegen ihre windige Schilderung, wie der Agent vor einigen Jahren, in der Zeit ihrer Trauer, unermüdlich in seiner Aufmerksamkeit und wunderbar in seiner Umsicht gewesen sei. Im Übrigen, fügte sie aufsässig hinzu, als Rantoul sich schon halb erhob, um wieder Einspruch zu erheben, hätten *alle* Investitionen, zu denen er *sie* überredet habe, Gewinne abgeworfen – und zwar *Un-Mengen.*

Eine andere Frau, gedrungen, braun und mit Navajo-Schmuck behängt, sagte aus, dass sie, als sie hörte, ihr teurer Freund Morris sei in einer dieser schnippischen Ostküstenzeitschriften als Gauner bezeichnet worden, weinend zusammengebrochen und tagelang immer wieder von Weinkrämpfen geschüttelt worden sei. Er sei oft am späten Nachmittag bei ihr vorbeigekommen und habe völlig vernichtet gewirkt – und er sei so dünn geworden, dass sie Angst hatte, er würde, da er nur noch aus Haut und Knochen bestand, in ihrem Swimmingpool untergehen und ertrinken. Morrie selbst, die arme Seele, habe keinen Swimmingpool mehr; er lebe in seiner winzigen Drei-Zimmer-Wohnung in Westwood und habe alles verkaufen müssen bis auf einen seiner Sportwagen, woran man ja sehe, was für ein Gauner er sei.

Rantouls Kreuzverhör förderte zutage, dass der Umzug nach Westwood und der Verkauf der Sportwagen eine Folge des für ihn nachteiligen Urteils in dem Fall Lanna Jerome gewesen sei. «Oh, diese *gräss*liche Frau!», war die unverfrorene Antwort. «Jeder weiß doch, wie sie dem Gouverneur von Nevada nachgestellt hat, bis sie seine wunderbare Familie zerstört und seine Karriere völlig rui*niert* hatte! Er hätte Präsi*dent* werden können!»

Beim Lunch gestand Bech, dass er es mit dem Angst zu tun bekam. Ohrbach wurde als Heiliger dargestellt, und tatsächlich sah er richtig süß und auf anrührende Weise schäbig aus. Er hatte einen abgetragenen weißen Leinenanzug mit einem gelblichen Schimmer angehabt und dazu eine traurige kleine Fliege, die die Aufmerksamkeit auf seinen faltigen Hals lenkte.

Rantoul schnaubte: «Und ich wette, Sie würden sagen, ein Gilamonster hat ein freundliches Gesicht.» Er hatte sich das Jackett ausgezogen und krempelte sich die Ärmel hoch, ehe er seine Zähne in einen Cafeteria-Maiskolben grub. Fettflecke zeigten sich an seinem Kinn.

«Sein Gesicht *hat* etwas Freundliches. Etwas Empfindsames und Schüchternes. Als er hereinkam, wirkte er wie ein Mensch in der Minderheit: Nur der arme alte Sergeant Kepper und er, gegen uns alle.»

«Uns alle – gegen uns unbarmherzige Establishment-Typen von der Ostküste», präzisierte Rantoul. «Sie haben die Botschaft, die er ausgesandt hat, offensichtlich verstanden. Ich bin nur froh, Henry, dass Sie nicht in der Jury sitzen.»

Rita lachte und ließ schimmernde scharfe Zähne blitzen. «Sie sind der Süße, Henry, so wie Sie die Dinge sehen.» Wie Lanna Jerome hatte sie ein Muttermal am Kinn. In Ritas Fall sah es echt aus.

«Ich finde», sagte Gregg Nunn, «sein Gesicht ist unheimlich. Mir wird ganz schwummerig und schwindlig, wenn ich es sehe. Es hat keinen Mittelpunkt. Als wäre er ein Hologramm. Und diese Augen! Was für eine Farbe haben seine Augen? Keiner weiß es – wir sind alle zu verhext, um ihn richtig anzugucken, und falls es Ihnen schon mal aufgefallen ist, auch wenn er sie scheinbar anlächelt, hält er die Augen gesenkt, als würde er durch die Lider blicken. Er ist ein Alien – er kann durch seine Augenlider sehen!» Während der junge Mann seine Phantasien vor ihnen ausbreitete, beschrieben seine kleinen Hände immer größer werdende Kreise, und seine Stimme stieg zu so schriller Höhe, dass mehrere Gäste in der Cafeteria die Köpfe nach ihm umdrehten.

Kepper und sein Klient waren nicht in der Cafeteria; sie waren weggegangen, vielleicht um noch weitere Leumundszeugen herbeizuschaffen. Oder Zeugen, die Bech bloßstellten – ihn und alles, was seine unrühmliche Laufbahn ausmachte. Seine Weigerung, das Diamantengeschäft von Kindesbeinen auf bei seinem Vater zu lernen. Sein wilder Widerstand gegen die zudringliche Liebe seiner Mutter. Sein Scheitern bei dem Versuch, entweder ein Dichter zu werden, wie Auden oder Delamore Schwartz, die er beide in seiner Nachkriegsphase, als er sich im Village herumtrieb, kennen gelernt hatte, oder aber ein Kritiker, wie Dwight Macdonald und Clement Greenberg, die ebenfalls in den Schwarm seiner Bekanntschaften geraten waren. Für sein Gefühl war das, was Kritiker machten, zu starr, zu diktatorisch; er zog es vor, sich seinen subjetiven Ahnungen und Einblicken zu beugen und diese in Epiphanien zu verwandeln – kürzer als die von Joyce und weniger grausig als die von Kafka. Er hatte seinen Verleger enttäuscht, den jovialen, lebenslustigen, von seinen Reisen gebräunten Big Billy Vanderhaven, als er sich weigerte, nach dem bescheidenen *succès d'estime* von *Travel Light* den «großen» Roman zu liefern, der schon halb da war, im Bereich der platonischen Ideen, und nur darauf wartete, die Öffentlichkeit und die Buchclubs im Sturm zu erobern; er hatte seinen ersten Lektor, den feschen, feinfühligen Ned Clavell, enttäuscht, als er sich weigerte, aus dem ausschweifenden Text von *The Chosen* all die sehr irdischen idiomatischen Ausdrücke und verbalen Frontalien herauszunehmen, die dem Buch dann, in der noch verklemmten Zeit von 1963, bei der Kritik und bei der Öffentlichkeit eine frostige Aufnahme bescherten. Bech hatte sich einfach nicht bewährt, weder als Autor noch als Sohn, noch als Liebhaber. Eine Frau nach der andern hatte ihm, nachdem sie sich ihm in ihrer Nacktheit hingegeben hatte, in schrillem Ton erklärt, dass er unfähig sei, sich einzulassen. Er hatte eine Kette von Enttäuschungen hinter sich gelassen, die bis zu seinen Grundschullehrerinnen an der Public School 87 zurückreichte – die meisten freundliche, gescheiterte irische Nonnen – und zu seinen Professoren an der New York University, die er, so sein Gefühl, nach einem ersten beeindruckenden Aufsatz am Ende in der Regel enttäuscht hatte. Er schaffte seinen Abschluss nicht oder weigerte sich, ihn zu machen. Er war kein prächtiger Mensch. Er war ein eitler, elender Egel am Bein der Literatur, während diese sich durch schlammige Zeiten schleppte. In der Cafeteria des Gerichtsgebäudes verging ihm der Appetit, und er ließ die Hälfte seines Sandwichs mit Thunfischsalat und die ganze Portion Buttermandeleis, die er aus Heimweh nach den Spumoni in seinem italienischen Restaurant genommen hatte, unangerührt. Rantoul, der einen Teller Hackbraten in Soße mit Kartoffelbrei und Erbsen verspeist hatte, erkundigte sich zartfühlend nach diesen Resten und sorgte dafür, dass sie verschwanden.

Die nächsten Leumundszeugen waren andere Agenten, die Ohrbach priesen als ihren Mentor und eine Quelle der Inspiration, als einen unendlich kreativen und konstruktiven Denker im Interesse der Filmindustrie. Es sei Ohrbach gewesen, behauptete ein ungehobelter Geselle in Seidenhemd und ohne Krawatte und mit einer Anzahl von goldenen Kettchen, der das Konzept des totalen Agentenengagements entworfen habe – man konnte sich nicht mehr zufrieden ausruhen, wenn man einige für seinen Klienten vorteilhafte Abschlüsse getätigt hatte, sondern man musste am Ball bleiben und sich vergewissern, dass die Erträge im Verlauf der stets unsicheren und manchmal verkürzten Karriere des darstellenden Künstlers sicher angelegt wurden und ihrerseits das Bestmögliche abwarfen. Nicht nur Karrieren wurden gemanagt, sondern ganze Lebensaktivposten – das war die Grundlage des Konzepts, das nach Ansicht des ungehobelten Gesellen, dessen beringte Hände die Luft zersäbelten, während sich sein Brusthaar zwischen den Kettchen plusterte, auf die Genialität Morris Ohrbachs zurückzuführen war. Danach bezeugten Sekretärinnen – Ex-Gespielinnen mit geklebten Plastikwimpern und ledriger, knochentiefer Bräunung – Ohrbachs Großzügigkeit als Boss; sie sprachen von bezahlten freien Tagen, die beim Tode einer Mutter gewährt worden waren, von Gratifikationen sowohl zu Weihnachten als auch zum Passahfest, von spontanen Beurlaubungen bei gesundheitlichen oder Männerproblemen. Klienten – fahle, leicht verblichene und abseitige männliche wie weibliche Schönheiten – erzählten vertraulich, wie Morris, um ihnen auszuhelfen, seinen Anteil auf zwölfeinhalb Prozent gesenkt und wie er ihnen bei seiner knapp bemessenen, kostbaren Zeit gratis väterliche Ratschläge gegeben habe.

Während diese Sturzflut von Verehrungen niederging, saß ihr Gegenstand neben Sergeant Kepper an einem Tisch zwei Meter vor Bech, wo er sich aktiv seinen guten Werken widmete, indem er auf lose Blätter kritzelte, kleine Stapel von Briefen und Abrechnungen mit Bemerkungen versah und hin und wieder einen Brief verfasste und in einen Umschlag steckte, den er dann mit einem schmatzenden Lecken zuklebte und klopfte, sodass der Gerichtsstenograph sich nach ihm umwandte und der Richter ihm einen disziplinarischen Blick zuwarf. Gewann der Richter, aus seiner Warte, den gleichen Eindruck von Mitleid erregender verletzbarer Ältlichkeit, den Bech, der hinter Ohrbach saß, nach und nach bekam? Die Sehnen an Ohrbachs magerem Hals spannten sich, der Hemdkragen wirkte eine Nummer zu groß und nicht ganz reinlich, an den Ohren unter dem Deckhaar sprossen weiße Fusselhaare. Der ganze zierliche Schädel wackelte leise im geistesabwesenden Tremor der Hinfälligkeit.

Abe Bech hatte sich nicht erlaubt, alt auszusehen, obwohl er siebzig war, als er starb. Er hatte ein Tönungsmittel benutzt, damit sein Haar dunkel blieb, er setzte sich im Winter unter eine Höhensonne, und er trug jeden Tag zur Arbeit im Diamantenviertel ein frisches weißes Hemd, das von der Wäscherei faltenlos auf einem Bügel geliefert wurde. Wie jeder Verkäufer bot er seinen prospektiven Kunden das Beste von sich und sparte sich seinen Zorn, seinen Sarkasmus und seine Gleichgültigkeit für seine Familie auf. Obwohl Kreislaufstörungen eine Zeit lang seine Beine und Hände in Mitleidenschaft gezogen hatten, kam seine Gehirnblutung aus heiterem Himmel.

Im Tod wie im Leben hatte er etwas Jähes und unerreichbares gehabt. Sein letzter Einfluss auf die Metropole – der einzige, der es in die Zeitungen schaffte – war eine halbstündige Verspätung unter der Erde mitten im Berufsverkehr, die für Tausende von Menschen Unannehmlichkeiten zur Folge hatte. Da der Aufzug in der Subwaystation Clark Street in Brooklyn außer Betrieb war, hatten die Sanitäter seinen Vater, unerforschlich und unversöhnlich in seinem Leichensack, all die schmutzigen, gekachelten Treppen hinaufgetragen, durch die Fluten von empörten Pendlern. In Bechs Vorstellung hatte dies die Großartigkeit der Begräbnisprozession eines Pharaos gehabt, die vom Bett des Nil in die Tiefen einer Pyramide führte, wo die balsamierte Hülle der Seele für immer unversehrt lag.

Hätte er sich vorgebeugt und den Arm ausgestreckt, hätte er Ohrbach auf dessen schmale, hochgezogene Schulter tippen und ihn um Verzeihung bitten können, dass er ihn einen Erzgauner genannt hatte. Aber mit dieser Geste hätte er eine Schuld in Höhe von zehn Millionen Dollar zugegeben und wäre seinem Verteidigerteam in den Rücken gefallen.

Das Team war von dem Fall, wie er für den Kläger aufgebaut wurde, weniger beeindruckt als Bech. Rantoul ließ sich sogar zu Empörung über Ohrbachs Chiropraktiker hinreißen, einen selbstherrlich-glatzköpfigen Mann, der vom Zeugenstand aus behauptete, er habe bei seinem Patienten einen auffälligen psychosomatischen Abbau unmittelbar nach dem Erscheinen des Artikels in *Flying Fur* festgestellt. Während er mit feierlichem Ernst die Blätter in einem schwerfälligen Ringordner umschlug, beschrieb er Spasmen in der unteren Rückenpartie, verbunden mit Schmerzzuständen, die den empfindlichen Agenten monatelang außer Gefecht setzten und möglicherweise seine berufliche Leistungsfähigkeit auf Dauer beeinträchtigten. Rantoul hatte darum gebeten, die Seiten, die der Chiropraktiker zu Rate zog, einsehen zu dürfen, und las Begriffe wie «durch mentalen Stress verursacht» und «spastische Depressionen», die mit kleinerer Handschrift in frischerer Tinte in die gut zwei Jahre alten Krankenberichte eingefügt worden waren, nach dem Erscheinen von «Die einzigen Gewinner von Tinseltown». Beim Lunch prahlte Rantoul: «Ich habe den Richter aufgefordert, den Ordner als Beweismittel zuzulassen, und Kepper ist blass geworden wie ein Gänsebauch. Er hat die Zeugenaussage zurückgezogen. Sonst hätten sie wegen Meineids ganz schön in der Sauce gesessen.»

Das Wort Sauce war eine Abwandlung mit Rücksicht auf Rita, eine Höflichkeit des Südstaatlers. Als sich sein Aufenthalt in Los Angeles in die dritte Woche hinzog, war Rita für Bech leichter lesbar geworden. Ihre hispanische Ratatat-Art zu denken und zu sprechen war durch nordamerikanischen Unternehmergeist und dessen Bereitschaft, zu lächeln und neue Möglichkeiten zu erkunden, gemildert worden. Eines Tages, als Rantoul und Nunn noch andere juristische Geschäfte zu erledigen hatten, waren er und sie zum Lunch ein paar Blocks vom Gericht entfernt in ein mexikanisches Restaurant gegangen. Ihr hatte er seine Bedenken anvertraut, sein wachsendes Verständnis und sein Mitgefühl für den Kläger, der in dem Prozess der Angeklagte zu sein schien. «Ich habe solche *Schuld*gefühle», sagte er.

«Das ist ein Luxus, den sie sich da gestatten», erklärte Rita. «Irgendwas Jüdisches, Sie identifizieren sich mit den Menschen, die Sie fertig machen wollen. So macht man sich erhaben über jeden Kampf. Das ist in Ordnung, Henry. Das ist sehr liebenswert. Deswegen haben Sie uns, wir erledigen das Kämpfen für Sie.»

«Ohrbach ist auch Jude. Vielleicht empfindet er das Gleiche mir gegenüber.»

«Das hätten Sie wohl gern.»

«Wie läuft es Ihrer Meinung nach?»

Sie zuckte mit den Schultern, sodass ihre Reifenohrringe hüpften. «Der Fall, den die andere Seite aufbaut, ist *basura*, aber das heißt nicht, dass die Geschworenen ihn ihr nicht abkaufen. Geschworene stellen sich gern auf die Seite der Schwachen, und Sie haben sich bisher noch nicht als schwach eingeführt. Ohrbach dagegen tut genau das. Wir glauben, dass er seine Hemden mit Bedacht eine Nummer zu groß kauft und dass er sich absichtlich dieses Mitleid erregende Kopfwackeln zugelegt hat.»

«Wirklich? Das macht mich aber richtig wütend. Lassen Sie uns diesen schleimigen Schurken zur Strecke bringen, Rita. Darf ich Sie Rita nennen? Sagen Sie, was machen Sie eigentlich abends?»

Seine eigenen Abenden zogen sich, lang und leer, hin, indem er in seinem Wolkenkratzer-Hotel – einem futuristischen runden Turm, der an der Gabelung zweier Highways errichtet worden war – mit den fast unbesuchten Restaurants auf verschiedenen Ebenen umherschlenderte. An einem Abend hatte er an einer Theke gesessen und zugeguckt, wie wendige Japaner mit Kochmützen Steak und Gemüse zu so etwas wie einem essbaren Origami zurechtschnitten; am nächsten Abend war er Gast bei den Chinesen in ihrer tropfenden Grotte gewesen, deren kleine, geschwungene Brücke von einer in Seide gekleideten Empfangsdame bewacht wurde. Er versuchte, in die Nacht hinauszugehen, aber die Straßen waren gespenstisch leer und schienen gefährlich. Man hörte nur das Rascheln von Palmen und das Rauschen des Verkehrs auf den Highways. Er bekam einfach nicht heraus, wo die Kinos waren oder die kleinen italienischen Restaurants oder die Zeitungsstände an der Straßenecke, die in New York allgegenwärtig waren. Am Morgen jedoch, wenn er einen Betonhügel oberhalb einer Schlucht erklomm, in der die Autos vibrierend über die Erde donnerten und die Luft von Kohlendioxid pulsieren ließen, konnte er sich in dem frischen Sonnenlicht, das verlässlich von einem wolkenlosen Himmel herabströmte, vorstellen, was Millionen hierher gebracht hatte und hier festhielt: Eine Wüstenklarheit, eine Transparenz, die von dem fragilen Panorama pastellfarbener Gebäude aufstieg in das heitere, gläserne Nichts im Herzen der Himmelsgewölbe. Kein rücksichtsloser Bauwahn und keine erbarmungslose Ausbeutung konnten diese herrliche Luft endgültig verschmutzen. Dies war das Gelobte Land – dies hätte Israel sein sollen statt irgendeines vermasselten, in endlose Auseinandersetzungen verstrickten Splitters der arabischen Welt. Die Spanier waren vertrieben worden, blieben jedoch in der Architektur, in den Ortsnamen, in den Ockertönen, im Fatalismus dieser großartigen Fata Morgana gegenwärtig. Wenn er morgens die Stufen vor dem Gerichtsgebäude erreichte, hatte sich ein leichter Schweißfilm zwischen seinen Schulterblättern gebildet, und er spürte eine leichte erwartungsvolle Atemlosigkeit.

«Das interessiert Sie doch sicher gar nicht», sagte Rita. «Sie haben dort an der Ostküste bestimmt jede Menge Mädchen, schrecklich kluge und attraktive Ostküstenmädchen.»

«Es interessiert mich», versicherte er ihr.

«Ich mache meine juristischen Hausaufgaben, koche für meine Eltern und kümmere mich um die Kinder meiner Schwester», antwortete Rita. «Sie tanzt in einem Nackt-Wasserballett in einem großen Aquarium, in einer Nachtbar für Geschäftsleute drüben in Venice.»

«Wie wär's, wenn ich Sie an einem Abend, an dem sie trocken bleibt, zum Essen ausführte?»

«Henry, warten Sie lieber bis nach dem Urteil. Vielleicht haben Sie dann nicht mal mehr genug für einen einzigen Taco.»

Im Gericht hatten die Kläger ihren amüsantesten Zeugen präsentiert, der die Geschworenen dazu brachte, Tränen zu lachen; selbst dem unermüdlich tippenden Gerichtsstenographen, dessen Finger – eher wie die eines Pianisten als wie die einer Sekretärin – die Tasten in Akkorden drückten, entlockte er ein Lächeln. Der Zeuge war ein enorm dicker und wunderbar redegewandter Gerichtszusteller, ein Virtuose der Zeugenaussage, der sich bei dem Versuch, Lanna Jerome eine Vorladung zuzustellen, in den Büschen vor ihrem Apartmenthaus in Palm Springs versteckt und wie ein Hund geheult, wie ein Kätzchen miaut und wie ein verletzter Vogel kläglich gezirpt hatte. Lanna Jerome, Sängerin und Filmstar, stand im Ruf, überaus tierlieb zu sein, und er hatte geglaubt, dass sich auf diese Weise vielleicht ein Fenster öffnen würde und er ihr die Ladung auf die Fensterbank knallen konnte. Pustekuchen. Nie streckte sie den Kopf zum Fenster heraus. Er führte dem Gericht das Heulen, das Miauen und das Zirpen vor.

«Was für eine Relevanz haben all diese Geräuscheffekte?», fragte der Richter, als das Lachen der Geschworenen – ein wenig gezwungen und kümmerlich am Ende, wie Gelächter vom Band – erstorben war.

Sergeant Kepper war schon aufgesprungen. «Wir haben Grund zu der Annahme, Euerehrn, dass Ms. Jerome ihre Ansichten geändert hat und mittlerweile eine viel positivere Meinung über Mr. Ohrbachs professionelle Dienste hegt als zur damaligen Zeit, als er sie, auf den Rat ihres skrupellosen Anwalts, verklagt hat. Ich meine, *sie* hat *ihn* verklagt. Ich habe mich fälschlich ausgedrückt, Euerehrn.»

«Einspruch. Irrelevantes, gegenstandsloses und unbewiesenes Gerede», sagte Rantoul.

«Stattgegeben.» Der Richter wies die Geschworenen an, den Dialog, den sie soeben gehört hatten, zu vergessen, und der Gerichtszusteller stemmte sich mit der gleichen geübten Bewegung aus dem Zeugenstand, mit der ein Weinkellner den Korken aus der Champagnerflasche drückt.

Oben in der Cafeteria jubilierte Rantoul. «Die machen die Dose mit den Jerome-Würmern immer wieder auf, wie Hunde, die an ihrem eigenen Dreck schnüffeln», frohlockte er. «Wenn sie aufkreuzt, dann ist der Fall der Gegenseite im Eimer.»

Gregg Nunn sagte aufgeregt: «Habt ihr bemerkt, wie Morrie während der ganzen irren Vorstellung mit den Tiergeräuschen und so nicht ein einziges Mal hoch geguckt hat, sondern immer weiter seine Notizen kritzelte. Er hat aufgegeben und bereitet schon seinen nächsten Coup vor. Der Typ kennt keine Ruhe; er ist eine Spinne, er spinnt schon an seinem nächsten Prozess.»

Bech war Nunn dankbar dafür, dass er auf die ihm eigene affektierte Art seine, Bechs, Gefühle artikulierte, nämlich dass der Kläger ein übernatürliches Phänomen war. Wenn er nachts schlaflos und aufgeregt in seinem Hotelzimmer lag, spürte er, wie Ohrbach sich um ihn schloss und ihn erstickte. Das Zimmer hatte die Form eines Tortenstücks. Bech lag mit dem Kopf in dem spitzen Winkel, nicht weit von dem Schacht im Zentrum des runden Turms, in dem die Aufzüge rund um die Uhr pochten und summten: Hochpreisige Huren fuhren mit ihren Kunden, Spesenrittern von beiden Küsten des Pazifiks, nach oben und fuhren später allein wieder hinunter. Jenseits von Bechs zappeligen Füßen verbarg ein goldener Vorhang einen Wald von weiteren gläsernen Wolkenkratzern in L. A.s gespenstisch leerer und abstrakter Stadtmitte. Ohrbach und sein unnachgiebiger Prozess hatten Bech hierher gebracht, hatten ihn eingekeilt in diesen unwirklichen Winkel des Kontinents, so wie sein Vater ihn, der damals an der zarten Schwelle der Pubertät stand, in seinem Jähzorn nach Brooklyn verpflanzt hatte. Die Parallele vergrößerte Ohrbach ins Riesenhafte und ließ ihn irgendwie gutartig erscheinen, so wie alle Kräfte, die uns erschaffen, uns in unserer unwillkürlichen Selbstgefälligkeit gutartig erscheinen müssen. Trotz des kriegerischen Geistes seines juristischen Teams hegte Bech den schleichenden Verdacht, dass er und sein Gegner eine Abmachung treffen könnten – und tatsächlich dabei waren, unter all den schalen juristischen Machenschaften, unsichtbar eine Abmachung zu treffen. Ohrbach, das wusste Bech, wenn er daran dachte, wie der verhangene, ausweichende Blick des älteren Mannes jeden Morgen zärtlich an dem Gesicht des Angeklagten vorbeiglitt, Ohrbach liebte ihn; seine scheinbare Unbarmherzigkeit verbarg eine profunde, beharrliche Barmherzigkeit.

Und wirklich, als der weißhaarige Agent zur Aussage in den Zeugenstand gerufen wurde, löste er sich auf seltsame Weise auf. Er besiegelte das Ende seines eigenen Falls. Er hörte auf, wie Rantoul immer sagte, den Laden im Auge zu haben. Sein Blick mied jetzt die Geschworenen ebenso, wie er zuvor das Team des Angeklagten gemieden hatte; er hielt den Blick gesenkt auf ein paar sieben mal zwölf Zentimeter große Karteikarten, die er mit in den Zeugenstand gebracht hatte, und als die Anwälte und der Richter irgendeine prozedurale Frage klärten, fing er an, sich darauf zwanghaft Notizen zu machen, mit einem altmodischen Füllfederhalter, der hörbar kratzte. Kepper versuchte ihn durch den mentalen Stress zu führen, den die Verleumdung in *Flying Fur* ihm gebracht habe, aber Ohrbach schien jedes Interesse verloren zu haben; lieber wollte er von Lanna Jerome sprechen, wie sehr er sie und ihren damaligen Mann in den langen Jahren ihrer Verbindung geliebt habe, als sie aus unerklärlichen Gründen auf Betreiben ihres neuen Rausschmeißer-Ehemanns gegen ihn klagte, und wie seine Zuneigung zu ihr und seine Bewunderung all die «juristischen Schlachten», die er und sie hatten bestehen müssen, unvermindert überdauert hätten. Er sei bereit, sein Leben für sie hinzugeben, vertraute Ohrbach den Geschworenen an, und tief in seinem Innern sei er überzeugt, dass sie das Gleiche für ihn empfinde.

Kepper, schwitzend bemüht, die Aussage seines Zeugen nicht gänzlich entgleisen zu lassen, frage ihn, ob sie ihn je einen «Gauner» genannt habe?

«Oh, das mag sein, aber nur im Spaß. In zärtlichem Spaß. Übertreibung war ihr Stil – gehört zum Repertoire eines jeden Schauspielers.»

Kepper erbleichte. Ob je einer seiner Klienten, fragte er Ohrbach, ihn der Gaunerei bezichtigt habe, soweit er sich erinnern könne?

«Es kommt jedes Mal zu Diskussionen», konzedierte Ohrbach lächelnd, «bevor die exakten Bedingungen eines Vertrages geklärt sind. Und in der Erregung wird von beiden Seiten manches gesagt, was keiner wirklich meint.»

Ob jemals in seinem Leben, fragte Kepper und schrie jetzt fast in seiner Erregung, irgendjemand ihn einen «Gauner» genannt habe, oder gar einen «Erzgauner»?

Diese Würfe waren erste Sahne, wie Bech sah, dazu bestimmt, vom Spielfeld geschlagen zu werden, aber Ohrbach ließ zu, dass sie dem Fänger in den Handschuh ploppten.

Sein weiß gekrönter Wackelkopf rutschte noch tiefer in den zu großen Kragen, als der Talentagent mit zitternder, kippender Stimme, die immer noch eine Spur von einem New Yorker Akzent bewahrte, sagte: «Nun ja, in den fünfzig Jahren, in denen ich die Räder von Hollywood in Bewegung gehalten habe, bin ich alles Mögliche genannt worden. Ich kann mich allerdings nicht erinnern, es je gedruckt gesehen zu haben, bis der Artikel von dem netten jungen Mann hier erschien.» Und sein unbeständiger Blick traute sich einen Moment lang, der welken Hand zu folgen, die in schüchterner Geste auf den Platz zeigte, wo Bech tagein, tagaus gesessen und geschmort hatte. Ohrbach streckte die Hand nach ihm aus. David und Absalom. Joseph und seine Brüder. Der verlorene Sohn. Vergebung, das Vorrecht des Patriarchen. Bech kämpfte gegen den Impuls an, aufzuspringen und vor dem Zeugen niederzuknien, um gesenkten Hauptes den Segen zu empfangen, den sein eigener Vater ihm verweigert hatte.

«Scheiße», sagte Sergeant Kepper. Seine Stummelarme gingen seitlich in die Höhe und klappten wieder herunter wie die Flügel eines Pinguins. «Ich gebe auf.» Dem elektrisierten Gericht zugewandt sagte er zur Entschuldigung: «Tut mir Leid, Euerehrn, ich habe mich fälschlich ausgedrückt.»

«Hat Ihnen das nicht schier das Herz gebrochen?», fragte Bech am selben Abend Rita in einem polynesischen Restaurant in Venice Beach, wo große flammende Dinge auf Platten hin und her getragen wurden und das Zischen so klang, als würde es durch einen Verstärker übertragen.

«Nein, Henry», sagte sie. «Mein Herz ist so zart wie das einer jeden Frau, aber es ist daran nicht zerbrochen. Ein mieser Schauspieler, der einem anderen die Show vermasselt – das kommt ständig vor. Ich glaube, das Gehirn unseres Klägers ist nach zu vielen Jahren des *escamoteo* zu Rührei geworden.»

«Allem Anschein nach hat er Keppers Zeichen überhaupt nicht verstanden.»

«Ihr Lieblingsgauner steht nicht mehr in seiner Blütezeit – aber warum macht Sie das so traurig?»

Die Eingangstür des Restaurants stand offen und ließ das sanfte kalifornische Dämmerlicht herein; die pazifische Stille wurde durch das kratzende Geräusch von Skateboards und Rollerblades durchschlitzt, auf denen durchtrainierte junge Körper vorbeischossen.

«Da wir gerade von Menschen in ihrer Blütezeit reden», sagte er, «wo gibt denn Ihre Schwester ihre Unterwasser-Show?»

«Weit entfernt von hier, beides, was die Distanz und das Ambiente betrifft. Ich wollte nicht, dass Sie meine Schwester begaffen. Ich will Sie ganz für mich allein, Henry. Ich bin noch eifersüchtiger als Ihre weltgewandten New Yorkerinnen.»

Mit einem vulkanischen Flammenausbruch und in einer tosenden Kaskade von brodelndem Fett kam ihre Vorspeise, Schweinelendchen à la Molokai. Ein Rudel Rollerbladers sauste draußen vorbei. Mit erhebenden Gefühlen und zugleich sinkendem Mut erkannte Bech, dass seine Begleiterin sich auf das volle Programm eingerichtet hatte.

Die Vernehmungen seitens der Verteidigung verliefen flott und undramatisch. Rantoul hatte mehr Zeugen gefunden, als er brauchte, die unter Eid aussagten, dass Ohrbach kein Engel war. Ein ehrwürdiger Mogul in den Achtzigern aus den alten Zeiten der Studios, mit einem noch dichteren Schopf schneeigen Haars als der Kläger, antwortete auf die Frage, was für einen Ruf Ohrbach in der Filmindustrie genoss, kurz und bündig: «Völlig unten durch.» Eine andere Zeugin, eine Schauspielerin, deren glattes, mandeläugiges Gesicht Millionen Menschen vage vertraut war, weil sie in billig produzierten Raumfahrtfilmen Co-Pilotinnen, androide Wesen und extraterrestrische Prinzessinnen gespielt hatte, schluchzte, als sie beschrieb, wie ihr nach Ohrbachs Amtshandlungen nur noch ein schockierend dezimiertes Vermögen geblieben sei.

Ihr Auftritt kam Bech ein wenig überzogen vor, doch ließ ihr Bericht alle Profile der Geschworenen erstarren, die aus seinem Blickwinkel eng zusammengerückt dazusitzen schienen, wie auf einen der patriotischen Poster, auf die Norman Rockwell einen Querschnitt der amerikanischen Bevölkerung gequetscht hatte. Nicht alle sah er übrigens im Profil, denn eine der beiden Ersatzgeschworenen, eine umfangreiche Frau mit einem runden Gesicht und einer ganzen Reihe unvorteilhafter Hosenanzüge, hatte angefangen, ihn anzustarren. Ihr milchiges Mondgesicht, das er aus dem Augenwinkel sah, irritierte ihn den ganzen Tag. Und immer wenn er in ihre Richtung sah, zwinkerte sie ihm zu. Er hätte sich eher ermutigt gefühlt, wenn sie nicht nur eine Ersatzgeschworene gewesen wäre. Er nahm an, es war ein Zeichen, dass er sich eingewöhnt hatte, wenn irgendwo die Frauen ihr Augenmerk auf ihn richteten. Er war jetzt schon fast drei Wochen hier, bei Kosten von tausend Dollar und mehr pro Tag. Wenn er das Zwinkern der Ersatzgeschworenen erwiderte, würde der Richter den Prozess womöglich platzen lassen. Bech konzentrierte seinen Blick entschlossen auf Ohrbachs Hinterkopf und bemerkte einen Mitleid erregenden kleinen kahlen Fleck, ein Rund von verletzbarem Rosa inmitten der schneeigen Wellen, die sich um einen Wirbel drehten. Als Bech seinen Vater im Leichenhaus von Brooklyn betrachtet hatte, war er überrascht gewesen, wie schütter dessen Haar geworden war; so lange Abe Bech lebte, hatten die griechische Tinktur, die ganzjährig gebräunte Haut und sein unnachgiebiger Wille die Illusion von vollem borstigem Haupthaar gestützt.

Als am Ende dieses Verhandlungstags der Kläger zitternd bei der Tür stand und sein umwölktes, trauriges, nachdenkliches Lächeln hier und dort über die Gesichter im Gerichtssaal glitt, begegnete Bech zufällig seinem Blick, und da ihm noch das Zwinkern im Kopf herumging, zwinkerte er ihm zu.

Oder auch nicht? Er konnte nicht glauben, dass er imstande war, etwas so Verhängnisvolles zu tun. Über die Augen seines Gegners legte sich ein fischiger Film; sie waren praktisch farblos, heraufgeholt aus den Tiefen des Meeres, wo Licht nichts mehr bewirkte. Bech errötete vor Verlegenheit und versuchte sich zehn Millionen Dollar vorzustellen, aufgestapelt in gebündelten Zehn- und Zwanzigdollarscheinen. So viel konnte ihn sein Zwinkern kosten. Wieder in den Zeugenstand gerufen, konnte Ohrbach zu Protokoll geben: «Euer Ehren, verehrte Geschworene, der Angeklagte hat mir zugezwinkert. Das beweist über jeden Schatten eines Zweifel hinaus, wenn es denn eines weiteren Beweises bedurfte, dass er mich als Kumpel betrachtet, einen Gefährten im Geiste und Seelenfreund, und keineswegs als einen Erzgauner!»

Doch Ohrbach, statt diesen unerwarteten Vorteil für sich zu nutzen, hörte wieder auf, im Gerichtssaal zu erscheinen. Vielleicht hatte ihn Bechs unvorsichtiges Zwinkern, falls es denn geschehen war, tödlich beleidigt. Der alte Betrüger fühlte sich betrogen; über die Machinationen des Gesetzes ging man nicht mit einem Zwinkern hinweg. In seiner Abwesenheit schleppte sich der Prozess wie in Trance auf das Ende zu. Kringel von grauem Haar hatten sich in der Afrofrisur des Richters gezeigt, und seine Linksneigung näherte sich der Rückenlage. Lanna Jerome kam nicht aus ihrem Versteck in Palm Springs, aber ein Steuerberater und ein Anwalt, beide in ihren Diensten, bezeugten mit der verblödenden Genauigkeit doppelter Buchführung das finanzielle Unrecht und Halbunrecht, das sie erlitten hatte. Lannas Beziehung mit Morrie Ohrbach hatte mit «Comin' On Strong» angefangen und war zu Ende gegangen mit «Don't Send Me Back My Letters, My Lawyer Will Be in Touch with Yours».

Bech betrat den Zeugenstand. Der Gerichtssaal, so wie er ihn jetzt aus ganz anderem Blickwinkel sah, hatte eine surreale, an ein Aufklapp-Bilderbuch erinnernde Eigenschaft – der Richter ragte nahe vor ihm auf, die Geschworenen waren aufgefächert wie auf einer Tribüne, die man vom Spielfeld aus betrachtet, die verstreuten Zeichen auf dem herausquellenden Papier des Gerichtsstenographen waren fast lesbar. In seiner alten Debattierstimme aus High-School-Zeiten, so klar wie Fußstapfen im Matsch, bezeugte Bech, dass ihm das in Frage stehende Epithet, nachdem er viel Zeit damit verbracht habe, Beweismaterial aus verantwortungsvollen Quellen zu sammeln, sowohl angemessen als auch fair erschienen war. Er habe «erz» in seiner zweiten, geläufigeren Bedeutung gemeint, im Sinne von «extrem: Person oder Sache, die am umfassendsten diese Eigenschaft verkörpert.»

Bech hatte sich immer vorgestellt, dass es sehr schwer sein müsse, vor Gericht zu lügen, nachdem man einen Eid auf die Bibel geschworen hatte, aber nichts, so entdeckte er, war leichter. Man wird zum Schauspieler, zum Protagonisten in einem Drama, und die Wörter sind nur noch die Instrumente des Turniers. Wörter: Wie hatte er nur sein Leben einer Sache widmen können, die so fadenscheinig war, so flexibel, so bereit zu täuschen? Auf Rantouls Frage, ob er damit seine *Meinung* habe ausdrücken wollen, dass Ohrbach ein Erzgauner sei, oder einen *Tatbestand*, sagte er, er habe damit seine *Meinung* ausdrücken wollen. Bech war ausreichend belehrt worden hinsichtlich dieser juristischen Unterscheidung, von der gewichtige Angelegenheiten im Zusammenhang mit dem First Amendment irgendwie abhingen, obwohl ihm das nicht recht einleuchten wollte. Was taugte eine Meinung, wenn sie keinen Tatbestand ausdrückte? Aber er verkniff es sich, das zu sagen, und sein stiernackiger Anwalt belohnte ihn mit einer beifälligen Grimasse.

Sergeant Kepper erhob sich zu Bechs Befragung. «Würden Sie, Mr. Bech, sich als in Lanna Jerome verliebt beschreiben?»

In dem kleinen Gerichtssaal wurde es so still, dass Bech hörte, wie von den Geschworenen jemand mit dem Schuh scharrte; der Gerichtsstenograph tippte, und es hörte sich an wie zwei Takte eines skeletthaften Lieds. «Nein», log er. «Ich bewundere ihre Talente, selbstverständlich, aber das tun Millionen andere auch.»

«Lassen wir mal die Millionen», sagte Kepper mit heiserer Stimme. «Der Ton, in dem Sie die Beziehungen zwischen ihr und dem Kläger beschreiben, erinnert mich, wenn Sie gestatten, an einen eifersüchtigen Möchte-gern-Geliebten.»

«Einspruch», rief Rantoul.. «Vermutungen. Irrelevant.»

«Einspruch abgelehnt», sagte der Richter ruhig. «Es könnte relevant sein. Fahren Sie fort, Herr Anwalt.»

«Wäre es fairerweise möglich zu sagen», fuhr Kepper fort, «dass Ihr Verliebtsein in Miss Jerome sie verleitet hat, im gedruckten Wort Hass, bösen Willen und Groll gegen Mr. Ohrbach zu bekunden?»

Bech erkannte den juristischen Jargon, das Gift an der Lanzenspitze. «Keineswegs», sagte er mit entwaffnender Aufrichtigkeit. «Ich verspüre weder jetzt, noch verspürte ich damals bösen Willen gegenüber Mr. Ohrbach. Ich habe ihn nie kennen gelernt und habe nie mit ihm zu tun gehabt.» Er unterdrückte den wahnsinnigen Wunsch zu bekennen, dass er in diesen Tagen vor Gericht, weit davon entfernt, bösen Willen zu verspüren, die Zuneigung eines Sohnes empfunden habe.

Er war bereit, sich schuldig zu bekennen, wenn sie es nur gewusst hätten. Aber Sergeant Keppers Angriffe auf die Ritzen in der Rüstung des Angeklagten erlahmten, und schon bald konnte Bech sich wieder setzen. Weitere Zeugen wurden nicht aufgerufen.

Keppers Plädoyer am nächsten Tag in der Sache Ohrbach versus Bech war zerstreut und fahrig, er drückte sich häufig fälschlich aus und erging sich in müßigen Reden über die Gefahren ungezügelter Medien. Er sprach von der Ostküste und der Westküste und stellte den Westen als den offenherzigen Sitz der Kreativität und der Unterhaltung dar und den Osten als Sitz kritteliger, negativistischer Kritik. Wer ist dieser Henry Bech, dieser Literat mit bescheidenem Einkommen, dass er die Komplexität der Beziehungen zwischen Agent und Klient in einem enorm erfolgreichen Bereich der Populärkunst verstehen könnte? Doch obwohl seine Stummelarme sich wie Sägen auf und ab bewegten, schien er mit dem Herzen und dem Verstand nicht mehr bei der Sache zu sein. Nach Rantouls Auffassung war Kepper überredet worden, den Fall Ohrbach auf Erfolgsbasis zu übernehmen, und da keine außergerichtliche Einigung vor der Gerichtsverhandlung erreicht worden war, wusste er, dass er verloren hatte. All dies – all die Kosten und all der Schrecken – diente lediglich dazu, um der Prozessordnung Genüge zu tun.

Ohrbach selbst hatte sich von dem Denouement absentiert. Der Geist war der Maschinerie entwichen.

In dem Bemühen, den Fall aus der Erstarrung zu lösen, entwarf Rantoul in schleppendem Ton ein fast komisch eloquentes Wort-Bild von der empörenden Ungerechtigkeit dieser Verleumdungsklage angesichts des notorischen Rufes des Klägers; wenn in diesem großartigen Land die ehrliche Meinung, gestützt von einer reichen Reihe an Belegen, dass ein Mann ein Erzgauner sei, in einem Nachrichtenjournal nicht geäußert werden dürfe, was sei dann der Sinn der Verfassung und all der Kriege, in denen man sie gegen die Tyrannei sowohl des Faschismus als auch des Kommunismus verteidigt habe?

Gleichwohl brauchten die Geschworenen geschlagene vier Stunden – in denen die Raupen in Bechs Magen zu Schmetterlingen wurden und seine Magenschleimhaut anknabberten –, um zu dem Urteil «Nicht schuldig» zu gelangen. Einer der asiatischen Amerikaner war, wie Gregg Nunn später herausfand und Bech brühwarm in einem Brief berichtete, der Meinung, dass *Flying Fur* eine pornographische Publikation sei; außerdem war er als Anhänger der *Born-Again-Christians* nicht so scharf auf Lanna Jeromes Affäre mit dem Gouverneur von Nevada oder gar auf ihre in der Presse breit erörterten Stellungnahmen zugunsten des Rechts auf Abtreibung sowie des Rechts unverheirateter Frauen auf Mutterschaft.

Bechs Vater, Abe Bech, hatte in den letzten zehn Jahren seines Lebens schreckliche Krampfadern gehabt, ein Symptom der Kreislaufbeschwerden, die ihn schließlich das Leben kosteten. Dennoch machte er sich jeden Morgen auf den Weg zur Subway, zu der Station Atlantic Avenue, und war den ganzen Tag in dem düsteren, glitzernden Diamantenladen auf den Beinen, wenn er nicht gerade auf der Suche nach einem guten Handel die 47th Street rauf und runter humpelte. Handel treiben ist das, was Väter tun, damit die Söhne die Nase darüber rümpfen und wegfliegen können, über die Dächer hinweg. Doch am Ende werden wir wieder in die Wirklichkeit zurückgeholt und ertappen uns dabei, dass wir einen Mann und sein ganzes Leben des Handeltreibens – aus seiner eigenen Sicht hatte er lediglich das getan, was getan werden musste – in die Gosse kippen, nur um eines pfiffigen Ausdrucks willen. Für 1250 Dollar Honorar plus Spesen. «Ich habe solche Schuldgefühle», sagte er zu Rita.

«Warum um alles in der Welt, warum? Der Kläger war ein *podrido* Hurensohn.»

Ihre Stimme hatte die angespannte Genauigkeit der Rechtsgehilfin abgelegt und wieder den mütterlichen Rhythmus der Latina angenommen. Sie lagen nackt nebeneinander in seinem Bett in dem futuristischen Hotel und rauchten zusammen einen Joint. Sie hatte keksbraune Schultern, spiraligen dunklen Flaum auf den Unterarmen und kurze, verstrubbelte Haare, genau wie Lanna Jerome vor ihrer Punkphase. Sie hatten über Bechs Gegenklage gesprochen, nicht nur wegen der entstandenen Rechtskosten, sondern auch im Hinblick auf seine mentalen Qualen, den Zeitverlust und den unermesslichen Schaden, der seinem professionellen Ruf zugefügt worden war. Tom Rantoul leckte sich die Lippen. «Den Vogel bringen wir noch zur Strecke», gelobte er, «und dann macht er keinen Piep mehr.» Für das Verfahren, das auf Erfolgsbasis finanziert werden sollte, waren Monate der Vorbereitung nötig, und es sah beinahe so aus, als fände Bechs Leben jetzt hier, an dieser Küste, statt. Er hatte sich umgehört, ein paar Kontakte aufgefrischt, die er zwei Jahre zuvor geknüpft hatte, und er hatte sogar ein paar Brocken bekommen. Ob er ein Fernsehskript schreiben konnte? Viele der Sitcoms spielten im Nordosten, mit Rücksicht auf die demographische Zusammensetzung der Zuschauer, und trotzdem gab es eine ganze Generation von Hollywood-Autoren, für die New York nur ein Märchen war, eine Alte Welt, aus der ihre Väter und Großväter eingewandert waren. Das Honorar, das für ein Probeskript genannt worden war, entsprach der Hälfte der Einkünfte, die Bech das ganze vergangene Jahr über gehabt hatte. Er sagte, er müsse es sich überlegen.

«Ich habe ihn geliebt», sagte er zu Rita. «Seine gebeugte Haltung, und wie er mit dem Kopf wackelte und sich bei allen entschuldigte, ohne eine Antwort zu erwarten. Als mein Vater starb», fuhr er fort, «fanden wir in der Schublade seines Schreibtisches die schwarzen Elastikstrümpfe, die ich ihm gekauft hatte, damit ihm die Beine nicht mehr so wehtaten. Er hatte sie nie getragen. Die Pappe steckte noch drin. Pappstücke, die wie Füße zugeschnitten waren.»

«Liebling, in Ordnung, ich verstehe. Die Pappfüße. Der Tod in der Subway. Das Leben ist hart. Aber der andere *judío* hier wollte dich verspeisen. Er frisst dich, oder du frisst ihn. Was ist dir lieber?»

«He, ich weiß ja auch nicht», erwiderte der Angeklagte und berührte mit zwei Fingern die erektile Spitze – von der Farbe einer sonnengedunkelten, nicht mit Schwefel behandelten Aprikose – ihrer ihm nahen Brust. «Beides scheint mir nicht das Ideale.»

Und keine der beiden Küsten ist ideal; nach ein paar weiteren Wochen der Verhandlungen und der Verliebtheit kehrte

Bech an die unsere zurück, während an jener fernen Küste ein gebrochenes Frauenherz langsam genas und die Räder des Gesetzes wie Kiefer beim Kauen immer weiter mahlten, immer weiter, bis sie eines Tages, als niemand hinsah, anhielten.

Bech Noir

:
:

Bech hatte eine neue Gehilfin. Ihr Spitzname war Robin. Rachel «Robin» Teagarten. Sechsundzwanzig, post-jüdisch, krauses bauschiges Haar und von eher kleiner und stämmiger Figur. Sie setzte sich für ihn mit einem IBM PS / 1 auseinander, den zu kaufen sein Verleger ihm eingeredet hatte. Sie legte die Standardeinstellungen fest, ordnete die Icons neu, programmierte Schrift und Schriftgrößen, aktivierte die ANSI Buchstabensets – Bech war ein Pedant, wenn es um fremdsprachige Akzente ging. Wenn er einen Brief beantwortete, tippte sie für ihn nach Diktat. Wenn er eine kreative Anwandlung hatte, entzifferte sie seine Handschrift und verwandelte sie in einen digitalen Code. Beides kam nicht sehr oft vor. Bech hielt es mit Hemingway und sparte gern seine Kräfte. Um die Zwischenzeiten auszufüllen, schliefen er und Robin miteinander. Er war vierundsiebzig, aber damit kamen sie zurecht. Vierundsiebzig plus sechsundzwanzig ergab einhundert; geteilt durch zwei waren es fünfzig – die Blüte des Lebens. Die Energie der Jugend plus die Weisheit des Alters. Ein Team. Ein Duo.

Sie kohabitierten in seinem behaglichen Nest in der Crosby Street. Er las die *New York Times* beim Frühstück: koffeinfreier Folgers-Kaffee, mit Calcium angereicherter Orangensaft von D'Agostino, ein leicht getoasteter, mit Mohn bestreuter Bagel. Krumen und Mohnkügelchen hatten sich über die Zeitung und seine Knie verstreut, man kriegte eben nichts umsonst, nicht auf diesem harten Planeten. Bech verkündete Robin: «He, Lucas Mishner ist tot.»

Eine kremige Befriedigung – feinste Qualität, extraleicht streichbar gemacht durch die toastige Wärme – breitete eine dicke Schicht um sein Herz.

«Wer ist Lucas Mishner?», fragte Robin. Sie steckte tief im D-Teil der *Times* – dem «Business Day». Sie war ein praktisch veranlagtes Mädchen, ohne jede Erfahrung mit Kultur vor 1975.

«Ein einst mächtiger Kritiker», erzählte ihr Bech in abgerissenen Sätzen. «Schule der späten *Partisan Review*. Ließ sich gelegentlich herab, in der *Book Review* der *Trib* zu erscheinen, als es die *New York Herald Tribune* auf unserer Seite des Atlantiks noch gab. Verachtete meine Sachen. Nannte sie ‹oberflächlich energiegeladen, aber ohne den wahren amerikanischen Biss, ohne Schneid, ohne Ringen›. Seine Worte, nicht meine. Schneid, Ringen. Der Schleimscheißer. Als '63 *The Chosen* herauskam, schrieb er: ‹Mag er sich noch so sehr mühen und verrenken, nie wird Bech vom Erhabenen Amerikas berührt werden.› Der primitive, selbstgefällige, besserwisserische Hurensohn. Und weißt du, was seine Vorstellung vom wahren Stoff war? James Jones. James Jones und James Gould Cozzens.»

Da war es, Mishners Gesicht, in der *Times*, zwanzig Jahre jünger, mit einem blöden kleinen mädchenhaften Grinsen und ein paar jämmerlichen, seitwärts gekämmten und angeklebten Haarsträhnen – als würfen schlaffe Jalousien einen Schatten quer über die Kuppel seines Schädels. Der Gedanke, dass er tot war, erfüllte Bech mit kremiger Erleichterung. «Lebte irgendwo oben in Connecticut», erzählte er Robin. «Drei Ehefrauen, keine Grazien. Hatte seit Jahren nichts mehr veröffentlicht. In der Branche ging das Gerücht, er sei gaga, ein Fall von Delirium tremens.»

«Klingt so, als ob du froh wärst.»

«Bin ich. Sehr sogar.»

«Warum? Du sagst, er wäre sowieso kein Kritiker mehr gewesen.»

«Er war es noch – in meinem Kopf. Er wollte mich verletzen. Er hat mich verletzt. Mein ist die Rache.»

«Wer hat das gesagt?»

«Der Herr. In der Bibel. Wach auf, Robin.»

«Ich dachte mir doch, dass es nicht nach dir klang», gab sie zu. «Hör auf, dich am Feuilleton festzuklammern. Lass uns sehen, was sie im Village spielen. Mir ist nach Kino heute Abend.»

«Ich lese gar nicht im Feuilleton.»

«Aber es liegt unter dem, was du liest.»

«Ich wollte gerade damit anfangen.»

«Das ist es, was ich festklammern nenne. Gib's mir mal.»

Er gab es ihr, und ein Muster aus Mohnkörnern bildete sich auf dem kunststoffbeschichteten Esstisch aus Teakholz, für den Robin gesorgt hatte. Jahrelang hatten er und seine weiblichen Gäste an einem niedrigen gläsernen Coffee table weiter vorn im Loft gegessen. Die schräg einfallende Sonne war schön gewesen, aber das Speisen in gequetschter Haltung schlecht für ihre inneren Organe. Robin hatte ihn auch dazu gebracht, Vitamine einzunehmen und mit Calcium angereicherten O-Saft zu trinken. Sie glaubte, das werde seine Wirbelsäule aufrichten. Er war jahrelang nicht in so guter Verfassung gewesen. Sie hatte ihn dazu gebracht, Sit-ups und Liegestützen zu machen. Er war hart und schnell für einen Mann, der seine biblischen dreimal zwanzig und zehn Jahre auf dem Buckel hatte. Er war unternehmungslustig. Er mochte den Tonus seines Körpers. Er mochte den Schnitt von Robins glattem breitem Kinn jenseits des Teaktischs. Ihr gesundes üppiges Haar, ihre vorgeschobenen vollen Lippen, ihre kleine, abgeflachte Nase. «Minus eins», sagte er zu ihr mit geheimnisvoller Miene.

Aber sie las im Feuilleton, dem B-Teil der Zeitung, und

hörte es nicht. «*Con Air, Face/Off*», las sie. Es war der Sommer 1997. «*Air Force One, Men in Black*. Alles gewalttätige Filme. Ekelhaft.»

«Warum hast du Angst vor ein bisschen Gewalt?», fragte er. «Gewalt ist heutzutage unsere Poesie, seit Sex so fatal befleckt ist.»

«Oder *Contact*», sagte Robin. «Den Besprechungen nach handelt der Film davon, wie das Universum uns insgeheim liebt.»

«Das wird den Tag abrunden», brummte Bech. Obwohl die in ihm aufsteigenden Säfte tatsächlich eine flüchtige Ähnlichkeit mit denen der Liebe hatten. Mishners Tod ließ seinen Schwanz zwei Zentimeter wachsen.

Eine Woche später in der Subway. Die Station Rockefeller Center an der Sixth Avenue, die alte IND-Linie. Der Bahnsteig der Züge nach Downtown war gedrängt voll. All die leitenden Leute von McGraw-Hill, Exxon und Time-Life auf dem Rückweg zu ihren Ehefrauen in den Heights. Oder unterwegs zur Station West 4th Street, um einen Kräutertee zu trinken und einen Fummel für den Abend anzuziehen. Monogame Transvestiten, leitende Angestellte alle, verstopften das System. Bech war in wilder Stimmung. Er war im Museum of Modern Art gewesen und hatte sich eine Ausstellung von Plakaten für konstruktivistische Filme und den Raum Projekt 60 angesehen. In dem Raum wurden drei gegenständliche Maler vorgestellt, «ultra-hip» laut der neuen Nummer des *New Yorker*: einer, der «giftige Porträts von Modeopfern» malte, ein anderer, der sich spezialisiert hatte auf «Dinge, so langweilig, dass sie ans Nichtexistieren grenzten», und ein dritter, der «glamouröse, verführerische Porträts von Popstars und schwulen Knaben» malte. Keiner hatte Bech gefallen. Die Kunst hatte ihn überholt. Die Literatur war im Begriff, ihn zu überholen. Mit der Musik war er sowieso nie ganz mitgekommen seit den von der Truppenbetreuung veranstalteten Hopsereien nach Schallplattenmusik. Diese kuscheligen kleinen Frauen vom Women's Army Corps aus Ohio in ihren gestärkten Uniformen! Der Krieg war allzu bald vorbei gewesen, ehe er genügend Deutsche hatte töten können.

Unten in der Subway, im flackernden gelbstichigen Licht, spielten drei konkurrierende Gruppen elektronischer Straßenmusiker – eine Countrymusik, eine progressiven Jazz und eine christlichen Hip-hop –, während eine dröhnende Lautsprecherstimme Unverständliches über ausfallende und verspätete Züge blubberte. Inmitten der Kakophonie erblickte Bech einen englischen Literaturkritiker: Raymond Featherwaite, eine ehemalige Berühmtheit in Cambridge, die sich vom amerikanischen Mammon an die City University of New York hatte locken lassen. Von seiner hohen Warte auf den Zinnen der CUNY hatte er, mit Hilfe einer antiken Luntenschlossmuskete, zwanzig Jahre lang amerikanische Schriftsteller schnöde abgeschossen, dank der übertrieben anglophilen *New York Review of Books*. Weitschweifig und *voulu* hatte Featherwaite den Bestseller *Think Big* genannt, mit dem Bech 1979 sein Comeback gehabt hatte. Während die Inflation unter Carter einen Höhepunkt erreichte und das AIDS-Virus sich unbekannt und unbenannt ausbreitete, nannte dieser Tommy, dieser Ausländer Bechs Hauptwerk weitschweifig und *voulu*. Und als Bech sich in der deflationären, von Reagan überwachten Epoche mit einer harmlosen Sammlung von subtilen Skizzen und Kurzgeschichten unter dem Titel *Biding Time* hervorwagte, hatte Featherwaite geschrieben: «Die Lebensgeister des Lesers, mag er dieser sorgfältig gehegten und gepflegten amerikanischen Berühmtheit anfangs auch noch so gewogen sein, beginnen ernstlich zu sinken unter der wiederholten Anstrengung, Mr. Bech mitfühlend dabei zu beobachten, wie er sich Seite um Seite müht, aus sehr wenig etwas zu machen. Die Freuden an der Mikroskopie verlieren ihren Reiz.»

Die vereinigten Dezibel der Musiker übertönten für alle außer die am feinsten eingestellten Cityohren das Nahen des Zuges, dessen Verspätung so undeutlich ausgerufen worden war. Wie alle diese Briten, die wie Bohrasseln in den verrottenden Holzpfählen des New Yorker Literaturbetriebs brüteten, war Featherwaite nicht schlecht, wenn es darum ging, sich vorzudrängen. Obwohl auf dem schmutzigen Zementboden kaum Raum für die eigenen Schuhe war, hatte er sich vorgeschoben und sich in die vorderste Reihe der wartenden Menge geschlängelt. Sein kantiges Profil mit dem hochmütigen Überbiss und den künstlich vorstehenden Augenbrauen wandte sich in arroganter Erwartung dem kreischend näher kommenden Zug der Linie D zu, als winke er ein serviles schwarzes Londoner Taxi oder eine vergoldete viktorianische Kutsche herbei. Featherwaite trug einen büscheligen Nero-Haarschnitt mit Pony zur Schau. Seine Wangen zeigten leichte Rötungen wie von Rouge. Der gepflegte englische Kopf presste sich wie ein glühendes Brandeisen in Bechs Blickfeld.

Weitschweifig, dachte er. *Voulu*. Er hatte das Wort *voulu* in seinem französischen Wörterbuch nachschlagen müssen. Es belegte Bechs gesamtes Œuvre mit einem höhnischen Fluch, denn was, so hatte Schopenhauer gefragt, ist nicht gewollt?

Bech stand drei Reihen weiter hinten im Gedränge, tief eingetaucht in die Gerüche, Kleider, Akzente, den Atemhauch und die gebremste Willenskraft der anderen. Zwei breitrückige Gestalten, beide mit Junk-Food und fermentiertem Malz gepolstert, standen zwischen ihm und Featherwaite, während andere zudringlich ihn selbst in den Rücken stießen. Als würde er plötzlich von hinten geschoben, senkte er die Schulter und rammte sie in die Gestalt vor ihm; wie Dominosteine kippten sie und die Person vor ihr die dritte, den steif aufrecht stehenden Engländer vom Bahnsteig. Im gleichen Augenblick strömte der Zug mit der Wucht einer jähen Überschwemmung in den Bahnhof ein und begrub alle anderen Geräusche unter dem Aufkreischen gefolterten Metalls. In der letzten Sekunde seines Lebens war Featherwaites Hand hoch geschossen, und sein Kopf war zurückgezuckt wie im plötzlichen Erkennen eines alten Bekannten. Dann war er verschwunden.

Es war das Ereignis eines Augenblicks, ohne dass der Fahrer des Zugs der Linie D hätte bremsen oder einer der Dabeistehenden hätte aufschreien können. Nur dass es plötzlich angenehmerweise ein Kopf weniger war in der gedrängten, übel riechenden Menge. Der Mann vor Bech, ein massiger Schwarzer mit blutunterlaufenen Augen, der mitten im Hochsommer eine gestrickte Kappe trug, gewann sein Gleichgewicht wieder und wandte sich empört um, aber Bech tat so, als würfe er einen wütenden Blick hinter sich, und schlüpfte seitwärts, während die Menge sich vor den Türen des jetzt haltenden Zuges trichterförmig ordnete. Eine laute Frauenstimme – ausländisch, schrill – hatte angefangen, die schreckliche Wahrheit über das Geschehen, dessen Zeugin sie geworden war, ans Licht zu lassen, und in der Ferne, jenseits der Drehkreuze, trillerte die Pfeife eines telepathisch begabten Polizisten. Aber die Menge im Zug brandete achtlos nach draußen, gegen die Menge, die einsteigen wollte, und in den dichten Strudeln missgestimmter und gequetschter Menschheit brachte der flinke ältere Büchernarr Bech mehr und mehr Raum zwischen sich und seine unwissentlichen Komplizen. Er sonderte sich eine Wagenlänge ab und hielt sich an einer von Händen blank geputzten Stange vor einer Reklame für kostenlose Kondome und saubere Nadeln fest, eine hübsche Oxford-Ausgabe von John Donnes Poemen dicht vor seinem Gesicht, während die Kunde von der undenkbaren Wahrheit sich verbreitete und die Trillerpfeifen einer fernen Autorität immer näher kamen und der Zug sich weigerte weiterzufahren und schließlich alle Passagiere aussteigen mussten, und die ganze Zeit schrie die offizielle Lautsprecherstimme, lauter jetzt und noch weniger verständlich als zuvor, von Ausfall, von Katastrophe, und dass alle den Zug verlassen und Ruhe bewahren sollten.

Gehorsam verließ Bech den mit Blut an den Rädern blockierten Zug und stieg die Metalltreppe, deren Stufen von pulverisiertem Glas glitzerten, hinauf. In seinem Innern schauderte er im Einklang mit der schiebenden, halb in Panik geratenen Menge rings um ihn her. Draußen sog er dankbar die frische Luft und die Anonymität Manhattans ein. Avenue of the Americas, verkündete ein Straßenschild, das hartnäckig an einer veralteten Geste hemisphärischen guten Willens festhielt. Bech wandte sich nach Süden, ging dann hinüber zur Seventh Avenue. Skrupulös blieb er an jeder roten Ampel stehen und warf jeden ihm in die Hand gedrückten Reklamezettel («Girls! Sexy College-Kätzchen oben ohne! Abends nach 6 Uhr 30 unten ohne!») in den nächsten städtischen Abfallkorb. Er ging zur Subway-Station Times Square hinunter, wo die unzähligen Tunnel der alten IRT-Linien ihr Elend zu einem weitläufigen unterirdischen Labyrinth von Gängen, Treppen, Schildern und Süßwarenständen mischten. Er kaufte einen Riegel Snickers und lehnte sich an eine weiß gekachelte Säule, um zu lesen, wo sein Buch sich von selbst aufgeschlagen hatte.

Tod, sei nicht stolz! Hast keinen Grund dazu,
Bist gar nicht mächtig stark, wie mancher meint:
Du tust uns nichts; auch mich tötest du nicht.
Die du besiegt wähnst, warten nur in Ruh.

Er nahm den N-Zug, der ihn zur Ecke Broadway und Prince Street brachte. Der Nachmittag hatte sich, während er im Untergrund gewesen war, sanft in den Abend gewandelt. Die Galerien schlossen, die Restaurants machten auf. Robin war im

Loft und hielt Lasagne warm. «Ich dachte, das MoMA schließt um sechs», sagte sie.

«In der Sixth-Avenue-Subway gab es eine Störung. Nichts fuhr mehr. Ich musste zu Fuß zum Times Square rübergehen. Ich fand das Zeug, das sie im Museum ausgestellt haben, unausstehlich. Gewaltsam, nach Aufmerksamkeit heischend.»

«Vielleicht kommt eine Zeit», sagte sie, «in der die neue Kunst nicht mehr für dich bestimmt ist, sondern für andere. Was wohl diese Störung bewirkt hat?»

«Keiner wusste es. Stromausfall. Eine Schießerei weiter im Norden der Stadt. Irgendein Irrer», fügte er hinzu, verwundert über seine eigenen Worte. Er war in seinem Innern erregt, fühlte sich geläutert, geschrubbt, aber noch nicht kremig. Vielleicht musste er sich damit bis zur morgigen *Times* gedulden. Er würde, fürchtete er, vor lauter Erwartung und Aufregung nicht schlafen können, doch dann sank er, während Robin unter brennendem Licht noch las, in Träume, als hätte er einen langen Tag schwerer körperlicher Arbeit hinter sich.

ENGLISCHER KRITIKER UND DOZENT TOT / SUBWAY-UNGLÜCK AN DER WEST SIDE, lautete die Schlagzeile. Der Bericht begann unten auf der ersten Seite und sprang über auf die Seite mit den Nachrufen. Das vor Jahrzehnten aufgenommene Nachruf-Foto verherrlichte Featherwaite – der Kopf in die eine Richtung gewandt, die Schultern in die andere –, sodass er aussah wie ein jüngerer, weniger spitzbübischer Bruder von George Sanders. Hoch gewölbte Brauen, schmale Lippen, keck vorspringendes, scharfes Kinn ... *warf sich laut Zeugenaussagen offenbar vor den Subway-Zug, als dieser sich dem Bahnsteig näherte ... Kollegen von der* CUNY *reagierten verstört, erklärten aber übereinstimmend, dass er unter beträchtlichem Stress gestanden habe, als er letzthin Abdrucksgenehmigungen für sein Buch über postmoderne Erzählstrategien zusammenstellte ... Die frühere Ehefrau, die wir in London erreichten, räumte ein, dass der Verstorbene starken Stimmungsschwankungen und Anwandlungen kreativer Verzweiflung ausgesetzt gewesen sei ... Autor mehrerer jugendlich-satirischer Romane und eines einzelnen Bandes mit Gedichten, die mit denen Philip Larkins verglichen wurden ... Robert Silvers von der* New York Review of Books *zeigte sich bestürzt und bezeichnete Featherwaite als «einen geschätzten und vielseitigen Beiträger von unnachgiebiger kritischer Integrität» ... geboren in Scunthorpe, Yorkshire, als drittes Kind und einziger Sohn eines Obst- und Gemüsehändlers und einer Teilzeit-Klavierlehrerin ...* und so fort. Eine vertrackte kleine Existenz. «Ray Featherwaite ist tot», verkündete er Robin, bemüht, ein triumphierendes Beben aus seiner Stimme herauszuhalten.

«Wer ist das?»

«Ein Kritiker. Unbedeutender als Mishner. Engländer. Kam doch tatsächlich aus Yorkshire – das hatte ich nie gewusst. Ging mit einem Stipendium nach Cambridge. Ich hatte mir vorgestellt, er habe reich geerbt; er wollte gern, dass man das dachte.»

«Das macht diese Woche zwei Kritiker», sagte Robin, ganz in Anspruch genommen vom dichten Grau der Seiten mit den Aktienkursen.

«In Manhattan ist jeder Dritte so etwas wie ein Kritiker», erläuterte Bech. Er hoffte, das Gespräch würde sich einem anderen Thema zuwenden.

«Woran ist er gestorben?»

Es ließ sich nicht verheimlichen; sie würde diesen Teil der Zeitung selber noch lesen. «Er hat sich vor einen Subway-Zug geworfen. Seltsam. Anscheinend war er deprimiert, weil er zu viele Abdruckgenehmigungen einholen musste, oder dergleichen. Diese Akademiker haben eine Menge Stress. Eine harte Welt, ihre Welt – in den Fakultäten geht's ziemlich brutal zu.»

«Ja?» Robins Augen – hell, glänzend, das lebhafte unstete Braun eines glatten, feuchten Fells – hatten sich von den Aktienkursen gelöst. «Welche Subway-Linie war es?»

«Sixth Avenue, ausgerechnet.»

«Vielleicht war das die Störung, von der du gesprochen hast.»

«Könnte sein. Sehr wahrscheinlich, sogar. Habe ich dir schon mal erzählt, dass mein Vater in der Subway gestorben ist, aber unter dem East River? Machte einen gewaltigen Umstand mitten in der Rush Hour.»

«Ja, Henry», sagte Robin mit der betont geduldigen Stimme, die ihn wissen ließ, dass sie jünger war als er und klarer im Kopf. «Du hast es mir erzählt, mehr als einmal.»

«Entschuldigung.»

«Deine Hände zittern, was ist los? Du kannst ja kaum deinen Bagel halten!» Und seine andere Hand ließ, wie er bemerkte, die Mohnkörner auf der Nachrufseite tanzen, als führe darunter die Subway durch.

«Wer weiß?», sagte er in fragendem Ton zu ihr. «Vielleicht steckt mir was in den Gliedern. Gestern Abend bin ich weggesackt, wie wenn man das Licht ausknipst.»

«Das kann man sagen», sagte Robin und wandte die Augen wieder der Zeitungsseite zu. Es war der Sommer, in dem die Aktienkurse kletterten und kletterten und jeden Tag neue Rekorde gebrochen wurden. Es war unnatürlich.

«Entschuldigung», sagte er noch einmal. Langsam wurde ihm wieder behaglicher. Das Vergangene versank mit jeder Sekunde unter frischeren verdeckenden Schichten der allerjüngsten Vergangenheit. «Hast du dich vernachlässigt gefühlt? Eine junge Frau braucht ihren Sex.»

«Nein», sagte sie. «Es hat mich zärtlich gestimmt. Du kamst mir so unschuldig vor mit deinem sich öffnenden Mund.»

Robin arbeitete wie Mary Jane, die Frau des Spiderman, in einem großen Computergeschäft. Sie war nicht eigentlich als Verkäuferin tätig, sondern erörterte ihre Kenntnisse mit Kunden, wenn diese in den zusammenprallenden Wogen von Innovation und der lichtschnellen Unterströmung von Veralten kämpften. Die exorbitanten Speichererfordernisse von Microsofts Windows 95 hatten zwei Jahre alte 4-RAM- und 8-RAM-IBMs und Compaqs versinken lassen. Das einstige Macintosh-Imperium war nur noch ein kleiner Teich am Rande der Flut, dümpelte mit den allmählich abtauchenden Apple-Süchtigen dahin. Allein nur den eigenen Platz im Cyberspace zu halten erforderte mehr und mehr Megabytes und Megahertz. Eine solche verworrene Entbehrlichkeit erinnerte Bech unbehaglich an das mögliche eigene Nicht-mehr-gefragt-Sein im Verlauf des kulturellen Wechsels. Giganten seiner Jugend – A. J. Cronin, Louis Bromfield, John Erskine, Pearl S. Buck – waren über den Horizont der lebenden Leserschaft hinweg in die Vergessenheit von Buchausverkäufen in Kleinstädten geglitten. Wie ein Reisender in einem von Einsteins Denkexperimenten konnte er nur zu schnell in einer solchen Rezession schrumpfen, ehe er es selbst als Letzter bemerkte. Bech sah sich in gelehrten Sonderdrucken als «früher postmoderner» oder «post-realistischer» oder «prä-minimalistischer» Schriftsteller charakterisiert, als wäre er, ein Schmetterling von begrenzter Lebensdauer, geboren, um sich zu paaren und in einer bestimmten Sommerwoche zu sterben.

Trotzdem machte es ihm Spaß, Robin in ihrem Laden – in der Third Avenue, nahe der 27th Street, wenige Blocks vom Bellevue entfernt – zu sehen, wie sie dort ruhig und zuverlässig in einem grauen Anzug stand, dessen Jackenaufschläge ausschweiften, um ihren Busen aufzunehmen. Inmitten ihrer Batterie von fensterkittfarbenen Monitoren und Systemeinheits-Gehäusen nahm sie die Petitionen derer entgegen, die zu Sklaven der Computerrevolution geworden waren. Meistens waren es magere junge Männer mit verdorrtem Haar und niemals der Sonne ausgesetzter Haut. Viele von ihnen, vertraute

Robin ihm an, vergaßen zu schlafen oder zu baden, so intensiv gaben sie sich der Keyboard-Kommunion hin. Sie sprach die fremde Sprache dieser Menschen. Sie klang in Bechs Ohren exotisch, erotisch. Er starrte sie gern durch das Schaufenster an, während sie – «mental» – mit einem verzückten Kunden kopulierte. Sie hatte eine raue Art, ihr Haar zu ergreifen, buschig wie es war, und es einen Moment lang aus ihrem Gesicht zu ziehen, ehe sie es zurückschnellen und wieder ihre Züge rahmen ließ, die angespannt waren bei ihren ernsten Ausführungen über die Vorteile beispielsweise, die es brachte, wenn man ein Modem von 14.4 Kilobytes pro Sekunde auf 33.6 kbps heraufstufte. Manchmal ging Bech in den Laden hinein, ein ergrauter Systemfehler in Menschengestalt, und holte Robin zum Lunch ab. Manchmal schlich er sich davon, befriedigt, einen flüchtigen Blick auf diese Prinzessin, die in ihrem Reich schaltete und waltete, geworfen zu haben, verwundert, dass sie am Ende des Tages ihren Weg durch die Schaltkreise der Stadt finden und zu ihm zurückkehren würde. Die Festigkeit einer erotischen Verbindung sagte der getreue Transistor und Mikrochip voraus.

Bech war nicht immer ein Übeltäter gewesen. Früh im Leben hatte er sich dem gewidmet, was eine gute Sache schien, der Kunst. Es war doch amüsant und hilfreich für andere, so stellte er sich vor, als er von der Army zurückkam, einander berührende Stückchen der Welt in Worte zu wenden, Worte, die, wenn richtig arrangiert und gesetzt, einen leuchtenden Schimmer besaßen, der in der wortlosen Realität verloren ging unter dem täglichen Zuwachs an Gewohnheit, Sorge und Langeweile. Und was konnte Kunst schon schaden? Welche Feinde konnten dort sein?

Er musste jedoch entdecken, dass die literarische Welt ein Schlachtfeld war – vermint mit Hass, umstellt von Scharfschützen. Seine ersten Erzählungen und Essays, die in inzwischen eingegangenen Massenblättern wie *Liberty* und in ebenfalls eingegangenen Avantgarde-Zeitschriften wie *Displeasure* erschienen, hatten wenige Kommentare ausgelöst, und seine ersten, im *New Leader* veröffentlichten Berichte aus der Normandie in der Folge der Invasion von 1944, dann über die Ardennenschlacht und schließlich aus Berlin fanden wenig Beachtung in der in Kriegsberichterstattung ertrinkenden Welt des Gedruckten. Doch dann, zehn Jahre später, verursachte sein erster Roman *Travel Light* einige Aufregung, und zum ersten Mal sah er, in gedruckter Form, Bosheit, die gegen ihn gerichtet war. Und es war nicht nur Bosheit, sondern ein absichtliches Missverstehen seiner Intentionen und ein fröhlich-dümmliches Ausplaudern all seiner hübsch kalkulierten Plots und gehorteten und gehegten Tricks. Ein jüdischer New Yorker Schriftsteller, der über Motorradfahrer im mittleren Westen schrieb – das erbitterte manche Kritiker, einige jüdische, einige aus dem mittleren Westen, und der verschlagene Asketizismus seines nächsten Romans, *Brother Pig*, der den Umfang einer Novelle hatte, verärgerte andere: «Der verächtliche Ausdruck des Mittelalters für den menschlichen Körper, den der Autor als Titel benutzt, taugt nur allzu gut», schrieb jemand, eine Kritikerin, in einer Besprechung, «um uns vorzubereiten auf die Orgie jüdischen Selbsthasses, mit dem Mr. Bech seine Bewunderer – es sind wenige, das ist wahr, aber in manchen, rar gewordenen Kreisen seltsam glühende – enttäuschen und abstoßen wird.» Und sein opus magnum, *The Chosen*, mit dem er seinen Kritikern zu gefallen suchte, indem er die ethnische Seite, der er in *Brother Pig* absichtlich ausgewichen war, ins Auge fasste, geriet in ein Sperrfeuer quengeliger Missachtung, und nicht eine einzige all der stachligen Formulierungen hatte seine dünne Haut verfehlt. «Ignorieren Sie die Kretins», hatte sein weiser Bekannter, Norman Mailer, ihm geraten. «Warum lesen Sie den Scheiß überhaupt?», fragte ihn der kluge Joseph Heller. Bech hatte sich bemüht, ihren realistischen Rat zu befolgen, und in der

Mitte seiner Karriere hatte er sich eingebildet, er hätte, wenn auch nicht das dicke Fell eines Rhinozeros, so doch zumindest den ölig glänzenden Rücken einer Ente entwickelt. Er glaubte, die Rezensionen perlten an ihm ab, frostige Tröpfchen, von den schwarzen Wassern Lethes verschluckt.

Doch als er in die Reihen der Älteren aufrückte, waren widrige Sätze aus der fernen Vergangenheit in seiner Erinnerung wieder aufgetaucht, Wort für Wort – «sagt mit überraschendem Aplomb absolut nichts», «zu zahnlos oder schlau, um das rohe Fleisch des Lebens anzupacken», «legt niemals seine samtenen Gymnastikklamotten ab, um ins Schwitzen zu geraten», «die sentimentale Grobheit eines pornographischen Grußes zum Valentinstag», «arabeske Prosa von phänomenaler Bedeutungslosigkeit», «weigert sich oder scheitert bei dem Versuch, seine reaktionären Positionen zu ironisieren», «verträumter Sexismus», «minder, minderer, nichtig» –, und rasselten dröhnend in seinem Kopf, machten ihn an manchen Tagen, während sein Gehirn sich mit anderem zu beschäftigen suchte, dumm vor Wut. Es war, als wären diese Beleidigungen, diese auf ihn geschleuderten Schmutzbälle, diese Flecken auf dem Gewand seiner Berufung nun, da er sich dem Ende näherte, blutende Wunden. Dass eine negative Besprechung auch ein Fehlurteil sein konnte, abgegeben in Hast, zu einem äußersten Termin, für ein paar Dollar, von einem Schreiber, der seine eigenen Probleme und Begrenztheiten hatte, war eine vernünftige und sich verflüchtigende Annahme, an der er, in der Würde seiner Jahre, nicht länger festhalten konnte. *Jede* ungünstige Besprechung, jeder einzelne milde Satz, der eine Einschränkung oder einen Vorbehalt ausdrückte, und war der Artikel sonst auch noch so günstig oder gar bewundernd, stand nun entlarvt da als das Stück reiner Feindseligkeit, das er war – ein Angriff, ein regelrechter Mord, ein durch und durch bösartiger Versuch, ihn zu entwürdigen und zu vernichten. Was kostbar war an Bech und womöglich von Dauer, war nicht sein Körper, der «Bruder Schwein» mit seinem kleinen Ego-Gequieke, sondern sein Œuvre. Eine verächtliche Bemerkung über sein Œuvre war ein Anschlag auf das Selbst, das er besonders wertschätzte. Nach fünfzigjährigem Bemühen, sich über alle Kritik zu erheben, befreite er sich, indem er sie persönlich nahm. Eine wütende Lava – eine säuerliche Empörung, die nach dem Maalox kremiger, mörderischer Befriedigung verlangte – war insgeheim Bechs Wesen geworden, sein engelhaftes Wundsekret.

Die Kritikerin Deborah Frueh, die 1957 *Brother Pig* schlecht gemacht und als eine Anwandlung jüdischen Selbsthasses hingestellt hatte, lebte in sicherer Entfernung von New York, in Seattle, inmitten von New-Age-Mantras und medizinischen Pudern, zwischen Boeing und Mount Rainier. Er bekam ihre weit zurückliegende Besprechung nicht aus seinem alternden Kopf – diese heitere, Argumenten verschlossene Selbstgefälligkeit, diese Gewissheit, dass sie die unaussprechliche Realität, «im Wort zu sein», erfasste, und er, der arme Pseudo-Jude, nicht. Er sann nach einer Möglichkeit, ihrer mit dem langen Arm der Rache habhaft zu werden. Sie lebte noch, er spürte es in seinen Knochen. Sie war jung gewesen, als sie dem jungen Bech ihren grausamen Schlag versetzte, war aber 1979 wieder aufgetaucht und hatte, für die *Washington Post*, eine verletzende, nahezu pathologisch säuerliche Rezension über *Think Big* geschrieben. «Irgendwie hat mich nie etwas für Bech wirklich einnehmen können. Noch da (oder vielleicht gerade da), wo er am blendendsten ist, kommt mir seine Prosa fadenscheinig vor, das glücklose Lied eines glücklosen Mannes, bar jeder ernsten ethnischen Zugehörigkeit und stimuliert nur durch die trivialsten konsumorientierten Aspekte der Vereinigten Staaten ...» Sie, so offenbarte die kurze, diesen Anschlag begleitende biographische Notiz, lehrte an der Universität des Staates Washington englische Lyrik und postkoloniale Romanliteratur. Aus dieser Ferne erreichte ihre abschätzige, pompös kritische Haltung immer seltener die Buchbesprechungskolumnen der Zeitungen des Nordost-Korridors. Vielleicht hatte der Wissenschaftsbetrieb sie zu Derrida'schen, am Ende in Selbstauslöschung kulminierenden Windungen verführt. Doch vor ihm konnte sie sich nicht verbergen, jetzt, da er erwacht und, an der Schwelle der Senilität, ein Mann der Tat geworden war.

Zwar war sie zu feinkörnig, als dass man sie im groben Sieb des *Who's Who* hätte finden können, aber er entdeckte ihre Adresse in dem Verzeichnis *Poets & Writers*, das ein paar wenige kritische Aufsätze und noch weniger von ihr geschriebene Bücher auflistete – alles Kinderbücher mit herzzerreißenden Titeln wie *Jennifers einsamer Geburtstag* und *Der Tag, an dem Daddy nicht nach Hause kam* und *Das Erbe eines Teddybären*. Diese Bücher waren, wie Bech erkannte, ihre Achillesferse.

Die renovierte ehemalige Fabrik, in der er wohnte, hatte jedem ihrer Mieter einen Lagerraum im Keller zugewiesen. Doch diese abgeteilten, mit Vorhängeschlössern versperrten Kammern nahmen mitnichten den ganzen Keller ein: Bei einem Erkundungsgang entdeckte man ferne, spärlich beleuchtete Kavernen, die verrostete Steppmaschinen und ausrangierte Teile enthielten, deren geheimnisvolle Formen Spekulationen darüber auslösten, welchem mechanischen Zweck sie am anderen, klirrenden Ende des Jahrhunderts gedient haben mochten. In einer eine Spur weniger vernachlässigten Abseite bewahrte die Hausverwaltung – eine Immobiliengesellschaft, die ihren Hauptsitz in New Jersey hatte – einige abgestellte Dosen mit Farbe und, an einem Holzgestell hängend, Klempnerbedarf und Tischlerwerkzeug und andere selten gebrauchte Gerätschaften zur Instandhaltung des Gebäudes auf. Der Hausmeister hatte ungefähr ein Dutzend Gebäude in SoHo in seiner Obhut und war nur selten in dem Keller, obwohl ein rissiger und abgewetzter Naugahyde-Sessel, ein Stapel modrig riechender *Hustler*-Hefte und ein sehr alter, grauverkrusteter Aschenbecher mit Ständer, der vor langer Zeit aus irgendeiner Hotelhalle entwendet worden war, auf eine mögliche Anwesenheit schließen ließ, die sich – in den Zeiten vor den Sparmaßnahmen – einer gewissen vulgären Muße hingeben konnte. Bei einem seiner verstohlenen Streifzüge in diese niedrigeren Bereiche von Manhattans verlorenem Industriezeitalter hatte Bech in einem schmuddeligen Winkel, eingepasst zwischen überflüssigen Rohren und einer Reihe ausrangierter Wasseruhren, einen schmalen hölzernen Verschlag gefunden. Die verschlossene Tür bestand aus einem schlichten Türrahmen mit Scharnieren und war da, wo einmal Glasscheiben gewesen sein mochten, mit Maschendraht versehen, der zu mürber Dünne verrostet war. Beim Hineinspähen erblickte Bech ein von Spinnweben überzogenes Versteck von ausgetrockneten dunklen Krügen, angeknabberten Pappschachteln und einem Gerät, das aus einem mit den Jahren hart gewordenen Gummischlauch und einer blechernen Handpumpe, verbogen und rissig geworden und voller Oxydationsflecke, bestand. Seine Aufmerksamkeit blieb an einem dicken Behälter aus braunem Glas haften, dessen Etikett in der steifen und unschuldigen Typographie der vierziger Jahre vor GIFT warnte und ringsherum an den Rändern eine Sammlung von toten Würmern, Kakerlaken, Ratten und Tausendfüßlern in lexikonartigen Bildern zur Schau stellte. Er zerriss das fragile braune Drahtgewebe, bis seine Hand hindurchpasste, und nahm das Gefäß heraus. Es war ungefähr so groß wie eine Kaffeedose und, dem Schwappen nach, noch halb voll. In dem staubigen Licht las er auf dem Etikett, dass unter den Ingredienzen Blausäure war. Ängstlich darauf bedacht, dass er seine Handflächen nicht mit dem tödlichen Gift kontaminierte, trug Bech das ehrwürdige Wurmmittel, in eine vom Hausmeister weggeworfene *Daily News* gehüllt

(Schlagzeile: KOCH SCHMETTERT GOUVERNEUR IN ALBANY AB), nach oben in seinen Loft, wo er den rostigen Deckel erst aufschraubte, nachdem er Robins minzgrüne Gummiküchenhandschuhe angelegt hatte. Er packte fest zu. Seine Zähne mahlten aufeinander; seine Kronen knirschten auf ihren Zahnstümpfen. Der Verschluss gab nach – eine Sekunde später, und seine Halsschlagader wäre geplatzt. Aus fünfzig inzwischen in unterirdischer Stille vergangenen Jahren stieg der in so manchem Kriminalroman erwähnte durchdringende Geruch nach bitteren Mandeln empor. Die Flüssigkeit, die farblos war, schien begierig zu verdampfen, ihre geisterhafte Essenz stieg aus dem offenen Maul des Gefäßes empor.

Er schraubte den Deckel wieder zu und versteckte das Gefäß in der Schublade seines Ablageschranks, in der er die alten Besprechungen seiner Bücher aufbewahrte. Er forschte ein wenig. Blausäure oder Acidum hydrocyanicum war wasserlöslich, und eine winzige Menge – ein paar Tropfen einer nur milden Lösung – verlangsamten den Herzschlag, behinderten die Atmung, erweiterten die Pupillen, führten zu wilden konvulsivischen Bewegungen, verursachten Bewusstseinsverlust und erstickten das Opfer durch den vollständigen Verlust aller Muskelkraft. Zyanide wirkten innerhalb von Sekunden, brachten die Gewebeoxydation zum Stillstand und unterbrachen die lebenswichtigen Funktionen. Das Gesicht des Opfers nahm eine bläuliche Färbung an – nicht zu verwechseln mit Preußischblau, einem unwirksamen Fällungsmittel des Gifts.

Mit schwarzem Kugelschreiber auf blau liniertem Papier schrieb Bech in einer langsamen kindlichen Handschrift einen Fan-Brief an Deborah Frueh. «Liebe Deborah Freuh», schrieb er, mit absichtlichen Rechtschreibfehlern, «Sie sind meine Liplingsschriftstellerin. Ich habe Ihre Bücher immer wieder geläsen. Ich wäre dankbar, wenn Sie die Zeit hätten, die beiden beigefügten Karten für mich und meine beste Freundin Betsey zu signieren und in dem inneliegenden Umschlag zurückzuschicken. Das wäre wirklich toll von Ihnen, und vielen *vielen* Dank im Voraus.» Er unterschrieb mit «Ihr aufrichtiger Fan Mary Jane Mason».

Er schrieb den Brief einmal und dann noch einmal, wobei er den Kugelschreiber so hielt, dass es ihm das Gefühl gab, als hielte er ihn in einer Mädchenfaust. Dann legte er den Brief beiseite und bearbeitete sorgfältig den Umschlag. Er hatte am unteren Broadway eine Schachtel mit 100 billigen Umschlägen gekauft und schon eine Anzahl vergeudet, ehe ihm die richtige Alchemie gelang. Er zog die Gummihandschuhe an. Seine Hände schwitzten darin. Mit einem Papiertaschentuch befeuchtete er vorsichtig den trockenen Gummistreifen innen auf der Umschlagklappe – nicht zu sehr, so, dass das Papier sich nicht wellte. Dann strich er behutsam mit Hilfe eines Glasstäbchens zum Umrühren eines Martini drei, vier Tropfen von dem farblosen Gift auf die feuchte klebende Fläche. Damit es nicht verräterisch bitter schmeckte, wenn man daran leckte, und Deborah Frueh nicht schnell ein Gegenmittel einnahm, süßte er die präparierten Streifen mit etwas Zuckerwasser, das er in einem Orangensaftglas anrührte und mit einem Augentropfer auftrug. Mehrere Male hielt er sich im letzten Moment davon ab, geistesabwesend an der Umschlagklappe zu lecken, um den Geschmack zu prüfen. Er schreckte zurück, es war, als wandelte er am Rand eines Kliffs und wäre um ein Haar gerutscht und kopfüber hinab in die preußischblaue See des Erstickens und Vergessens gestürzt. Mitten im Leben sind wir nur einen Fehltritt vom Tod entfernt.

Der Nachmittag schwand dahin; das Getöse des dem Tunnel zustrebenden Verkehrs auf der Houston Street erreichte unbemerkt sein Crescendo; die Fenster in der Gusseisenfassade gegenüber in der Crosby Street spiegelten ungesehen das flammende Bernsteinrotbraun der untergehenden Sonne. Bech keuchte leise vor angespannter Konzentration. Ihm lief die Nase; er wischte sie sich immer wieder mit einem bebenden Taschentuch. Sein mit Gegenständen übersäter Schreibtisch – ein altes Ungetüm aus Restbeständen der Army, mit grünen Metallseiten und einer schwarzen Plastikplatte – erinnerte ihn an Kunstunterrichtsprojekte in der Public School 87, ehe sein Vater ihn achtlos nach Brooklyn verpflanzt hatte. Er und seine Altersgenossen hatten kleine Metropolen aus Cornflakesschachteln gebaut, Schmetterlinge aus Buntpapier und weißem Klebstoff gemacht, Scherenschnitte, aus denen rote Herzen und schwarze Profile von George Washington wurden; sie hatten sogar Ostereier und Christbäume aus Papier gebastelt unter der Anleitung ihrer jungen, steifen irischen und deutschen Lehrerinnen, die ohne Furcht vor Protesten ihre kleinen jüdisch-amerikanischen Schüler in den christlichen Kalender entführt hatten. Die Umschläge der Illustrierten am Zeitungskiosk, die Weihnachtslieder im Radio, die Dekorationen an den Klassenfenstern – alles damals zeugte von einer einzigen Kultur, die tief in der Wirtschaftskrise steckte, und dem erschöpften Mythos von jenem gojischen jungen Juden, der seinen Weg von Bethlehem nach Golgatha zurückgelegt hatte, eine Lebensreise, die immer noch von Kindern mit Buntpapier, Pappe und Klebstoff gefeiert wurden.

Bech dachte angestrengt über die Rücksendeadresse auf dem Umschlag nach, die, war der verhängnisvolle Köder erst einmal angenommen, ein gefährliches Indiz werden konnte. Ehe es voll wirkte, ließ das Gift Deborah Frueh vielleicht die Zeit, das Ding zu verschließen, das in der Konfusion nach ihrem Tod dann vielleicht noch in die Post gegeben würde. Das wäre geradezu perfekt – das Indiz einem kontinentalen Postsack überantwortet und eingetroffen mit der Reklamepost in irgendeinem gewöhnlichen amerikanischen Haushalt. Im Adressbuch von Westchester County fand er einen Mason in New Rochelle, und aus der Faust heraus schrieb er die Adresse unter den Namen seines Phantom-Frueh-Fans. Während er den Umschlag faltete, meinte er ein feines Knistern zu hören – mikroskopisch feine Zucker- und Zyanid-Kristalle? Sein von diesem Jahrhundert der Gräuel und der Gottlosigkeit ausgetrocknetes Gewissen, das zu neuem Leben zu erwachen versuchte? Er schob den gefalteten Umschlag mit dem Brief und vier (warum nicht großzügig sein?) Karteikarten in den gewissenhaft in unreifer, mädchenhafter Handschrift adressierten Briefumschlag. Als er die Briefmarke anleckte, dachte er an den Prozess gegen O. J. Simpson und die verräterische Komplexität eines DNS-Beweises. Samen, Blut, Speichel – alles enthielt die ganze Person, zusammengerollt in Bändern eines mikroskopischen Codes. Überall wo wir spritzen, tröpfeln oder spucken, können wir aufgespürt werden. Bech, sparsam, wie er war, klebte die mit der Zunge angeleckte Briefmarke auf einen unbeschrifteten Umschlag und befeuchtete die für Deborah Frueh bestimmte mit der unter den Wasserhahn gehaltenen Ecke eines Papiertuchs, ehe er sie aufdrückte.

Die hohen alten wackligen Fenster gegenüber in der Crosby Street warfen ein skizzenhaftes orangefarbenes Netz reflektierten Lichts in seinen Loft. Ehe Robin von der Arbeit nach Hause kommen und Neugier angesichts der Unordnung auf seinem Schreibtisch bekunden konnte, räumte er auf. Die Papiertücher und das verdorbene Briefpapier kamen zu den Küchenabfällen, den tödlichen Krug tat er wieder in die Schublade mit den alten Buchbesprechungen, die nur für ihn von Interesse waren – nur für ihn und eine winzige Schar von Bech-Forschern, die allmählich ausstarben und deren Reihen nicht durch jüngeren Nachwuchs aufgefüllt wurden. Selbst der für seine Archive in der NYU zuständige Bibliothekar hatte Mangel an Interesse für seine vergilbenden Zeitungsausschnitte bekundet – zu denen so liebevolle Schnipsel gehörten wie Bechs Aussprüche, die unter der Rubrik «Anschauliche Äußerungen und Plaudereien» in *Reader's Digest* zitiert worden waren; er sagte, dass alte Zeitungsausschnitte «ein schreckliches Konservierungsproblem» darstellten.

Bech zog die Gummihandschuhe aus und eilte unter lautem Pochen seines geschundenen Herzens hinunter, um Mary Jane Masons Fan-Brief in den Kasten zwischen Prince und Spring Street einzuwerfen. Ein unheimlicher lachsroter Sonnenuntergang hing in Richtung New Jersey am Himmel. Die Straßen wimmelten von den Lebenden und den Schuldlosen, die in den horizontalen Strahlen des Tages, blinzelnd vom Zucken der Subway und einem langen, an Computerterminals verbrachten Tag, heimwärts strebten. Die schmalen Straßen und niedrigen Geschäftshäuser vermittelten die geschäftige Intimität eines Bühnenbilds, halb beleuchtet, während der Vorhang sich hebt. Bech zögerte eine Sekunde, ehe er seine Botschaft dem blauen, mit Graffiti besprayten Kasten überließ, der dort vor Victoria's Secret stand. Ein zartes japanisches Paar mittleren Alters in knolligen Touristensneakers warf scheue Blicke auf ihn, dieses Stück Lokalkolorit mit seinem fedrigen weißen Haar, seiner aggressiv langen Nase, seinem gebeugten Schreibtischarbeiterrücken. Eine flotte schwarze Frau mit perlendurchwirkten abstehenden, rasselnden Zöpfen kam nach ihm mit einem Arm voll frei gestempelter gelber ‹22 mal 30›-Zentimeter-Briefumschläge und wartete ungeduldig darauf, ihre massivere, aber weniger tödliche Fracht einzuwerfen. Bech erstickte seine Zweifel. Der Regierungskasten tönte hohl, als sein Deckel sich wie eine flache breite Zunge über dem unergründlichen Inneren von Sortierung und Zustellung schloss, dem er seine Botschaft anvertraute. Sein Leben lang war er ein glühender Verehrer der Post gewesen. Dies war nur eine weitere Einsendung.

Morgen für Morgen verging, ohne dass die *Times* ein Wort über das Dahinscheiden Deborah Fruehs enthielt. So wie sie nicht im *Who's Who* stand, war sie vielleicht ein zu kleiner Fisch, um in das Nachrufnetz der *Times* geraten zu sein. Doch bedachte man nicht in respektvoller Länge den Tod Hunderter von Menschen, von denen Bech nie gehört hatte? Ehemalige Stadtverordnete, Priorinnen im Staat New York gelegener Konvente, Richter aus New Jersey, aufrechte Männer in eingegangenen Fernsehkomödien, Gründer von Hundeausführdiensten in Manhattan – alle bekamen ihren Raum, ihre gemeißelten Absätze, ihren Abschiedssalut. Als Robin bemerkte, mit welcher Gier er jeden Morgen die hinteren Seiten der «Metro Section» der *Times* aufschlug, fragte sie ihn: «Wonach suchst du?»

Er konnte es ihr nicht sagen. Seine notwendige Verschwiegenheit begann schon ihre Beziehung zu vergiften. Wir alle sind versiegelte Behälter von gasigen Phantasien und Feindseligkeiten, aber ein tatsächliches Geheimnis mit seinem Flüssigkeitsgewicht leckt, sickert durch, und sei es nur in Gestalt der Vorsicht, mit der man spricht, als ob man einen Kieselstein im Mund hätte. «Nach Namen, die ich kenne», sagte er, «Leuten, die ich einst kannte.»

«Henry, ich finde das reichlich morbide. Hier, ich bin durch mit dem Feuilleton und dem Sportteil.»

«Ich habe genug über Kunst und Sport gelesen», sagte er zu dieser herrschsüchtigen Frau, «es reicht mir bis ans Grab.» Sterblichkeit war neuerdings sein Steckenpferd.

Er ging zur Öffentlichen Bücherei, zu der Zweigstelle Hamilton Fish Park drüben an der East Houston Street, und fand in der Kinderbuchabteilung eines von Deborah Fruehs Büchern, *Jennifers einsamer Geburtstag*, und lieh es aus. Er las es und schrieb ihr einen weiteren Brief, diesmal mit blauem Kugelschreiber auf unliniertem Briefpapier mit einer kleinen an Peter Max erinnernden Elfengestalt in der oberen Ecke, die Art

Briefpapier, wie sie Onkel oder Tanten vielleicht einem sehr jungen Mädchen zum Geburtstag schenken. «Liebe Deborah Frueh», schrieb er, «ich liebe ihr aufregendes Werk. Ich liebe in *Jennifers einsamer Geburtstag* die Art, wie Jennifer erkennt, dass es trotz allem ein richtig schöner Tag war und dass man sich im Leben nicht darauf verlassen darf, dass andere einen unterhalten. Man muss sich selbst unterhalten und sich etwas ausdenken. In der Bücherei bei uns habe ich mich für *Der Tag, an dem Daddy nicht nach Hause kam*, vormerken lassen. Ich hoffe, es ist nicht zu traurig. Ich mochte das positive Ende von *Jennifers einsamer Geburtstag*. Von *Das Erbe eines Teddybärs* haben sie in der Bücherei noch nie gehört. Ich weiß, dass Sie viel zu tun haben und noch mehr Bücher schreiben müssen, aber ich hoffe, Sie können mir ein Foto von sich schicken, für die Wand in meinem Zimmer, und wenn Sie zu viel zu tun haben, signieren Sie bitte diese Fotokopie von dem Bild auf dem Umschlag von *Jennifers einsamer Geburtstag*. Ich mag, wie Sie Ihr Haar kämmen, genau wie meine Tante Florence, hinten hoch. Anbei finden Sie einen frankierten Umschlag, mit dem Sie es mir schicken können. In der Hoffnung auf Antwort, Ihre Judith Green.»

Miss Green war in Bechs Vorstellung ein Jahr älter als Mary Jane Mason. Sie verschrieb sich fast nie und hatte ihre Mittelschülerinnenschrift selbstbewusst in eine modische Druckschrift verwandelt, mit der Bech sich mehrere Stunden abmühte, ehe er die richtige mädchenhafte Plumpheit in die «o»s und «m»s bekam. Er versuchte, statt der Punkte kleine Kreise über die «i»s zu malen, verwarf sie aber schließlich als nicht überzeugend. Doch riskierte er am Ende ein kleines fröhliches Gesicht mit einem Lächeln und mit einem Band im Haar. Er verstärkte die Dosis Blausäure auf der Umschlagklappe und nahm weniger Zuckerwasser. Wenn Deborah Frueh daran leckte – er malte sich aus, dass sie es begierig und gründlich tat, dass sie mehrmals mit ihrer bösartigen, gespitzten Zunge darüber fuhr –, würde sie die Bitterkeit zu spät bemerken. Die eifernde alte Hexe würde nie erfahren, was sie traf.

Der Poststempel war ein Problem. Mary Jane oben in New Rochelle konnte durchaus einen Vater gehabt haben, der, wenn er morgens mit voller Aktentasche aufbrach, ihren Brief mitnahm und in New York einsteckte; aber zwei Briefe nacheinander aus Manhattan, da mochte sie den Braten riechen, zumal wenn sie auf die erste Bitte reagiert hatte und sich noch elend fühlte. Bech nahm die Fähre vom World Financial Center nach Hoboken und belohnte sich mit der Bootsfahrt über den Hudson River. In einer Telefonkabine nahe dem Terminal schlug er nach und entschied sich für eine Familie Green in der Willow Street; das sollte die Familie der kleinen Judy sein. Hoboken löste in ihm wehmütige Erinnerungen an die Zeit der Depression aus. In dem dicht bebauten Hafenstädtchen aus der Vergangenheit mit seinen schmiedeeisernen Balustraden ging er in eine altmodische schmuddelige Kneipe in der Washington Street; hölzerne Nischen mit Bänken und Tischen, Barhocker an einer Theke, und die Gerichte und ihre Preise standen oben in beweglichen weißen Lettern auf einer geriffelten schwarzen Tafel. Er setzte sich in eine der Nischen. Er brauchte einen Tisch, um die Adresse auf den Rückumschlag zu schreiben. Für den Fall, dass er den Umschlag verdarb, hatte er einen Ersatzumschlag mitgebracht, mit einer pastellfarbenen Elfe in der unteren linken Ecke. Aber die Adresse geriet gut, wie ihm schien. Zu guter Letzt setzte er noch ein Smiley-Gesicht unter die Leitzahl.

Kunst machte ihm Appetit. Er bestellte Leber mit Zwiebeln von den angebotenen Mittagsgerichten, etwas, das er seit Jahren nicht mehr gegessen hatte. Das gebratene Stück Eingeweide war von länglichen Blasen blutgefärbten Fetts gerahmt. Er aß alles auf, rülpste und schmeckte die Zwiebeln nach. Er warf seinen Brief in einen kleinen Kasten auf einem Zementpfosten – er hatte nicht gewusst, dass es solche Kästen noch gab –, und nahm die Fähre zurück nach Manhattan. Seine Nerven sirrten. Seine Augen verengten sich unter dem Geglitzer des Flusses. Auch die anderen Passagiere empfanden das Erregende an diesem Übergang auf dem Wasserweg; sie schnatterten Spanisch, Chinesisch, Ebonics.

Was hatte doch Whitman über solche Überquerungen geschrieben? *Flut unter mir! Ich sehe dich von Angesicht zu Angesicht!* Und später, wo er so eindringlich aus dem Grabe spricht: *Wie ihr euch erfrischt an des Flusses Fröhlichkeit und heller Flut, so erfrischte ich mich daran. / Wie ihr steht und am Geländer lehnt und doch hineilt mit der geschwinden Strömung, so stand ich, doch es zog mich dahin.* Das «doch es zog mich dahin» war brillant in all seiner brillanten Whitman'schen Schlichtheit. Bald, dachte Bech, würde auch er tot sein und hinaufblicken durch die fließenden Wasser auf die noch ungeborenen Generationen, sein blutleeres Gesicht trauriger als das Whitmans, denn trotz all seines Strebens und Ringens war er – laut Lucas Mishner, der sich kürzlich in das wirbelnde Gewühl der Unterwelt eingereiht hatte – nie vom Erhabenen Amerikas berührt worden.

Bestimmt nicht, verdammt nochmal. Bechs eilendes Herz summte den ganzen Weg die Church Street hinauf zur Warren Street, dann rüber nach City Hall und den Broadway rauf und nach Hause. *Auch ich ging in den Straßen von Manhattans Insel … / Ich bin es, der wusste, was schlecht sein hieß, / Auch ich knüpfte den alten Knoten des Widerspruchs, / Schwatzte, schämte mich, schmollte, log, stahl, hasste …*

Eine Woche ging dahin. Zehn Tage. Der Tod, den er begehrte, wurde in der *Times* nicht gemeldet. Er überlegte, ob Fanpost von einem Jungen womöglich eine bessere Antwort zeitigte, ein enthusiastischeres, heterosexuelles Lecken an der Klappe des Rückumschlags. *«Liebe Deborah Freuh»*, tippte er, die abscheuliche Schreibschrift, die sein IBM PS/1 anbot, nutzend:

Sie sind eine große Schriftstellerin, die größte auf der Welt, finde ich jedenfalls. Ihr Buch, das mit dem Titel «Der Tag, an dem Daddy nicht nach Hause kam», hat mich fertig gemacht, so traurig war es und so wahr. Wie die kleine Katrina ihren Babybruder Sam tröstet und erkennt, dass sie jetzt alle Daddy füreinander sein müssen, das ist so wahr, dass es wehtut. Ich habe etwas Ähnliches erlebt. Ich wette, Tausende von Ihren Lesern haben das. Ich will nicht, dass Sie noch mehr von Ihrer Zeit mit dem Lesen dieses Briefes verschwenden, damit Sie bald wieder noch so ein Superbuch schreiben können, aber es wäre sensationell, wenn Sie den beigefügten Ersttagsumschlag zu Ehren von Sarah Orne Jewett signieren würden; sie war die größte amerikanische Schriftstellerin, ehe Sie aufgetaucht sind. Selbst falls Sie gegen das Signieren sind, wäre ich Ihnen dankbar, wenn Sie ihn in dem beigefügten adressierten und frankierten Umschlag zurückschickten, da ich Sammler bin und das ganze Taschengeld von einer Woche bei dem Hobbyladen hier in Amityville, Long Island, NY, dafür ausgegeben habe. Signieren Sie bitte auf der Bleistiftlinie, die ich gezogen habe. Ich radiere die Linie hinterher aus, wenn Sie signiert haben. Ich freue mich, recht bald von Ihnen zu hören.

Ihr sehr ergebener
Jason Johnson, Jr.

Jungen waren offenbar, wie Bech im Verlauf dieses Bauchrednerakts entdeckte, ein bisschen abenteuerlustiger und draufgängerischer in ihrem Denken als Mädchen. Vielleicht sollte er Jasons wortreichen Erguss etwas beschneiden. Der Wortprozessor, sein reibungsloses Geklapper, begünstigte, wie Akademiker schon seit Jahren beklagten, den Hang zur Weitschweifigkeit. Andererseits hatte Featherwaite verkündet, Bech sei weitschweifig, als er noch eine mechanische Schreibmaschine benutzte, eine tragbare Smith-Corona. Er beschloss, dem Jungen seinen Redefluss zu belassen.

Es war eine hübsche Abwechslung in dem allzu gleichmäßigen Tenor seiner Tage, mit der Long-Island-Bahn nach Amityville hinauszufahren und Jason Johnsons Brief dort aufzugeben. Schon der Besuch der Penn Station eröffnete eine frische Perspektive – die römische Großartigkeit, Bech aus seiner Jugend vertraut, der einstige Tempel der pendelnden Fortuna, nun reduziert auf diese unvornehmen Decken und ärmlichen Passagen. Und dann, nach den Hochbahnblicken auf die Teerdächer von Queens, die rührenden Vorstadtbahnhöfe, wie so viele gedrechselte viktorianische Spielsachen, mit ihrem sorgfältig verfugten Mauerwerk und den glänzenden Reihen geparkter Autos und den Streifen kleiner Vorstadtparkanlagen. Jeder Halt bedeutete Glückseligkeit für Tausende und erinnerte ihn an seine eigenen Vorstadtzeiten in Ossining, als er mit Bea verheiratet und Stiefvater von zwei Mädchen, Zwillingen, und einem kleinen Jungen gewesen war. Er hatte sich unbehaglich gefühlt in jenen Jahren, ein Jude mit drei Morgen Land und einem Hund und einem Wagen, als wohnte er in jemandes anderen Traum; aber war nicht Amerika schließlich und endlich das Land, wo man immer in einem Traum lebte, einem Traum, der nicht durch das eigene Unterbewusste, sondern durch das kollektive Unbewusste von Millionen bestimmt wurde? Er war nicht unglücklich gewesen, bis die Luftblase angestochen wurde und New Yorks bleierne Schwerkraft ihn wieder zurückgesogen hatte. In Amityville fand er einen geeigneten Johnson – am Maple Drive – und gab Jasons Brief auf und verzehrte ein Blatt- und Gurkensalat-Sandwich in einer Salatbar, die voll war von Vorstadtfrauen und ihren zappeligen kleinen Sprösslingen. Dann fuhr er in die Stadt zurück, und jede Station war dichter umgeben von schäbigeren und mehr und mehr kommerziellen Gebäuden, und der Schienenstrang verlief wieder erhöht und dann, unter einem schwarzen Heulen, begraben, unterirdisch, unter dem Fluss, unter der Stadt, bis der Zug wieder in der Penn Station hielt und die Passagiere ausspuckte in ein grelles, gefährliches Wirrwarr von Konsumenten umwerbenden Schmeicheleien, geistesgestörten Bettlern und privaten dunklen Geschäften.

Vier Tage später war es da, in einer zwanzig Zentimeter hohen Spalte der *Times*: der Tod Deborah Fruehs. Angesehene Pädagogin, auch bekannt als Kritikerin und als Autorin von Kinderbüchern. Hatte früher wissenschaftliche Aufsätze über die englischen Metaphysiker und Swinburne und seinen Kreis veröffentlicht. War plötzlich erkrankt, während sie an ihrem Schreibtisch in ihrem Haus in Hunts Point bei Seattle saß. Geboren in Conshohocken bei Philadelphia. Besuchte das Barnard College und die Duke University, wo sie graduierte. Die genaue Todesursache musste noch festgestellt werden. Sie sei letzthin kränklich gewesen – ihr Gewicht ein beharrliches Problem –, hatten Kollegen von der University of Washington berichtet, aber nicht ernstlich krank. Sie hinterließ eine Schwester, Edith, die in Ardmore, Pennsylvania, lebte, und einen Bruder, Leonard, in Teaneck, New Jersey. Eine von vielen todlangweiligen Todesnachrichten für jeden Leser, außer für Henry Bech. Er wusste, welch tödliches Gift die Zähne der Dahingeschiedenen bereitgehalten hatten.

«Was ist passiert?», fragte Robin über den Tisch hinüber.

«Nichts ist passiert», sagte er.

«Warum machst du dann so ein Gesicht?»

«Was für ein Gesicht?»

«Wie einer, der gerade erfahren hat, dass er eine Million Dollar gewonnen hat, sich aber nicht sicher ist, was er angesichts all der Steuerprobleme davon hat.»

«Was für eine seltsame, ungehindert blühende Phantasie du hast», sagte er. «Ich frage mich, ob das Verkaufen von Computern deinen vielen Begabungen gerecht wird.»

«Lass mich die Seite sehen, die du gerade liest.»

«Nein, ich lese sie noch.»

«Henry, willst du mich zwingen, dass ich aufstehe und um den Tisch rumkomme?»

Er gab ihr die mit Cremecheese befleckte Seite mit den Nachrufen, die sich am Ende der Section C der Zeitung befand, denn es war Samstag, und die Zeitung war die Wochenendausgabe. Robin, deren gerundete Kaumuskeln zu beiden Seiten ihres breiten Kinns gedankenvoll die letzten milchigen Krumen ihres Kleieflockenmüslis zermalten, ließ ihre flinken braunen Augen die Kolumnen auf und ab gleiten. In ihren Augen waren Punkte von einem Rot wie das Fell eines Fuchses. Die Morgensonne, die schräg durch das große Loftfenster fiel, entzündete ein Muster von Licht, von weiß schimmerndem Flaum entlang ihrem Kinn. Ihre Augenwimpern glitzerten wie eine Reihe von Tautropfen auf einem Spinnenfaden. «Wer ist Deborah Frueh?», fragte sie. «Hast du sie gekannt?»

«Eine schreckliche Literaturxanthippe», erwiderte er. «Ich habe die Dame nie getroffen, und es tut mir nicht Leid um sie.»

«Hat sie je über dich geschrieben oder etwas von dir besprochen?»

«Ich glaube ja, ein- oder zweimal.»

«Positiv?»

«Nicht unbedingt.»

«Sehr negativ?»

«Das könnte man sagen. Ihre Vorbehalte meinem Werk gegenüber kannten keine Grenzen, wie ich mich vage erinnere. Du weißt, ich beachte Besprechungen nicht weiter.»

«Und der Engländer letzten Monat, der vor den Subway-Zug gefallen ist – hast du zu dem nicht auch irgendeine Verbindung gehabt?»

«Liebling, ich veröffentliche seit über fünfzig Jahren. Ich habe oberflächliche Verbindungen zu jedem von diesen Pressegaunern.»

«Du bist letzthin nicht mehr ganz du selbst gewesen», sagte Robin und sah ihn an. «Du hast irgendein Geheimnis. Du redest mit mir nicht mehr so unbekümmert, wie du es früher getan hast. Du hältst etwas zurück.»

«Tue ich nicht», sagte er, obwohl er es hasste zu lügen, und genoss in vollen Zügen den Gedanken an Deborah Fruehs Auslöschung. Er überlegte, was der fetten Harpyie wohl in der letzten Sekunde durch den Kopf gegangen war, als das schrecklich schmeckende Zyankali in ihre Speiseröhre schnitt und den Oxydationsprozess in ihren Zellen stoppte. An ihn hatte sie sicher nicht gedacht. Er war nur einer von Hunderten von Schriftstellern, die sie an ihre Plätze verwiesen hatte. Er war dreitausend Meilen entfernt, der anonyme Erzeuger Jason Johnsons, Jr. *Sic temper tyrannis*, du salbaderndes, drangsalierendes, eiferndes Weib.

«Sieh dich an!», rief Robin in einem so hohen Ton, dass ihr Glas mit Orangensaft überrascht erschauerte. «Dein triumphierendes Gesicht! Henry, du hast sie getötet!»

«Wie sollte ich das getan haben?»

Sie ließ sich nicht beirren. Ihre Augen verengten sich. «Auf die Entfernung, irgendwie», vermutete sie. «Du hast ihr etwas geschickt. Vor zwei, drei Tagen, als ich nach Hause kam, hing hier so ein komischer Geruch im Raum, als ob irgendwas gebrannt hätte.»

«Das ist doch faszinierend», sagte Bech. «Wenn ich deine

Phantasie hätte, wäre ich ein zweiter Balzac.» Er plapperte weiter, um sie von ihren erschreckenden Erkenntnissen abzulenken. «Ein anderer von meinen beharrlichen Kritikern, Aldie Cannon – er war eine Hauptstütze von *The New Republic*, ist jetzt aber bei PBS und im Internet –, sagt ich könne mir nichts ausdenken. Und ich sei ein Frauenhasser.»

Robin dachte noch immer nach, ihr glattes junges Gesicht rätselte an den Verbrechen herum, an denen sie eine wenn auch blinde Mittäterin war. Sie sagte: «Ich nehme an, es hängt davon ab, wie du ‹Hass› definierst.»

Aber er liebte *sie*. Er liebte die luxuriöse seidige Weiße ihres leicht fülligen jungen Körpers, die besänftigende Kühle ihres im Prinzip auf Tatsachen gerichteten Geistes. Schönheit, so sagten die Zeitungen in jenem Sommer, ist eine Frage, wie man den Durchschnitt sieht – Kleinkinder und Erwachsene fühlen sich gleichermaßen mehr von Fotografien angezogen, die eine gestaltete Kombination von Gesichtern wiedergeben, als von dem Ebenbild eines spezifischen Gesichts. Was wir begehren, ist das Supernormale, ein glatter statistischer Durchschnitt; doch kommt es unweigerlich immer in einer einzigartigen Verpackung, fragil, kostbar. Er konnte diese Mauer zwischen ihnen, diese hässliche Hartfasertrennwand im lichterfüllten Loft ihrer Intimität nicht länger aufrecht erhalten.

Am nächsten Tag brachte die *Times* eine kleine ergänzende Meldung auf derselben Seite, auf der die tägliche Buchbesprechung und die Bücheranzeigen standen. Die kurze Notiz war im Grunde komisch im Ton, denn wer sollte schon eine ältliche, übergewichtige Buchkritikerin und Jugendbuchautorin ermorden? Es hieß, die Polizei von Seattle habe bei der Autopsie verdächtige chemische Spuren in Fruehs Leiche gefunden. Sie kreisten ihn ein. Bech geriet in Panik. Er würde auf den elektrischen Stuhl kommen. In ganz Ossining würden die Lichter schwächer werden, wenn sie den Schalthebel umlegten. Er vertraute sich Robin an. Die Wahrheit stieg ununterdrückbar in seiner Kehle auf wie das saure Brennen bei partiellem Erbrechen. Wie er den massigen Schwarzen gestoßen hatte, der seinerseits eine Gestalt stieß, die Featherwaite stieß. Wie er an Deborah Frueh drei Fan-Briefe geschrieben hatte, jeweils mit vergifteten Rückumschlägen. Sein Glaube oder auch Irrglaube, bevor er sterbe, habe er die Pflicht, die Welt von Kritikern zu befreien, zumindest von den verdächtig bösartigen. Robin hörte zu; sie ruhte in Claire Hoaglands altem Frotteebademantel in seinem braunen Sacksessel. Sie hatte geduscht, sodass ihre Füße babyhaft rosa waren an den Seiten, unter dem Marmorweiß des Spanns mit seinen dünnen blauen Venen. Es war Sonntagmorgen. Die Glocken in dem finsteren ummauerten Konvent Ecke Prince und Mulberry Street hatten ihren unbeachteten Ruf verkündet. Robin sagte, als er fertig war: «Henry, du kannst einfach nicht rumgehen und Menschen abmurksen, als existierten sie nur auf dem Papier.»

«Das kann ich nicht? Und wer sagt das *ihnen*? Denn genau das haben sie mit mir versucht, mich zu eliminieren, auf dem Papier. Sie haben versucht, mich aus dem Geschäft zu drängen. Sie haben meine Unsicherheiten ausgebeutet, um meine Kreativität zu ersticken. Und beinahe wäre es ihnen gelungen. Ich habe bei weitem nicht so viel geschrieben, wie ich hätte schreiben können.»

«War das ihre Schuld?»

«Teilweise», schätzte er. Vielleicht hatte er sich selbst ins Unglück gestürzt, indem er diesem eingebildeten Kind sein Herz ausschüttete. «Okay. Zeig mich an. Geh zu den Bullen.»

«Den Bullen?»

«Zur Polizei – hast du den Ausdruck noch nie gehört? Wie ist es mit ‹Polente› oder ‹die Schweine›?»

«Auch so habe ich sie nie nennen hören.»

«Mein Gott, bist du jung. Was habe ich jemals getan, um dich zu verdienen, Robin? Du bist so rein, so aufrichtig. Und jetzt hasst du mich.»

«Nein, tue ich nicht. Ich habe vielleicht gedacht, ich würde dich hassen, aber tatsächlich mag ich dich mehr als je zuvor.» Sie sagte nie «ich liebe dich» – dafür war sie zu post-jüdisch. «Ich finde, du hast bewiesen, dass du Eier aus Stahl hast, denn du hast deine Ressentiments in Taten umgesetzt, statt sie in Kunst zu sublimieren.»

Eigentlich mochte er es nicht, wenn junge Frauen «Eier» sagten oder einen Mann «Arschloch» nannten, aber heute erregte ihn die nüchterne Unverblümtheit. Sie, er und seine Geliebte, waren in einen neuen Bereich vorgestoßen, ein Computer-Universum, wo es weder Schande noch Schuld gab, wo Moral so wenig zählte wie auf einem Intel-Chip. In diesem mit dem Scanner überprüfbaren Universum gab es nur größere oder geringere Fleckchen von Elektrizität, und Gewalt und Sexualität waren die größeren Flecke. Sie stand auf und öffnete ihren Bademantel. Als Martina das wenige Jahre zuvor hier, in diesem Loft, getan hatte, war ein nahrhafter Geruch wie von warmem Teig von ihr ausgegangen; aber Robin hatte keinen starken Geruch, nicht einmal zwischen den Beinen. Sie verströmte einen zarten Babyduft, einen Hauch von saurer Milch; sonst war ihr Körper noch im Stadium der Präodoration, sodass Bechs eigene Düfte, das Produkt von über sieben Jahrzehnten der Marinierung in der Schmach organischen Lebens, hervorstach wie Schmierflecke an einer weißen Vinylwand. Wenn er in sie eindrang, fühlte Robin sich an wie ein frisches Gehäuse, und ihre Spasmen kamen schnell, eine perlende Reihe von Orgasmen, die fast etwas Bemitleidenswertes hatten ihrer Gewohnheit wegen, einen seiner Daumen tief in ihren Mund einzusaugen, wenn sie kam. Als das vorbei war und ihrer beider

Pulsschlag sich wieder ausbalanciert hatte, sah sie ihn an, und in beiden Augen schimmerte die Fuchsfelliris erwartungsvoll, kindlich. «So, und wen willst du als Nächsten erledigen?», fragte sie. Ihre Pupillen, winzige Tintenfässer, so tief wie der Zenit des Nachthimmels, waren vor Erregung geweitet. Er strich ihr das Haar aus dem Gesicht und ließ das drahtige Gewirr wieder nach vorn springen.

«Na ja», räumte Bech widerstrebend ein, «Aldie Cannon *ist* schon sehr lästig. Ein Klugscheißer in den Vierzigern, von der Westküste irgendwo. Palo Alto, vielleicht. Einer von diesen überflinken agilen lebensfremden Denkern – was immer ihm einfällt, muss ein Gedanke sein. Zuerst war er dauernd in *The Nation* und *The New Republic* zu lesen, dann katapultierte er sich in die Umlaufbahn von *Vanity Fair/GQ*, wo er über Filme, Bücher, Fernsehen, Musik oder was auch immer schrieb, eine Autorität für jede Sorte *shlak*, und dann wechselte er mehr und mehr zum Radio und Fernsehen über – da lieben sie diesen Typ, eine Dreißig-Sekunden-Meinung über alles und jedes, bing, bam –, und bis jetzt ist das im Prinzip alles, was er macht, das und dass er irgendwelchen Schrott im Internet schreibt, er hat seine eigene Website, was weiß ich – die Leute schicken mir jedes Mal Ausdrucke, wenn er wieder irgendwas über mich von sich gibt, ich wünschte, sie unterließen es.»

«Was ist das, was er von sich gibt?»

Bech verlagerte sein Gewicht von seinem Ellenbogen weg, der ihm wehtat. Jedes Gelenk seines Körpers tat weh, wenn er es auch nur wenig benutzte. Sein Leib wollte sich zurückziehen, aber sein rasender Geist ließ es nicht zu. Er legte den Kopf auf das Kissen neben Robins Kopfkissen und starrte an die erst kürzlich eingezogene Decke aus Polystyrene-Dämmplatten, die von winzigen Pünktchen perforiert waren. Die Pünktchen waren absichtlich unregelmäßig verteilt und erinnerten an die Berge und Täler einer unauffälligen ungefährlichen Landschaft, die noch nicht zu Städten geronnen war. Das Schlafzimmer war, mit Hilfe von Hartfaserplatten und Holz, von den großem Raum des Lofts abgeteilt worden, mitsamt der eigenen Zimmerdecke – wie ein Käfig im Zirkuszelt. «Er sagt, ich sei die Verkörperung alles Rückschrittlichen und Unaufgeklärten in der präelektronischen amerikanischen Literatur. Er sagt, meine männlichen Gestalten seien sexbesessene narzisstische Rohlinge, und alle meine weiblichen Gestalten lediglich anatomisch korrekte Puppen.»

«*Ooh*», murmelte Robin, als wäre sie sanft getroffen worden von einem Stück roher Gerechtigkeit.

Bech sprach gekränkt weiter: «Seit zwanzig Jahren fährt er nun schon billig auf dem Trittbrett des Feminismus mit und sagt ‹Neinnein› und ‹Zu schade› zu jedem Roman von uns älteren Autoren, in dem es nicht um einen ausschließlich männlichen Trupp im Zweiten Weltkrieg geht, der von einer Schar engelhafter Rotkreuzschwestern gerettet wird. Er ist verheiratet gewesen, aber niemals länger, und man erzählt sich, der Sachverständigenausschuss habe noch nicht über seine sexuelle Orientierung entschieden. Physisch ist er ein Waschlappen – dicke Hornbrille und ein Haarschnitt wie eine Zahnbürste. Er hat sich im Fernsehen nie mit George Gobel messen können. Du bist zu jung, um dich an George Gobel erinnern zu können.»

«Aber er ist clever», warf Robin ein. «Clever genug, dass dir unter die Haut geht, was er sagt.»

«Er ist clever – falls flotte billig bissige Bemerkungen und ein aufgepeppter Pseudo-Showbusinessjargon clever sind, dann ja.»

«Was hat er sonst noch über dich gesagt?»

«Er sagt, ich hätte keine Vorstellungskraft. Er sagt Sachen wie – und ich zitiere: ‹Wann immer Bech versucht, von seiner Vorstellungskraft Gebrauch zu machen, brennt die Sicherung durch, und die Funken fallen in den Staub. Aber Kurzschlüsse ersetzen kein magisch-realistisches Feuerwerk.› Ende des Zitats. Er ist nicht nur ein Klugscheißer, sondern ein verkappter Prüder. Er konnte den Sex in *Think Big* nicht ausstehen; er schrieb, wie ich mich dunkel erinnere: ‹Diese geschmacklosen und unmöglichen feuchten Träume verraten uns nichts darüber, wie Männer und Frauen wirklich miteinander verkehren.› Womit er unterstellt, dass er es natürlich tut, diese schleichende Schwuchtel. Er hat nie mit irgendjemandem oder irgendetwas verkehrt außer mit einem Bonbonautomaten und dem beständigen Sturzbach kulturellen Quarks.»

«Henry, dass du ihn für eine schleichende Schwuchtel hältst, ist noch nicht Grund genug, ihn umzubringen.»

«Für mich ja. Er ist ein lokaler Fleck auf dem Universum.»

«Wie würdest du es angehen?»

«Wie würden *wir* es angehen – das wäre vielleicht die Lösung. Was machen wir mit dem blöden Kerl? Er ist zerfressen von Unsicherheiten, entfaltet dauernd diese manische Energie, und er ist im Internet.»

«Du *hast* längst darüber nachgegrübelt, stimmt's?» Robins Augen hatten sich geweitet; ihre Unterlippe hing leicht herab und sah voller und feuchter aus als gewöhnlich, während sie sich auf ihn pfropfte, barbrüstig, mit bleichen Brustwarzen; ihr bauschiges Haar fiel in öligen Locken herab. Ihre gerade kurze Nase passte nicht zu ihrem übrigen Gesicht; sie ließ es ganz leicht flach gedrückt wirken, sodass es etwas Katzenhaftes hatte. «Mein Liebhaber, der Mörder», hauchte sie.

«Meine Zeit auf Erden ist begrenzt.» Bech stieß jedes Wort einzeln hervor. «Ich habe ein edles Werk zu vollbringen. Und ich sehe Cannon nicht die Klappe eines Rückumschlags lecken. Dafür hat er wahrscheinlich eine Assistentin. Oder er wirft solche Post in den Papierkorb. Er glaubt, er ist die große Nummer, der kleine Scheißer.» Bech starrte auf die unirdische Geographie der Zimmerdecke. Er wandte die Augen von Robins entblößten Brüsten ab; mit ihrem schimmernden weißen Gewicht erinnerten sie an noch reifende Kürbisse, die sich von ihren Ranken rissen.

Sie sagte: «Also? Was könnte ich dabei tun?»

«Computererfahrung. Du hast sie, oder kennst die, die sie haben. Meine Frage an dich, *baby*: Könnten wir in seinen Computer eindringen?»

Robins glattes Gesicht, seine straffen Kurven mit ihrem unsichtbaren Flaum verhärteten sich vor intellektuellem Eifer. «Wenn er rauskommt», sagte sie, «kommt ein geschickter Hacker auch rein. Das Internet ist eine einzige große glückliche Familie, ob einem das gefällt oder nicht.»

Die Aldie-Cannon-Kleinindustrie hatte ihr Hauptquartier in Cannons bescheidener Wohnung an der Upper East Side. Selbst die erfolgreichsten Operateure in der post-Gutenberg'schen literarischen Welt lebten bescheiden im Vergleich zu den arrivierten jungen Zauberern, die sich mit elektronischer Software, Popmusik, Mode-Design und Hairstyling abgaben, ganz zu schweigen von den Tausenden, die schon reich waren, weil Vorfahren oder frühere raffiniertere Ichs irgendwann im Verlauf der Entwicklung von einer Agrardemokratie zu einem kapitalistischen Kraftwerk ein Vermögen gescheffelt hatten; sie alle hatten in den letzten Jahren nichts weiter tun müssen als zuzusehen, wie ihre Anlagen sich verdoppelten und vervielfachten auf einem Aktienmarkt, der, unter dem listig-lüsternen jungen Präsidenten, keine Talfahrt kannte. Cannon lebte, zusammen mit seiner dritten Ehefrau und zwei schlecht angepassten kleinen Kindern, nicht in einer der vornehmen, von Ginkgobäumen beschatteten Seitenstraßen an der East Side, sondern in einem rohen neuen blaugrünen Wolkenkratzer mit kleinen Balkons, die wie kurze Gänseblümchenblätter abstanden, weiter unten am Fluss. Sein tägliches Internet Feature, *Cannon Fodder*, wurde in einem kinderresistenten Arbeitszimmer auf einem mit Windows 95 ausgestatteten Compaq PC produziert. Sein hoch gestochenes Geschwafel wurde per Modem an eine Site in San Jose geblitzt und dort auf Obszönitäten und Beleidigungen und orthographische Fehler geprüft, ehe es rausging an die Millionen grünhäutiger Cyberspace-goons, die wie paralysiert an ihren Terminals saßen. An **fodder.com** gesandte E-mails gingen nach San Jose, von wo die weniger albernen und provokativeren Mitteilungen an Aldie weitergeleitet wurden, damit er sie eventuell in einer seiner Kolumnen verwenden konnte.

Nachdem Robin ein paar *goons* aus ihrer Bekanntschaft befragt hatte, erklärte sie Bech, dass das allgegenwärtige E-mail-Programm, Sendmail, in einem Unixderivat der späten siebziger Jahre geschrieben worden war, als Datensicherheit noch keine Rolle spielte; es war bekanntermaßen voller Bugs. Zum Beispiel unterzog Sendmail nur die erste *message* eines Benutzers Sicherheitstests; war der *user* erst einmal aufgenommen, gingen alle seine folgenden Nachrichten ohne Prüfung durch. Eine weitere Schwäche des Programms bestand darin, dass ein simpler senkrechter Strich, das «pipe»-Symbol, den Teil der Nachricht, der ihm folgte, als Input interpretierte, der aus einer Vielzahl von Unix-Befehlen bestehen konnte, die der Computer ausführen musste. Diese Befehle konnten einem Eindringling *log-in*-Status verleihen und, mit einiger weiterer Manipulation, eine «Hintertür» öffnen, die so lange offen stand, bis sie entdeckt und gelöscht wurde. Der Zugang konnte benutzt werden, um ein «Trojanisches Pferd» einzuschleusen, das dann Nachrichten auf dem Bildschirm aufblitzen ließ, mit einer Geschwindigkeit, die, wenn gewünscht, unter der Bewusstseinsschwelle lag.

Bechs bösartige Idee bestand darin, Cannons Selbstvertrauen und Selbstgefühl zu unterminieren – so fragil unter all dem polyhistorhaften, gnadenlos dazugehörenden Mitmischen –, während er dasaß und auf seinen Monitor starrte. Robin ersann einen Virus: Jedes Mal, wenn Aldie ein großes «A» oder ein kleines «x» tippte, würde eine *message* aufblitzen, zu schnell, als dass er sie bewusst registrieren konnte, aber deutlich genug, um in den neuronischen Komplex der Gehirnzellen einzudringen. Robin brauchte einige Tage, um das subversive Programm zu perfektionieren; besonders knifflig war die Festlegung so kurzer Unterbrechungen inmitten des siebzigmaligen Bildaufbaus durch den Kathodenstrahl in jeder Sekunde, in Buchstaben, die groß genug waren, um einen Eindruck zu erzeugen, der von einem modernen Verstand, gewöhnt an die Blitzbotschaft, das kommerziell geladene Signal, das verführerische Geflimmer sexuell geladener Bilder, unbewusst «gelesen» werden konnte. Sie arbeitete, während Bech schlief; Halbmondschatten fleckten und dellten die seidige Glätte ihres Gesichts. Mit Fingerspitzengefühl schnürte sie ihr Kontingent binärer Zahlen zusammen. Sie konnten in jedem Moment durch ein automatisches «sniffer»-Programm oder einen menschlichen «sysadmin», einen Systemadministrator, zerstört werden. Staatliche Gesetze wurden verletzt; schwere Strafen standen darauf. Trotzdem, aus Liebe zu Bech und aus Faszination an der technischen Herausforderung blieb sie beharrlich dabei und hatte am dritten Morgen Erfolg.

Nachdem die verwickelten, gesetzwidrigen Befehle einmal eingegeben waren, begann Bech mit einigen buddhistischen Lehren von der harten Sorte. SEIN IST SCHMERZ, lautete die unterschwellige *message*; NICHTSEIN IST NIRWANA. Die Wörter perlten unsichtbar für eine Fünfzehntelsekunde in die Bildschirmpunkte – das hieß, fünf Erneuerungen des Bildschirms, denn eine einzige, so hatten Robin und ein zu Rate gezogener Neurophysiologe übereinstimmend befunden, war zu kurz, um unterschwellig wahrgenommen zu werden. Nach mehreren Tagen dieser grundlegenden Gleichungen bat Bech sie, etwas Schwierigeres zu programmieren: KEIN ELEND DES GEISTES IST DEM BESCHIEDEN DER KEINE BEDÜRFNISSE HAT. Entscheidend war, dass der Gedanke an den Tod nicht nur schmackhaft gemacht, sondern einladend vermittelt wurde. NICHTSEIN IST EIN ASPEKT DES SEINS, SEIN EIN ASPEKT DES NICHTSEINS: Das hatte Bech aus einem taoistischen Gedicht von Seng Ts'an übernommen. Derselben Quelle entlehnte er: DIE REALITÄT ZU VERBANNEN BEDEUTET TIEFER IN DAS REALE ZU SINKEN. Aldies besessene Produktivität im Sinn, diktierte er: AKTIVITÄT HEISST, DEN SIEG ÜBER DAS EIGENE ICH ZU VERMEIDEN.

Gemeinsam sahen er und Robin die letzten Effusionen Aldie Cannons, gedruckt oder auf dem Bildschirm, nach Zeichen geistigen Nachlassens und seelischer Kapitulation durch. Deborah Frueh hatte den Köder im Verborgenen angenommen, und Bech war enttäuscht gewesen, dass er nicht mit ansehen konnte, was geschah – ob sie die Umschlagklappe leckte oder nicht, und welchen Effekt das stark verdünnte Gift auf ihre verabscheuungswürdigen Innereien hatte. Im Falle Aldie Cannons dagegen würde dessen täglicher Ausstoß an weisen Sentenzen sicherlich Symptome verraten. Seine Besprechung eines Konzerts von Sinead O'Connor klang apathisch – allerdings behauptete er, es habe ihrem Auftritt, weil sie nun nicht mehr die gegen den Papst aufbegehrende Skinhead sei, an Drive und Biss gefehlt. Seine Sammelbesprechung jüngst erschienener Bücher, die sich befriedigt oder beunruhigt mit der Erosion des traditionellen literarischen Kanons abgaben – Kanonenfutter in der Tat, die ideale Chance für ihn, ein paar beiläufige flapsige Bemerkungen von mühelos gewonnener Gelehrtheit von sich zu geben –, driftete auf die leidenschaftslose Schlussfolgerung zu, dass «die Anwesenheit oder Abwesenheit eines Kanons mehr oder weniger auf das Gleiche hinauslaufe; das eine ist alles, und nichts ist gleichbedeutend mit allem.» Das klang nicht nach dem Aldie Cannon, der von Bechs Sammlung *When the Saints* gemeint hatte: «Manche dieser gewieft-reservierten Feuilletons zischen, aber die meisten zischeln nur; von einem, der nicht viel zu sagen hat, hat der Autor sich entwickelt zu einem, der durchblicken lässt, die Tatsache, dass jedermann etwas zu sagen habe, sei ein ermüdender Verstoß gegen den guten Geschmack. Bech ist ein Dandy unter den Literaten, aber einer in abgerissenen Kleidern, die er aus den Mülleimern der Plünnengeschäfte für zeitgenössisches Ideengut geklaubt hat.»

Es tat Bech gut, sich an diese ausgetüftelten und genießerischen Abfuhren zu erinnern; andernfalls hätte womöglich Mitleid ihn dazugebracht, das Programm zu stoppen. Wo der Zelebrant der Popkultur einst verzückt über Julia Roberts' elastische Lippen und ihre begierigen Blicke salbaderte, laberte er nun über ihre ätherische Ausgezehrtheit in *My Best Friend's Wedding* und die «triumphierende Leere» in der romantischen Niederlage ihrer Heldin und wie der Film sie den Armen eines eingefleischten Homosexuellen ausliefere. In Saul Bellows kleinem Roman bemerkte er nur die «thanatopische Schönheit» seines Höhepunkts auf einem Friedhof, wo der Heiratsantrag des Helden etwas von dem gestanzten Ernst einer Elegie oder eines Todesurteils habe. In derselben Besprechung pries er die Kürze des Buches und bekannte – dies von Aldie Cannon, dem pantagruelischen Vielfraß kultureller Produkte –, ein paar Tage lang habe er gedacht, er wolle kein weiteres Buch mehr lesen, keinen weiteren Film mehr sehen, in keine weitere Kunstausstellung mehr gehen, nichts mehr nachschlagen und keinen weiteren Absatz mehr mit einem spitzzüngigen Aperçu krönen. Und dann, gerade als die Kulturszene von Manhattan in eine neue Herbstsaison, übervoll an Ereignissen, steuerte, blieb *Cannon Fodder* hin und wieder einen Tag im Internet aus oder wurde, mit einer knappen Erklärung, durch eine der «klassischen» Kolumnen des Verfassers aus einem vergangenen Jahr ersetzt.

Manchmal, wenn Bech und seine Komplizin zusammensaßen und Aldie Cannons Website checkten, blickten Robins Augen in ihrer gelatineartigen Schönheit weg von dem Plastikschirm und in Bechs Gesicht, entdeckten aber in dem einen nicht mehr Erbarmen als in dem andern. Seine einst rauen, gutmütigen Züge schrumpften mit zunehmendem Alter, stießen wie eine Mumie ihr Wasser ab, entwickelten sich zu einem sich überlappenden Bündel ledriger Fetzen, alles nur Säume und Falten und grobe Stiche. NICHTSEIN IST GLÜCKSELIGKEIT, sagte er zu ihr, solle das Trojanische Pferd auf Cannons Bildschirm schreiben, und SELBSTSUCHT IST UNREINHEIT, und, in immer schnelleren Intervallen, nur das eine Wort SPRING. SPRING, riefen die zitternden Punkte, und SPRING, DU BRABBELNDER DUMMKOPF, was (für den Fall, dass Ermittler diese eingeschmuggelten Befehle rekonstruierten) Bechs unterschwelligem Sperrfeuer eine gefährlich persönliche Stimme verlieh. Er variierte es mit SPRING, DU NARR oder SPRING, DU HOHLKOPF, oder TU ENDLICH DER WELT DEN VERDAMMTEN GEFALLEN UND SPRING, kehrte jedoch immer wieder zu dem einsilbigen Imperativ zurück. SPRING.

Bech hatte eine Pilgerfahrt zu dem blaugrünen Wolkenkratzer nahe dem Fluss gemacht, um sich zu vergewissern, dass ein selbstmörderischer Sprung möglich war. Das sich hoch auftürmende Gebäude wich weit über ihm zurück wie gigantische Eisenbahnschienen – ein ganzer Verschiebebahnhof aus Aluminium und Glas. Die vorspringenden halbkreisförmigen Blütenblätter der Balkons bildeten eine muschelartige dunkle

Kante vor den Wolken, die in geschlossener Formation über das porzellanblaue Spätsommerfirmament sausten. Es schlug ihm immer auf den Magen, wie die Spitzen der Wolkenkratzer, wenn man aufblickte, vorwärts über den Himmel zu stürzen schienen, wie der Bug von Schiffen, die mit Sicherheit gleich zusammenkrachten. Das Gebäude war fünfundfünfzig Stockwerke hoch und war an den Seiten leicht gerundet. Die Fenster ließen sich nicht öffnen, aber die Balkons waren nicht käfigartig umschlossen, wie es jetzt bei mehr und mehr hohen Bauten der Fall war, um die Ikarusse abzuhalten, die darauf brannten, die Luft zu testen. Die Aussichtsplattform des Empire State Building war längst in einen Käfig verwandelt worden; in Bechs Kindheit war sie das nicht gewesen, und als er ungefähr acht war, hatte sein Vater ihn bei den Fußgelenken gehalten, während er mit der Brust auf der breiten Brüstung lag und hinunter in die Tiefe blickte. Bech hatte diesen schwindlig machenden Moment der Gefahr und des Vertrauens nie vergessen, so wie er die Fotografie nie vergaß, die er einst in einer alten *Life*-Nummer gesehen hatte: eine schöne junge Frau, die gesprungen war und deren Leichnam ruhig und unversehrt auf dem eingedellten Dach eines geparkten Wagens lag – wie auf einer mit Blumen geschmückten Totenbahre.

In Bech heulte eine Sirene auf, die Aldie nach draußen rief, heraus aus seinem behaglichen klösterlichen Nest, das voll war von eingespeistem, per Fax oder E-mail, per Bote oder Video eingetroffenem kulturellen Staub und Stroh – Kultur, diese flitterhafte, feige Anti-Natur –, heraus in die frische Luft, die prickelnden Tiefen des Raumes, die kosmische, reine und rohe Natur. Bech stellte sich ein gähnendes Manhattan unter dem zögernden Selbstmörder vor – ein dicht gedrängtes Durcheinander von geteerten Dächern und Wassertanks, mit kodierten kalkweißen Aufschriften adressiert, wie es schien, an das Auge Gottes. Lass los, Aldie, tauch in den Himmel ein, spring, vermische dein hässliches kleines Ich mit der unermesslichen voll gekritzelten Erde.

«Ich kann es nicht glauben, dass du das bist», sagte Robin. «Dieser Killer.»

«Ich bin ernsthaft provoziert worden», sagte er.

«Durch Besprechungen? Henry, kein Mensch nimmt Besprechungen ernst.»

«Ich dachte, ich auch nicht, aber nun sehe ich, dass ich sie ernst genommen habe. Ich habe unter einer lebenslangen Provokation gelitten. Meine Aufgabe hat sich verändert; ich wollte immer zur Schönheit der Welt beitragen, aber jetzt habe ich nur noch den Wunsch, sie von aller Hässlichkeit zu befreien.»

«Der arme Aldie Cannon. Glaubst du nicht, dass er es gut meint? Manche von seinen Kolumnen finde ich ganz unterhaltsam.»

«Er mag es gut meinen, aber er begeht üble Schandtaten. Seine halb garen Scherzartikel sind Verbrechen gegen die Kunst und gegen die Menschheit. Er hat einen groben Geschmack – in Wirklichkeit gar keinen Geschmack. Er hat einen Mund zum Reden, aber es mangelt ihm an Ohren zum Hören.» Da der Rhythmus seiner schroffen Reden seinem eigenen Ohr gefiel, wurde er noch schroffer. «Hör zu, Schwester», sagte er zu Robin. «Willst du aussteigen? Kannst du jederzeit haben. Geh zwei Treppen runter. Die Subway findest du drüben am Broadway oder oben an der Houston Street; ich gebe dir die anderthalb Dollar. Meine Einladung.»

Sie schien es zu überdenken. Sie sagte, was Frauen immer sagen, um Zeit zu gewinnen.

«Henry, ich liebe dich.»

«Aber warum denn zum Teufel?»

«Du bist so niedlich», sagte Robin zu ihm. «Besonders in diesen Tagen. Du wirkst so, als wärst du irgendwie mehr *beisammen*. Davor warst du eine Art Schwamm, hast nur dagesessen und auf etwas zum Aufsaugen gewartet. Jetzt hast du, wie sie in diesen Talkshows sagen, dein Leben aktiv in die Hand genommen.»

Er riss sie in seine Arme, und seine Rauheit verdunkelte das fuchsfellrote Schimmern in ihren Augen. Ein Anflug von Furcht und Begehren umwölkte ihre Züge. Sein weißhaariger Kopf warf einen Schatten auf ihr silbriges Gesicht, als er sich hinunterbeugte, um sie zu küssen. Sie machte ihre Lippen so weich, wie sie konnte, so weich wie Urschlamm. «Und das gefällt dir, wie?», brummte er. «Dass ich plötzlich böse bin.»

«Weil ich dann auch böse sein kann.» Ihre Stimme klang plötzlich gedämpft und gehetzt, als könnte sie in Ohnmacht fallen. «Ich liebe dich, weil ich bei dir ein böses Mädchen sein kann und du das gern magst. Du schlabberst es auf. Hmmm, sagst du.»

«Böse ist immer relativ», erklärte er ihr weise aus der Höhe seiner Altertümlichkeit. «Im Hinblick auf meine Vorhaben bist du ein braves Mädchen. Je schlimmer du bist, desto besser. Es erregt dich also, wie? Der Versuch, dies zu einem guten Schluss zu bringen?»

Robin gab zu: «Es ist wie ein Rausch.» Und mit einem Hauch mutwilliger Ungeduld, als wollte sie ihn daran erinnern, wie mädchenhaft sie war, fügte sie hinzu: «Es ist mein Projekt. Ich möchte daran festhalten.»

«Jetzt sprichst du Tacheles. Hier, ich bin mit einer Inspiration aufgewacht. Blitz dem blöden Kerl dies rüber.» Es war ein weiterer Fetzen, der von buddhistischer Todesbereitschaft sprach: LASS DAS EINE MIT SEINEM MYSTERIUM ALLE ERINNERUNG AN SCHWIERIGKEITEN AUSLÖSCHEN. BITTE SPRING.

«Kommt mir ziemlich abstrakt vor.»

«Er wird es schlucken. Ich meine, sein Unterbewusstes wird es schlucken. Er hält sich für einen Intellektuellen. Er hat in

Berkeley im Hauptfach Philosophie studiert, das habe ich in dem Zeug, das du aus dem Internet downloaded hast, gelesen.»

Während sie am Terminal saß und durch den Tanz der Computerkontrolle klapperte, fand er in demselben alten Text – Seng Ts'an's «Gedicht über Herzenszuversicht» – eine Zeile, die ihn tief bewegte. *Der Raum ist hell, jedoch erhellt aus sich heraus, keine Geisteskraft ist vonnöten.* Erhellt aus sich heraus: Das war es, was zu sein er sich in seiner Unschuld einst erhofft hatte. *Auch könnte bloßes Denken uns nicht an einen solchen Ort bringen,* hieß es in dem Text tröstlich weiter. Richtig. Bloßes Denken, damit war er durch. *Es ist das Wahrhaftige, die transzendente Sphäre, wo niemand ist, weder Er noch ich.*

Robin kam zu ihm zurück. «Ich hab's durch, aber ich frage mich …»

«Was fragst du dich?»

«Wie lange das noch geht, bis sie uns finden. Es gibt mehr und mehr hoch entwickelte Sicherheitsprogramme. Die Hacker kosten die Industrie Milliarden; das FBI hat inzwischen eine ganze Abteilung, die Computer-Verbrechen verfolgt.»

«Die Saat ist gesät», sagte Bech, noch ein wenig in seinen buddhistischen Gedanken befangen. «Lass uns zu Bett gehen. Ich lasse dich auch an meinem Daumen saugen, wenn du mich schön artig bittest. Du Miststück», fügte er hinzu, weil er sehen wollte, ob sich ihre Augen wieder verdunkelten. Sie verdunkelten sich.

Aber die Spürhunde waren unterwegs, sie rasten mit Lichtgeschwindigkeit durch die Transistoren, durchkämmten den binären Code nach fremden Konfigurationen und wildernden Algorithmen. Jetzt war es Robin, die jeden Morgen in ihrem geerbten Frotteebademantel auf ihren bloßen, an den Seiten rosafarbenen Füßen die beiden Treppen zum Eingang hinunterhastete und die *Times* ergriff und die Seite mit den Nachrufen überflog. Und genau an dem Tag, nachdem ihr Trojanisches Pferd entdeckt und zerstört worden war und nicht mehr antwortete, stand es da: ALDOUS CANNON, 43, KRITIKER, KOMMENTATOR. Sprang vom Balkon seiner Wohnung im achtundvierzigsten Stock. Fußgänger wurden nicht verletzt, aber ein am Sutton Place parkendes Auto wurde schwer beschädigt. Die bestürzte Ehefrau deutete an, dass der Schriftsteller und Rundfunkmann – seine Website im Internet gehörte zu den aus literarischen Gründen von College-Studenten am häufigsten aufgesuchten – letzthin besorgt gewirkt und sich zu Gefühlen, dass alles sinnlos sei, bekannt habe. Er habe immer gehofft, er werde irgendwann die Zeit finden, einen großen Roman zu schreiben. In der Section B der *Times* fand sich eine separate, etwas gewundene kollegiale Würdigung aus der Feder von Christopher Lehmann-Haupt.

Bech und Robin hätten jubilieren sollen. Sie hatten einen flimmernden Keil des Zweifels unter die Bewusstseinsschwelle des Besserwissers gesetzt und diesen mediengeilen Klugscheißer zur Strecke gebracht. Doch gleich nachdem sie einander beglückwünscht und über dem schwitzenden Orangensaftkarton und den langsam toastenden Bagels umarmt hatten, wurde deutlich, dass sie beide sich benommen, ernüchtert und beschämt fühlten. Für den Rest des Tages vermieden sie es, einander anzusehen und zu berühren, obwohl Sonnabend war. Sie hatten vorgehabt, zum Metropolitan Museum raufzufahren und sich die Ivan-Albright-Ausstellung anzusehen, und wollten dann versuchen, vor dem Stanhope, in der köstlich frischen Septemberluft, einen Tisch zu bekommen. Aber allein schon bei dem Gedanken an Kunst in welcher Form auch immer wurde ihnen elend – süßer Zuckerguss über Schmutz, dünnes Eis über dem Abgrund. Robin ging zu Barneys, um sich schwarze Jeans zu kaufen, und nahm dann den Zug, um ihre Eltern in Garrison zu besuchen, während Bech in einem Stupor wie eine Schlange, die eine giftige Kröte verdaut, dasaß und zuschaute, wie zwei College-Football-Mannschaften aus dem mittleren Westen aufeinander losgingen, in einem kreischenden, johlenden Stadium weit westlich vom Hudson, wo das Leben sonnenbeschienen und sauber war.

Robin blieb über Nacht bei ihren Eltern und kam am Sonntag sehr spät zurück – sie musste gehofft haben, ihr Liebhaber schliefe schon. Aber er war auf, wartete auf sie, las. Zuerst ein wenig Froissart, über die Schlacht bei Crécy («die Leichen von 11 Prinzen, 1200 Rittern und ungefähr 30000 Gemeinen wurden auf dem Feld gefunden»), und dann ein kurzes Eintauchen in das John-Donne-Bändchen:

Sprich meine Hände frei, und lass sie schweifen,
Vorn, hinten auch, dazwischen, drüber und drunter.
Oh, mein Amerika! Mein neues Land ...

Seine Augen glitten immer wieder von der Seite ab. Die einsame Mahlzeit des Tages hatte schmerzende Gase in seinem Magen erzeugt. Er hatte einen chemischen Geschmack von Nichtigkeit im Mund. Passiver Konsum, moralische Unzulänglichkeit. Die angebliche Selbstlosigkeit des Künstlers – was für ein Humbug. Alles war Eitelkeit, ein scheuer Schleiertanz, grotesk für einen Siebzigjährigen. Robins Schlüssel kratzte zaghaft am Schloss, und sie trat ein; er ging ihr fast bis zur Schwelle entgegen, und in einer Geste von Zerknirschtheit stießen sie sanft die Köpfe aneinander. Sie hatten gemeinsam erfahren, was Sünde war. Wie Spielgefährten, die mutwillig ein Spielzeug kaputtgemacht hatten, reparierten sie langsam ihre Beziehung. Und während Aldie Cannons extravagante, aber auch nicht ganz unübliche (John Berryman, Jerzy Kosinski) Selbstauslöschung immer tiefer in den Stapel gelesener Zeitungen sank und die obligatorischen Notizen über letzte Ehrungen blechern, sanft verklingend in den Mitteilungsblättern des P.E.N. und der Authors Guild nachhallten, gewann das

Duo in der Crosby Street seine Dynamik wieder und verfolgte mit frischer Abenteuerlust das quichottesche Unternehmen, die Metropole Gotham von literarischen Schurken zu befreien.

Bech kaufte für sich selbst ein Cape und für Robin eine Maske. Eine schwarze Maske, die ihre niedliche weiße Stupsnase halb verdeckte und ihre warmen, komplizierten Augen in steife mitternächtliche Fremdheit fasste. Es machte ihn an; er brachte sie dazu, die Maske aufzusetzen, wenn sie miteinander schliefen. «Ich komme mir so schmutzig vor», gestand sie. «Ich komme mir vor wie eine von diesen verdorbenen Gräfinnen in französischen pornographischen Romanen. Ich komme mir vor wie die O.»

Bech war gut im Bett, überall sonst aber schwach und schlapp. «Ich kann nicht mehr am Schreibtisch sitzen», sagte er. «Ich möchte losziehen und etwas *tun*», sagte er. «Seit Aldie gesprungen ist, habe ich das Gefühl, ich hätte den Veitstanz.»

«Lass uns raufgehen Richtung Washington Square. Wir können in die letzten Buchläden in der Eighth Street reinschauen.»

«Sie haben Recht, die Dreckskerle», tobte Bech, «ich habe nichts zu sagen. Ich wollte nur posieren – und gedruckt zu werden, das war für einen schüchternen jungen Mann am leichtesten zu erreichen. Ich bin ein nutzloser alter Poseur.»

Draußen, unterwegs, trug er, anfangs ängstlich und besorgt, sein Cape – glänzender blauer Satin, eine Nuance heller als marineblau, mit einem Trost bringenden Futter aus roter Lambswool und einer vergoldeten Schnalle in Gestalt einer Klaue. Er glaubte, die Leute würden ihn anstarren, wenn nicht gar lachen, aber er hatte die allgemeine *bizarrerie* des Manhattan'schen Straßentheaters unterschätzt – die liebeshungrigen Massen, den rührenden Chor vergeblichen Aufmerksamkeitsheischens. Mit diversen Pastellfarben gefärbtes Haar, durchsichtige Blusen, liebliche junge Schultern, von Tätowierungen entstellt, kalkweiße schwarzlippige Vampir-Make-ups, die einem vorsätzlich ins Gesicht springenden Kostümierungen der bekennenden Schwulen, die heimlichen Sonderbarkeiten der *Psychopathia Sexualis* von innen nach außen gekehrt und zur Schau gestellt wie die zusammengerollten, einladenden Formen von Blüten. Solche Exhibitionisten dachten nicht daran, auch nur einen Seitenblick auf Bechs Cape zu werfen, wenn es ihn dramatisch umflatterte. Ihre Augen wanderten zu Robin – die aufrichtige Reinheit ihres Gesichts, knabenhaft mit seinem modisch kurzen Haarschnitt, ein wächsernes Siegel, wie es schien, auf den nicht verratenen Wonnen ihres kurvenreichen Körpers im mauvefarbenen Catsuit.

Passend zu seinem Cape trug Bech gern Röhrenhosen und schmale schwarze slipperartige Schuhe mit geriffelten Gummisohlen. In diesen Schuhen bewegte er sich verstohlen über das Pflaster, kletterte leichtfüßig Treppen hinauf zu grellen Versammlungen – Ausstellungseröffnungen, Lyriklesungen – haubenlerchenartig frisierter junger Aspiranten auf künstlerischen Ruhm, die verblüfft waren, wenn sie sahen, dass er, der über ein oder zwei zurechtgestutzte Seiten hin ihre mühselig zu lesenden zweispaltig gedruckten High-School-Reader heimgesucht hatte, noch immer lebte. Er kniff die Augen zu Schlitzen zusammen vor dem Glanz ihrer vom Wein verschwitzten Gesichter und dem Hin und Her ihrer schnellen Scherze; er hob die Nase, um Böses zu wittern, und entdeckte nur den milden Duft unschuldiger Ungebildetheit. Diese netten Kinder lasen nicht, nicht auf die alte, aufgewühlte, unterdrückte Art und Weise, das Gedruckte nach verbotenem Wissen durchstöbernd, wie seine Generation es getan hatte. Nietzsche, Marx, Freud, Joyce – die großen Gottesmörder. Seine Feinde hingegen atmeten seine eigene Luft und lauerten in dunklen Höhlen. Seine Slipper trugen ihn eines Nachts die

Feuerleiter eines viergeschossigen roten Backsteinhauses in der Christopher Street hinauf, in die schrägen, dschungelartig von Götterbäumen bestandenen Bereiche des West Village.

Robin mit ihrer Maske folgte ihm hinauf, über die rostigen Eisenstufen. Hohe alte Schiebefenster gewährten Einblick in von Kakerlaken geplagte Küchen und auf Bücherwände, über die sich die Leitungsdrähte altmodischer Stereoanlagen zogen. Geräusche waren durch diese Fenster zu hören, erregte Schreie und Gelächter, ohne dass ganz deutlich wurde, ob sie real waren oder aus dem Fernsehen kamen. Bech kletterte weiter, das dünne, von längst verstorbenen Handwerkern geschweißte Eisengespinst hinauf zu einer Wohnung im vierten Geschoss, in der er vor dreißig Jahren zu Gast gewesen war. Er war in seinen Vierzigern gewesen, sein Gastgeber in den Fünfzigern. Die Stufen der Feuerleiter warfen diagonale Schattenharfen auf die bröckelnden Ziegel. Ein Absatz, weiter unten durch das Gitter eines anderen gesehen, erzeugte ein schimmerndes Muster, das – ähnlich den flüchtigen Effekten der Op Art – in keinem bestimmten Raum angesiedelt war. Die Fensterscheiben im vierten Geschoss waren schwarz, enthielten aber ölig orangene Streifen vom Schein einer Leselampe, die ein paar Räume entfernt schwach leuchtete. Bech prüfte den Schieberahmen, der jedoch geschlossen war. Der hassenswerte Bücherwurm drinnen hatte sich gegen die warme Oktobernacht verbarrikadiert – gegen die menschlichen Lustschreie und gegen die Abfallgerüche des Lebens.

Unter seinem Cape riss Bech einen Streifen Klebeband hervor, befestigte ihn an einer unteren Scheibe des oberen Rahmens und schlug heftig mit dem stumpfen Ende eines glitzernden Einbrecherwerkzeugs dagegen. Das gedämpfte Geräusch, mit dem das Glas brach, klang wie eine herabfallende reife Frucht. Schnell schob er seine grau behandschuhte Hand hinein, drehte das abgenutzte Fensterschloss, und der verwitterte Rahmen gab in seinen verrotteten Schüren nach. Bech glitt über den Sims, Robin folgte ihm dicht wie ein Schatten. Versehentlich fasste ihre Hand auf dem Fenstersims sein schleppendes Cape. Mit einer stummen, räuberischen Geste zerrte die Rächersilhouette den gefütterten Satin an sich.

Sie befanden sich in einer Art Pantry. Regale, für Pfannen und Steingut bestimmt, waren mit Büchern gefüllt, viele davon gebundene Umbruchexemplare zum Besprechen, seitwärts aufeinander gelegt, in zwei Reihen, vergilbend, Staub ansammelnd. Heimlich schlichen die Eindringlinge durch eine kleine dürftige Küche, geschrubbt und leer, wie eine Zugehfrau sie hinterlassen würde. Drei Äpfel in einer Holzschale waren die einzigen sichtbaren Nahrungsmittel. Das Urteil des Paris, dachte Bech. Venus die Gewinnerin. Trouble in Troja. Die Äpfel vermittelten seinen Nüstern den schwachen eigenartigen Geruch von Obstgärten, die Einkaufszentren gewichen waren. Dann kam ein kleines Esszimmer; an den Wänden hingen, spinnenfadenfein geätzt, Stiche, auf denen Versammlungen dargestellt waren – Männer mit weißen Perücken und in schwarzen Knickerbockerhosen, die Revolutionen ausheckten. Sie vollführten die wegfegenden Gesten. Tötet den König, *écrasez l'infame*, macht alles neu. Eine halb offen stehende Tür führte in ein kleines Schlafzimmer, ein schmales Bett, straff hergerichtet wie ein Krankenhausbett, mit einer Anzahl aufrecht stehender Kissen. Aufrecht schlafen. Lebendig begraben. Bech wurde der eigene Atem mitfühlend kurz.

Das gelbliche Licht, schwach wahrgenommen von der Feuerleiter, wurde stärker. Bech und Robin fanden sich in einem Zimmer wieder, dessen Wände ringsum mit Büchern voll gestellt waren – Bücher, bis zur Decke gestapelt, Unordnung auf Ordnung, gleich aussehende Bände, begraben unter später hinzugekommenen, Biographien und Kommentaren und postumen Bänden, die ursprüngliche Ordnung überflutet, zerrissene Lesezeichen und chaotisch zwischen die Seiten geschobene Sonderdrucke. Ein dürrer Geruch wie von einer vom Menschen geschaffenen Wüste stieg von all dem Papier auf. Staubmilben, Fluten von Allergenen knisterten unter den Sohlen.

Jenseits dieses Raumes, sichtbar durch einen in die ägyptische Mauer von Büchern geschlagenen Durchgang, exponierte sich ein spärlich möbliertes Wohnzimmer dem verstreuten Geflimmer des unteren Manhattan und der finsteren Lücke des Hudson River. Niemand war da.

Der Bewohner der Village-Wohnung, der Mastermind hinter diesen ausgedorrten Akkumulationen, saß hinter den Eindringlingen in einer Ecke der Bibliothek, lesend und Sauerstoff schnüffelnd. Ein babyblauer Plastikschlauch führte von einem zylindrischen Behälter neben seinem Lehnstuhl hinauf zu seiner Nase, wo er sich teilte, um in beide Nasenlöcher einzumünden. Der Mann hatte ein fortgeschrittenes Emphysem, das von lebenslangem beharrlichem Rauchen beim Lesen herrührte. Eine Schwanenhalslampe blickte über seine Schulter. Seine schwarz bestrumpften Füße lagen auf einem altmodische Sitzkissen mit Troddeln und gerollten Nähten und einer Oberfläche aus vielfarbenem Leder, das wie ein Apfelkuchen geschnitten war. Sein Körper, knochenlos und amorph, war mit seinem zerknitterten ledernen Lehnstuhl verwachsen, der ihn wie ein Leichentuch umhüllte. Hier hatte die Zeit fast aufgehört zu fließen. Nichts rührte sich außer den schlaffen, in flachen Kuppen endenden Fingern des Invaliden, wenn er eine Seite umblätterte. Er blickte blinzelnd auf, ärgerlich über die Unterbrechung seiner Lektüre. «Bech», sagte er schließlich. «Mein Gott. Jetzt klettern Sie schon Feuerleitern rauf. Was soll der irre Aufzug? Ich dachte, Sie wären ein Verrückter, der bei mir einbricht.»

«Zur Sache, Cohen», fuhr Bech ihn an. «Die Capes kommen

wieder in Mode. Sie *sind* schon wieder da. Und Monokel demnächst auch.»

«Oder ein Drogenabhängiger», fuhr der Invalide mit pfeifender Stimme unter Skelton'schem Keuchen fort. «Ich habe ungefähr wöchentlich einen zu Besuch. Sie verfluchen mich, weil ... es hier nichts zu holen gibt. Nur alte Bücher. Die Kids heutzutage haben keine Ahnung ... was Bücher wert sind. Und wer ist Ihre kleine Gespielin? *Zaftig*, ich sehe es ... durch den Katzenanzug. Aber so jung, zu jung ... um sich in die Zankereien alter Männer ... reinziehen zu lassen.» Cohen hatte seine Lesebrille abgesetzt, um sich auf den feindlichen Einfall von jenseits der gedruckten Seite zu konzentrieren. Seine Augen waren zwischen den Falten der herabhängenden Lider und gerunzelter Augenhöhlenhaut versteckt. Als er sah, dass Bech zu keinerlei Vorstellung oder Einführung geneigt war, sagte er in mokanter Höflichkeit: «Fast hätte mir Ihr letztes Buch gefallen. Das über ... das Waisenkind im Koreakrieg. Zumindest haben Sie da nicht versucht ... Ihre schwache Phantasie spielen zu lassen ... als wäre es irgendein Land, das wir kennen.»

Cohen hatte kaum genug Luft, um eine Kerze auszublasen. Seine Äußerungen wirkten wie Sätze, die er aus Buchrezensionen heraufholte und mit Auslassungen durchsetzte, um sie vorteilhafter zu gestalten. Sein Hinweis bezog sich auf *Going South* (1992), eine zarte, sorgfältig recherchierte Novelle, in der die Abenteuer eines elternlosen neunjährigen Mädchens, Hang Kim, aus einem Dorf nahe Huichon imaginiert wurden; das Mädchen gerät in die Reihen der geschlagenen amerikanischen Armeen, die sich vor den Angriffswellen chinesischer Truppen ganz bis nach Taejon zurückziehen. Als Bech alt wurde, hatten sich seine Gedanken wieder dem Krieg zugewandt. Vor über einem halben Jahrhundert hatte er in einem mitgekämpft. Damals und fast die ganze Zeit seither hatte er

Kriege für eine Verirrung gehalten, eine entmenschlichende Episode, die man durchstehen und vergessen musste. Doch letzthin hatte er sich manchmal gefragt, ob Hemingway und Tolstoj nicht Recht hatten: Krieg war Wahrheit, Wahrheit in einem unerträglich reinen Zustand. Er hat die Landkarte gestaltet, und er hatte das kraftvollste moralische Prinzip, das der Stammesloyalität, hervorgebracht.

Bech wirbelte sein Cape herum und vollführte mit einer ironischen Verbeugung die Höflichkeiten, um die Cohen ersucht hatte. «Rachel, darf ich dir meine Nemesis vorstellen, Mr. Orlando Cohen, Erzdämon der amerikanischen Literaturkritik. Orlando, dies ist Ms. Rachel Teagarten, die mir bei meiner Arbeit hilft. Sie versteht etwas von Computern, vom Kopulieren und von elementarem Kochen.»

«Ich vermute», brachte der alte Magus pfeifend heraus, «Computer sind es wert, dass man sie versteht. Ich denke dabei immer ... an den Schachautomaten ... der sich ... der sich als Zwerg erwies. Das Spielbrett musste durchsichtig sein, damit ... er die Züge verfolgen konnte. Stellen Sie sich das vor ... er verfolgte die Züge über Kopf ... zusammengekauert in einer kleinen luftlosen Schachtel. Und gewann, manchmal. Er gewann nicht immer, nein – das ist ein Mythos. Es gab eine ganze Reihe solcher Zwerge ... und manche von ihnen waren zweifellos ... geschickter als andere.»

Nach dieser langen Rede war Cohen fast gänzlich ohne Atem. Er inhalierte lange durch die Nase. Seine Nase und seine Ohren waren mit dem Alter größer geworden, oder sie waren gleich groß geblieben, während alles Übrige von ihm schrumpfte. Einst war er ein gut aussehender Mann gewesen, und viele Frauen fühlten sich auf die Folter gespannt und in den Wahnsinn getrieben, weil es ihnen nicht gelang, ihn von seinem keuschen Ehrgeiz, der höchste Richter über alle Literatur zu sein, abzulenken – alle Literatur, aber mit dem Schwergewicht auf der amerikanischen Literatur. Er hatte sich standhaft geweigert, Bech einen Platz, und sei es auch nur einen kleinen Platz, im Kanon zuzugestehen. In einer Besprechung nach der andern hatte er Bechs Bücher künstlich, hohl, dandyhaft und lahm gefunden. Seine Rezension des Buches *Going South*, in *The New Criterion*, war mit der höhnischen Überschrift versehen gewesen: «Hinkend und lahm.»

«Versuchen Sie nicht, mit Geschwätz Zeit zu gewinnen», riet ihm Bech. «Das Spiel ist aus.»

«Welches Spiel?», brachte Cohen unter Mühen hervor. Seine Nasenspitze sah blau aus von Sauerstoffmangel. Er hatte die seltsame kontemplative Gewohnheit, mit der Nase zu zucken, die Nasenspitze schnell hin und her schwingen zu lassen.

«Das Spiel, auf mich einzuprügeln. Was habe ich Ihnen je getan?»

«Sie haben nicht gut geschrieben.»

«Wie könnte das sein? Ich habe mich um nichts anderes bemüht als darum, gut zu schreiben.»

«Sie haben sich zu sehr bemüht. Sie haben zugelassen, dass ... die Wörter Sie davon abhielten ... in Ihr Inneres hinabzusteigen. Sie waren jüdisch und ... haben versucht so zu tun ... als wären Sie Amerikaner.»

«Kann man nicht beides sein?»

«Bellow kann es. Salinger konnte es, einst. Mailer war mal das eine, mal das andere ... nie beides zugleich. Malamud ... Ich weiß nicht. In den letzten Büchern konnte ich ihm nicht mehr folgen ... Ich meine *Dubin's Lives* und das andere über die Affen. Er wollte Papiere, Empfehlungen. Kriegen Juden nicht. Nicht in einer von *gojim* regierten Welt. Israel ist eine Empfehlung. Keine gute. Die Araber erkennen sie nicht an.»

«Das sind Hinhaltemanöver, Orlando. Schauen Sie mal. Was ist das?» Bech suchte unter seinem schönen, mitternachtsblauen Cape und schwang das stählerne Werkzeug, mit dem seine Hand wieder zum Vorschein kam. Es war schwer, schwerer als es aussah.

«Eine Kanone», sagte Orlando Cohen. Seine Spachtelfinger rückten den in seinen Nüstern wispernden Plastik-Egel zurecht.

«Ein Revolver», berichtigte Bech. «Ein Schießeisen. Mit Schalldämpfer. Nicht einmal die Leute unter Ihnen werden es hören, wenn ich Sie abknalle. Sie werden denken, Ihre Geschirrspülmaschine sei in den nächsten Teil des Zyklus geklickt.»

Die Augen des kranken Mannes wanderten von Bechs Gesicht weg. «Rachel», fragte er, «wie lange ist er ... schon so?»

«Antworte dem Madensack nicht», befahl ihr Bech. «Der Schwanz schmiert allen weißen Ostküstenprotestanten Honig ums Maul. Dem steifnackigen alten Establishment. Je antisemitischer sie waren – die James, die Adams, die Holmes –, desto mehr liebt er sie. Hemingway, Fitzgerald – was machen schon ihre fiesen Bemerkungen. Er hat sogar Capote hoch gepriesen, kannst du dir das vorstellen? Capote gepriesen, und mich in die Pfanne gehauen.»

Cohen erwiderte mit so schwacher Stimme, dass die beiden angestrengt horchen mussten und dabei alle möglichen murmelnden Straßengeräusche und Radiomusik aufnahmen. «Capote ... ist in sein Inneres hinabgestiegen. In *In Cold Blood* ... ist er auf seine Ader gestoßen. Er wollte mit Perry gehängt werden. Er hasste sich selbst ... das kleine quieksende Monster, das er war. Er arbeitete an seinem Selbsthass – verwandelte ihn in ein objektives Korrelat. Er brachte uns dazu, dass wir Anteil nahmen. Bech ... Sie ... Sie haben Ihre Ader nie gefunden. Sie waren überempfindlich ... und im Grunde Ihres Wesens faul. Sie haben ... das Boot verpasst. Das Boot ... nach Amerika.»

«Ich bringe Sie gleich zum Schweigen», sagte Bech zu ihm. «Ich drücke diesen verdammten Abzug und lösche Sie aus.

Glauben Sie nicht, ich wäre dazu zu empfindlich. Ich habe bereits getötet.» Im Krieg. Wo man nicht wissen konnte, wie viele. Mit einem Browning-Selbstladegewehr feuerte man Blei in ein Dickicht oder in den Schuppen einer belgischen Farm, der feindlichem Feuer als Deckung gedient hatte, oder man griff einen Flakgeschützwagen an oder eine Maschinengewehrstellung, und am Ende konnte man nicht sagen, wie viele der Toten man selber getötet hatte, diese deutschen Toten, die nach ein paar Frosttagen auf ihren Stapeln wie Klafterholz aussahen oder wie riesige Gemüseknollen, purpurn und grün. In den Ardennen, im Dezember 1944, bei der Achtundzwanzigsten Infanteriedivision, in der bitteren Kälte, waren die deutschen Soldaten Flecken im Schnee, rennend, ob auf ihn zu oder von ihm fort war bei dem Schneegeglitzer nicht leicht zu sagen; man drückte, man drückte den eisigen Abzug des M1, das Metall war so kalt, dass das Öl gefror und das Schloss klemmte, man spähte in das Glitzern und drückte, durch die zerbröckelnden GI-Handschuhe hindurch, an deren ausgefransten olivgrünen Fäden sich lauter kleine Kügelchen aus gefrorenem Schnee bildeten, kalt bis auf die Knochen von der Nacht im nassen Schützenloch, dicht an dicht mit O'Malley und Perera und Lundgren, den geliebten Fremden, deren Körper Lebenswärme bedeuteten, bis zu den Knien rauf im Eiswasser des Schützengrabens, das physische Elend groß genug und so unaufhörlich, dass man leichtherzig an den Tod dachte, der hinter dem nächsten Baum versteckt sein konnte, wenn man vorwärts rannte, tief gebückt mit dem Rucksack, die Bäume dicht stehende alte Buchen, die grauen Linien gerundet und anmutig wie die von Frauen im Schnee. Eine Landschaft wie eine Weihnachtskarte, die ideale Landschaft fürs große Kraut-Killen, scherzten die Männer, die noch unfertigen herzlosen Knabenmänner, und es stimmte, die Gegenoffensive in den Ardennen brachte die Heinis aus ihren verbunkerten, auf Krautart tipptopp geputzten Stellungen ins offene Gelände, aufrecht versuchten sie vorwärts zu stürmen unter Hitlers wahnsinnigen Befehlen. Man drückte den Abzug, und der ferne hoppelnde Punkt fiel, und man spürte ein Aufwallen von Wärme, ein momentanes Nachlassen des Elends, ein Durchsickern von Genugtuung und Stolz aus einer anderen, undenkbaren Welt, einer Welt im Frieden. Er schoss ein paar weitere ab, wie Enten vor dem weißen Himmel, ehe der Trupp sich zurückzog und er die Füße aus dem Eiswasser bekam. Wenn er für sein Land getötet hatte, konnte er für seine Kunst töten.

«Nur zu», drängte ihn Cohen, atemlos. «Schießen Sie. Machen Sie's. Ich bin zweiundachtzig und ... kann keine fünf Schritte tun ... ohne zu ersticken. Tun Sie mir den Gefallen.» Doch der alte Widerling meinte nicht, was er sagte; er war schlau; er war verrückt danach zu leben. Pfiffig fuhr Cohen fort: «Und was ist mit ihrer jungen Freundin hier? Glauben Sie, sie möchte den ... Rest ihrer Tage im Knast verbringen? Sie richten .. heutzutage auch Frauen hin. Scheint mir ein ziemlich hoher Preis für ... die Eitelkeit Ihres alternden Freundes.»

«Sie hat sich entschieden mitzukommen. Ich habe sie nicht hergeschleppt.»

«Ich sehe es zu gern, wenn Henry so energiegeladen ist», sagte Robin zu Cohen.

«Er hätte seine Energie in ... in sein Werk stecken sollen. *Travel Light* ... *Think Big* ... alles Mätzchen. Man glaubt ihm nicht ein Wort. Ich übergehe *The Chosen*, weil alle darin übereinstimmten, dass ... es eine Peinlichkeit war.»

«Nicht Charles Poore in der *New York Times*. Er fand es wunderbar.»

«Poore, das alte Weib. Was wusste er schon? Sie haben versucht uns zu betrügen. Sie haben geglaubt, Sie könnten sich davonlaufen ... und amerikanisch schreiben. Bech ... darf ich Sie etwas fragen? Können Sie das Vaterunser aufsagen?»

Bech würdigte seinen Inquisitor keiner Antwort, er hielt nur den Revolver – eine Luger, ein Kriegssouvenir, das er einem toten Offizier weggenommen hatte, eine Waffe, die sehr wohl zuvor Juden getötet haben mochte – etwas anders, damit sie nicht mehr direkt auf seines Gegners Herz zielte. Er hielt ihn seitwärts in die Luft und gab damit Cohens ringender, unersättlicher Zunge Gelegenheit fortzufahren.

«Nun, neunzig Prozent der *schlubs* um Sie herum können es. Es ist in ihren Holzköpfen. Sie können es runterrasseln ... das verdammte Ding ... Wie können Sie erwarten, Sie könnten über Menschen schreiben ... wenn Sie keinen blassen Schimmer haben von dem Scheiß ... den sie in ihren Köpfen haben? Der Heilige Geist ... Die *gojim* kamen hierher und dachten ... der Heilige Geist hielte sie bei der Hand. Wer zum Teufel ist das? Irgendeine Taube, das ist alles ... wie jeder weiß. Die ersten Winter ... sie hatten dergleichen nie erlebt ... bei sich in England. Sie hielten durch ... aber dieser furchtbare Glaube ... Bech ... wenn der ausbrennt ... bleibt ein leerer Fleck zurück. Ob es Ihnen gefällt oder nicht ... ein leerer Fleck. Und das ist, wo Amerika ist ... in diesem leeren Fleck. Em, Emily, dann dieser Kerl in den Wäldern ... und Hem, Mel, Haw ... sie alle sind da gewesen. Das Nein im Donnergetöse .. das große Nein. Juden können nicht nein sagen, haben es nicht gelernt. Wir können nur ja sagen. Ja, ich werde Isaak töten ... Ja, lass uns ringen. Darum sind Sie so schlecht, Bech. Sie haben einen Versuch gemacht ... manche sagen, einen guten Versuch ... aber nicht in meinen Augen. Meiner Meinung nach ist er verpufft. Sie haben ins Leere gezielt ... weg von dem Gegenstand, den Sie hatten ... auf das, was keiner hat ... außer den Leuten, die im Nirgendwo zu Hause sind. Amerika, gute Möglichkeiten, Jazz, okay ... aber das ist ein Nirgendwo. Ein Nirgendwo von Küste zu Küste. Sie dachten ... wie diese *meschuggeners* in Hollywood ... die Juden würden staunen, wenn sie rauskommen aus dem Ghetto ... Sie könnten es hinbiegen, dass es etwas wird ... ein *Ort zum Wohnen*, mit lauter lieben Leuten. Mickey Rooney, Lewis Stone ... Jesus. James, Twain, Adams, diese gemeinen alten Burschen ... man muss sie einfach lieben. Sie, Bech, Sie muss ich nicht lieben. Sie sind ein falscher Hund. Sie haben sich selbst erfunden ... *schlimmer* noch als Capote. Nur zu. Drücken Sie ab. Ich brenne darauf, ehrlich. Ich kann nicht atmen, kann nicht reden, kann nicht ficken, kann nicht essen ... kann nicht einmal länger als eine Stunde am Stück schlafen. Drücken Sie ab. Sehen Sie weg, Rachel. Das Sterben ist nicht so hübsch ... wie Sie und andere Kids heutzutage zu glauben scheinen. Sie glauben, es sei nichts ... aber es ist etwas ... immer noch.» Des hoch geschätzten Kritikers Nase zuckte, ihre blaue Spitze schwang nach rechts und nach links, vielleicht zum letzten Mal.

Bech warf unsicher einen Seitenblick auf Robin. Er bewunderte an ihrem Profil die emphatische schwarze Augenbraue, ein halbfett gedruckter Bindestrich, streng und mediterran, ihrem Ausdruck nach. Iphigenie und Esther, Elektra und Delilah hatten solche unnachgiebigen Augenbrauen gehabt. Wenn er schießen wollte, würde sie ihm beim Schießen zusehen. Sie war die beste Gehilfin, die ein Mann haben konnte.

«Robin», sagte er zu ihr, «geh und nimm dem Schleimkloß den Schlauch aus den Nasenlöchern.»

Sie tat schnell, wie ihr aufgetragen war, und bewegte sich mit samtenen Schritten in ihrem Catsuit; vielleicht glaube sie, dies sei eine einleitende Höflichkeitsmaßnahme, wenn ein alter Mann nach jahrzehntelanger Feindschaft einen anderen tötete.

Bech erklärte, indem er die Waffe sinken ließ: «Sehen wir mal, ob er aus eigener Kraft atmen kann.»

Cohen hatte sich gewappnet, doch nun kroch Panik in ihm herauf, von den Lungen in sein Gesicht. Die Nasenspitze rotierte in ständiger Bewegung, zeichnete einen winzigen Kreis.

Er beugte sich vor, um seine gedrückten Lungenflügel zu weiten, und tastete an der Seite seines Lehnstuhls nach dem wispernden babyblauen Schlauch. Seine Worte waren nur noch Hülsen, kamen in Klumpen, zu zweit oder zu dritt. «Nicht so. Nehmen Sie das Schießeisen. Bech ... glauben Sie mir ... Ihr Zeug ... wird nicht bleiben. Das ist oberes Mittelmaß ... *shlak*. Nicht einmal oberes. Mittelmäßiges Mittelmaß.»

«Sie stinkender Sack mit Ihren halb garen Meinungen», schnarrte Bech. «Sie verfaulter Spielverderber. Sie haben mir jahrelang meinen Sauerstoff gestohlen.»

«Ihr Zeug ist ... ist ...» Cohen war seitwärts in seinem Lehnstuhl zusammengesunken. Das Buch, das er auf die Armlehne gelegt hatte (Walter Benjamin, *Selected Writings, Volume I*, 1913–1926), schlug dumpf auf dem Fußboden auf. Sein Gesicht nahm immer mehr die Farbe eines Fischs an, seine Kehle röchelte wie erstickende Kiemen. «Fünfziger!», schloss er mit triumphierendem Hass im Blick. «Sie stecken in den Fünfzigern!» Seine gelben Augäpfel drehten sich nach oben, und seine Lesebrille plumpste ihm in den Schoß.

«Lass uns abhauen aus dieser Bude», sagte Bech zu Robin. «Ich rieche entweichendes Gas.»

«Aber –» Er wusste, was sie meinte. Wenn er ihn nicht erschoss – war es nicht grausam, ihn ersticken zu lassen? Oder war dies die raue Gerechtigkeit in den sauerstoffarmen literarischen Gefilden?

«Hör zu, Puppe. Wir tun ihm einen Gefallen, genau wie er uns gebeten hat. Der arme Streber ist süchtig. Keiner mag mehr normale Luft, wenn er den puren Sauerstoff geschmeckt hat. Wie atmet er denn, wenn er aufs Klo geht? Wenn er sich seine Stunde Schlaf schnappt? Unter uns, ich wette, er zieht sich seine soliden sieben, acht Stunden rein, vielleicht mit einem Trip zwischendurch zum Klo, zum Pinkeln.»

Orlando Cohen, sagenumwobener Begründer und Vernichter von Ansehen und Ruhm, lag zerknittert in seinem Lehnstuhl wie ein im Mysterium des Kindbetttods erstarrter Säugling. Robin unterdrückte einen Schrei und einen Schritt hin zu dem bewusstlosen Greis. Bechs stahlgrau behandschuhte Hand auf ihrem Arm bremste ihre impulsive Regung.

«Lass dich von dem Schwanzkopf nicht manipulieren», befahl er seiner Gefährtin. «Du bist wie jedes Weib. Du bist zu weich. Ein kaltherziger Schläger wie der nützt das aus. Der kommt schon wieder zu sich, sobald er hört, dass wir aus dem Fenster raus sind und die Feuerleiter runterlaufen. Hast du seine konservierte Vorlesung über amerikanische Literatur mitgekriegt? Die hat er tausendmal gehalten.»

Fernab in der Stadt jaulte die Sirene eines Polizeiautos auf; nicht für sie beide bei diesem Streich, aber vielleicht beim nächsten. Polternd stieg das Duo in den verkrauteten dunklen Garten hinter dem Haus hinab, wo die Schatten der Götterbaumblätter rastlos ins Leere stachen. Robin schmiegte sich in diesen Schatten an Bech, ihr Gesicht, nun ohne die Maske, war erschreckend weiß. «Ich möchte ein Baby», sagte sie mit sanfter Stimme.

«He», rief Bech, «ich sagte, dass die meisten Weiber zu weichherzig sind, aber ich habe nicht gesagt, dass sie danach handeln sollen.»

«Ich möchte ein Kind von dir», beharrte sie.

«Ich bin vierundsiebzig», sagte er. «Ich bin jenseits des Verfallsdatums.»

Sie fanden ihren heimlichen Weg hinaus, an überfließenden Mülltonnen und sterbenden Rosenstöcken vorbei, auf die Christopher Street, wo sie alsbald im Lampenlicht des frühen Abends ein weiteres diskret streitendes Paar wurden. «Ich habe mich geängstigt», gestand Robin, «als ich dachte, du würdest diesen aus dem letzten Loch pfeifenden alten Mann erschießen.»

«Ich hätte den *putz* erschießen sollen», erwiderte Bech griesgrämig. «Er hat mir viel Leids zugefügt. Er wollte mich für null und nichtig erklären.»

«Warum hast du's dann nicht getan?» Ihre Hand zog an seinem Arm, es war wie eine weitere Frage da unter seinem rot gefütterten Cape, das sich hinter ihnen leicht hob, als eine Brise voller Ozon von der Bleecker Street her ein vormitternächtliches Gewitter ankündigte.

«Ich habe ihm geglaubt; es ist schlimmer für ihn, am Leben zu sein.»

«Weißt du, was ich glaube?»

Sie wartete, zu Bechs Verdruss, zum tausendsten Mal mit der ausgelassenen, sie amüsierenden sicheren Erwartung, mit der Frauen das Beziehungsspiel spielen. «Was?», hatte er zu antworten, in barschem Ton.

«Ich glaube», sagte sie, «du bist selber ziemlich weichherzig.»

«Ich war es», räumte er ein, «aber sie haben es mir ausgetrieben. Mit ihrer nörgelnden und pedantischen und kleingeistigen Art haben sie mich davon abgebracht.»

«Sie haben es nicht geschafft», sagte sie. «Sie sind doch bloß Kritiker, aber du –»

Ihre Kunstpause nötigte ihn wieder zu einer Antwort: «Ja?»

«Du bist du.»

«Und wer wäre das nicht?»

«Jeder ist es, aber wenige nehmen es sich so sehr zu Herzen wie du. Henry –?»

«*Was?* Streich's raus aus dem Dialog.»

«Glaubst du, dass wir fürs Erste genügend Übles von der Welt getilgt haben?»

«Es ist noch reichlich davon vorhanden. Da ist dieser Kerl, der an der Columbia lehrt, Carlos sowieso, mit ‹… era› am Ende, Professor für Englisch, oder wie immer das jetzt heißt, der mich vorletzte Woche in der *Book Review* wirklich auf die Palme gebracht hat. Er sagte, mir fehle der *duende*. Der *duende*! Ich habe im spanischen Wörterbuch nachgeschlagen, und es bedeutet ‹Geist, Gespenst, Kobold, Fee›. Und dann ist da Gore Vidal, der –. Und Garry Wills, der –»

«Liebling.»

«Was ist denn nun?»

«Du überschlägst dich. Lass uns über unser Baby nachdenken.»

«Ich kann kein Baby in eine Welt setzen, die so verschmutzt ist von bösartigen Kritikern wie diese.»

«Kein Mensch kritisiert ein Baby.»

«Sie würden alles von mir kritisieren. Robin, wir waren gerade dabei, ein gut eingespieltes Duo zu werden.»

«Waren?»

«Ich möchte gern noch mehr Rache üben.»

«Nein, möchtest du nicht», sagte Robin zu ihm. «Ein Duo will etwas anderes, es will ein Trio werden. Einigen wir uns doch einfach so: Du machst mir ein Kind, oder ich gehe zu den Cops. Den Bullen.»

«Und erzählst ihnen was?»

«Alles.»

«Das ist Erpressung.»

«Ich würde es Hingabe nennen. In deinem allerbesten Interesse.» Sie bogen rechts ab in die Bedford Street, gingen runter bis zur Houston und dort weiter bis zur Crosby Street. Die Stadt hing um sie herum wie ein Agitprop-Hintergrundprospekt, murmelnd und surreal, perforiert von Lichtern und Leben in Millionenzahl. Eine fledermausgraue Wolkenbank sammelte sich im Osten, Streifen nach sich ziehend über der safranroten Glutkuppel der Stadt. Zufrieden schmiegte sich Rachel Teagarten unter seinem Cape noch dichter an ihn. Bech fragte sich, ob die kleine Tootsie nicht allmählich ein bisschen lästig wurde.

Bech und der Bonus aus Schweden

:
:

Ein Proteststurm erhob sich auf die Meldung hin, dass Henry Bech den Nobelpreis für Literatur 1999 gewonnen habe. Ereiferte sich ein Leitartikler der *New York Times*:

> Der Hang der Schwedischen Akademie, farbenfrohen Nieten und gegen das Establishment agierenden Plagegeistern ihren auf Dynamit gegründeten Bonus zu verleihen, geht über schlichte Launenhaftigkeit hinaus und hat, bei dieser jüngsten Wahl, ein gerüttelt Maß an Willkür angenommen. Wenn denn endlich wieder einmal die Zeit für einen amerikanischen Preisträger gekommen war, dann muss man einen absichtlichen Affront darin sehen, dass ernst zu nehmende Kandidaten wie Mailer, Roth und Ozick, ganz abgesehen von Pynchon und DeLillo, übergangen wurden zugunsten dieses überholten Vertreters der Schönschreiberei, dessen dürftiges Werk nicht einmal an J. D. Salingers majestätische Totalenthaltsamkeit, was das Veröffentlichen betrifft, heranreicht.

In der *Post* wurde Isaiah Thornbush mit den Worten zitiert: «Bei allem Respekt für meinen lieben Kollegen und alten Freund Henry, dies macht den Preis zu einer Posse. Ich war, offen gestanden, sprachlos.» BECH ? WER ISSN DAS ? ? ? lautete die Schlagzeile auf der ersten Seite der *Daily News*, und *People* brachte auf dem Cover das am wenigsten schmeichelhafte Foto, das im Archiv des Magazins zu finden war. Es zeigte Bech und seine damalige Ehefrau Bea in Latzhosen beim vorgetäuschten Reparieren des Weinlaubengangs vor ihrem im Pseudotudorstil gebauten pseudoparadiesischen Haus in Ossining. Und *New York* schwang sich aus demselben Anlass zu einer behäbig-bitteren Retrospektive von John Simon unter dem Titel «Das (weit hergeholte) Plädoyer für Henry Bech» auf.

Unterdessen hörte das Telefon in Bechs Loft in der Crosby Street nicht auf zu läuten und unterbrach zuweilen den siebzigjährigen Preisträger beim Wickeln seines acht Monate alten Babys Golda (bei der Wahl des Namens für ihre Tochter war Robin Teagarten dann doch nicht ganz so post-jüdisch vorgegangen), sodass der würzige Geruch von ockerfarbener Babyscheiße und das Schrillen des Telefons zu den zwei Flügeln ein und derselben entnervenden Erfahrung wurden. Golda war ein kräftiges Kind und zahnte; sie hatte von ihrer Mutter den herausfordernd ruhigen Blick, der bisher jedoch noch nicht fuchsfarben war, sondern von dem kontemplativen, unverwandten Schieferblau eines Kleinkinds. Sie war alt genug, um es etwas verdächtig zu finden, dass dieser knotenfingrige alte Mann mit kühlen Babytüchern an ihrer Spalte und Poritze herumwischte und dann die Klebeverschlüsse der Windeln auf ihrem glatten Kullerbauch zu fest zudrückte. Oft neckte ihn Golda und zeigte ihre Kräfte, indem sie sich auf der Wickelunterlage wand und wie eine barocke Putte korkenzieherähnlich drehte. Sie bevorzugte die kühle, rasche Berührung ihrer Mutter oder die leichten braunen Hände von Leontyne, der Kinderfrau mit ihrem fröhlichen Singsang, die von Antigua über Crown Heights zu ihnen gekommen war.

Die Stimme am Telefon war gewöhnlich die von Meri (sic) Jo Zwengler, der lederbekleideten Pressesprecherin von Vellum Press. «Aber ich will nicht bei Oprah auftreten», sagte er dann zu ihr. «Ich kann diese johlenden Zuschauer, diese Feministinnen aus dem Maisgürtel nicht ausstehen.» Worauf Meri Jo jedes

Mal seufzte. «Es wird von dir erwartet, Henry. Zwei Drittel der amerikanischen Bevölkerung würden es als Affront auffassen, wenn du dich nicht herablässt, dort aufzutreten.»

«Ja, die ungebildeten zwei Drittel. Und wo waren die, als von *Going South* weniger als zwanzigtausend Exemplare verkauft wurden?»

Meri Jo behandelte ihn mit bühnenhafter Geduld. «Du bist ein preisgekrönter Dichter, Henry. Du kannst es dir nicht mehr erlauben, den Einsiedler Henry Bech zu spielen und zu sagen: ‹Lasst mich in Ruhe, ich habe eine Schreibhemmung.›»

«Bech, wer issn das?», zitierte er.

«Das fragt jetzt keiner mehr. Du bist brandaktuell, Henry. Tut mir Leid. Aber die Verkaufszahlen sollten deiner kleinen Tochter eine College-Ausbildung ermöglichen, wenn du nur ein bisschen nachhilfst. Wir überlegen schon, ob wir eine Neuauflage von *When the Saints* drucken sollen.»

«Wieso ist das Buch überhaupt vergriffen?»

«Jetzt sei nicht unausstehlich, Henry. Die Lagerhaltungskosten sind astronomisch in die Höhe gegangen. Wir haben enorme Allgemeinkosten in unserem neuen Domizil.»

Seiner Schätzung nach überragte Meri Jos Jahresgehalt sein Einkommen aus Tantiemen wie eine Sequoia einen Bonsai-Kirschbaum. «Habe ich euch gebeten», fragte er sie, «dass ihr euch einen Wolkenkratzer hinstellt, bloß weil McGraw-Hill einen hat?»

«Lieber, sei ein Engel und mach's mir bitte nicht so schwer», sagte sie. Er meinte das Quietschen von Leder und das Klicken von Metallnieten zu hören, als sie ihre Körpermassen in ihrem eigens für sie angefertigten Drehstuhl bewegte. «Dein Auftritt bei Charlie Rose war wunderbar.»

«*Charlie* war wunderbar», widersprach Bech. «Ich habe kaum ein Wort gesagt.» Das schmale lachsfarbene Gesicht des Interviewers stand vor seinem geistigen Auge; Charlie Rose hatte sich bedrohlich nahe zu ihm herübergebeugt, wie ein von Avedon aufgenommenes Porträtfoto seiner selbst, und ihn gedrängt: «Nun sagen Sie mir ehrlich, Henry, ist es Ihnen nicht *peinlich*, dass Sie den Preis bekommen haben, wo doch so viele andere Schriftsteller ihn nicht bekommen haben?» Und die Augen des Kulturlieferanten hatten sich inquisitorisch in ihn gebohrt, sodass er Dick Van Dyke in einer Disney-Animation ähnelte.

Diese professionellen Persönlichkeiten liefen dermaßen auf Hochtouren, dass Bechs Verstand davon in die Länge gezogen wurde wie ein Kaugummi unter der Schuhsohle eines Mannes, der weggehen möchte. Terry Gross mit ihrer aufreizend jugendlichen und leicht stotternden Stimme hatte ihm die Frage noch brutaler gestellt: «Wie erklären Sie sich das? Ich meine, es muss Ihnen einigermaßen gespenstisch vorkommen, wo doch Henry James und Theodore Dreiser und Robert Frost und Nabokov ihn nicht gekriegt haben …»

«Ich kann nicht in schwedischen Gedanken lesen», war alles, was Bech zu seiner Entschuldigung vorbringen konnte. «Ich denke nicht einmal schwedisch.»

Dies erschien ihm eine ziemlich gelungene Erwiderung; er hatte sie sich in den Wachträumen der Schlaflosigkeit ausgedacht, aber als die Gelegenheit kam, sie anzuwenden, ließ sie den spontanen Zungenschlag vermissen. Die kleine, kurzhaarige Interviewerin kicherte kurz und ging dann, wie ein australischer Windhund, der ein zu Fall gebrachtes Känguru an der Gurgel gepackt hat, wieder zum Angriff über: «Nein, aber im Ernst …»

Das fand in einer Sendung statt, die von Reportern aus mehreren Großstädten kam, angefangen bei Christopher Lydon in einer trostlosen Ecke hinter der Boston University, über Leonard Lopate in den tristen Fluren von New Yorks City Hall, bis zu Philadelphias «Fresh Air» in einem Tonstudio des WHYY, mit Regalen voller Blechdosen an den Wänden, und Diane Rehms WAMU-Horst in der Brandywine Street, inmitten der waldig gelegenen American University in Washington, D. C. Diane hatte faszinierend blaue Haare und eine kristallklare, aufmunternde Stimme – als riefe sie aus einem anderen Zimmer ein paar Clubstudentinnen zum Essen herüber – und war in der Kette von Interviewern diejenige, die Bech am wenigsten in die Defensive drängte. Wieso, schien sie zu sagen, na klar! Mr. Bech hat den Nobelpreis für Liter-a-tur gewonnen. Wer hätte ihn eher verdient? Liebe Zuhörer, das müssen *Sie* uns verraten.

Die allererste Anruferin, deren klebrigsüße Südstaatenstimme für Bechs Ohren wie Ohrensausen klang, wollte wissen, ob es stimmte, was sie im *National Enquirer* gelesen hatte, dass nämlich Mr. Bech erst kürzlich mit einer Frau, die ein Drittel so alt sei wie er, ein Kind gezeugt habe?

«Ich vermute, es ist nicht unwahr», knurrte Bech ins Mikrophon. Dass Robin ihn dazu erpresst hatte, wollte er lieber nicht erklären. Werde Vater, oder du stehst als Serienmörder vor Gericht.

«Meine Fraage ist nun, Sir, finden Sie ein solches Verhalten fair gegenüber der jungen Daame oder dem hilflosen kleinen Kind, wenn Sie doch selber – mit Verlaub zu saagen – jeden Moment ins Graas beißen können?»

«Fair?» Fairness war eine Haltung, der er letzthin nicht mehr begegnet war. Als Kind hatte er seinen Spielkameraden gegenüber protestiert, wenn etwas nicht fair war, aber dann waren die unerbittlichen Jahrzehnte über ihn hinweggespült und hatten seine Empörung nach und nach ausgewaschen.

«Und die Millionen Dollar, die Sie da gewonnen haben – haben Sie vor, das Geld für einen *guten Zweck* zu verwenden?»

Er hatte Interviewern und härter gesottenen Gastgebern von Talkshows wiederholt erklärt, dass von dem Geld, wenn er seine Steuern an Staat, Stadt und Bund gezahlt habe, längst keine Million mehr übrig sein werde. Es würde weniger sein als eine halbe Million. Und wenn er die Stunden seiner Zeit und die Ergs seiner Energie, die für den Preis draufgegangen waren, rechnete und dazu den universalen Konsens, dass er nunmehr der Welt etwas schuldete, musste er das Ganze als einen finanziellen Nettoverlust betrachten. Und überhaupt, was konnte man sich heutzutage schon für eine halbe Million Dollar in New York City leisten? Eine Jeff-Koons-Statuette, oder einen Wandschrank in einer Eigentumswohnung an der Fifth Avenue. Er wollte all dies gerade erklären, aber die Anruferin, die sich in Bechs Kopf eingenistet hatte wie ein unausrottbarer Parasit, blieb hartnäckig bei der Stoßrichtung ihrer Befragung: «Und ist es waahr, Sir, wie ich in verschiedenen reputierlichen Blättern gelesen habe, dass Sie auf Reisen in der kommunistischen Welt, die von unserer US-Regierung bezaahlt wurden, eine Lii-ai-son mit einer gewissen berühmten bulgaarischen Dichterin eingegangen sind und mit dieser Dame ein Kind hatten, das Sie niemals offiziell anerkannt haben? Einen Jungen, der, bis er erwachsen war, unter strikter kommunistischer Doktrin aufgezogen wurde und seinen Vaater nicht kannte, während Sie Ihren kapitalistischen Lebensstil genossen?»

Die seltsamen Bilder und Lügen brachen so schnell über ihn herein und auf so gewinnende Weise, dass er kaum zu sprechen vermochte, obwohl er unablässig gesprochen hatte, seit die Entscheidung über den Preis bekannt gegeben worden war. Sein Mund öffnete sich fünf Zentimeter vor dem mit Schaumstoff bedeckten Mikrophon – wie ein Mini-Boxhandschuh, oder wie eine Faust in einer Keith-Haring-Silhouette –, aber es kam nur ein krächzendes Geräusch hervor. Diane Rehm, der schon eine halbe Sekunde verschwendeter Sendezeit zuwider war, flötete: «Vielleicht mag unser Gast darauf nicht antworten?»

Die Stimme in Bechs Kopf grub sich tiefer, ihre Kiefer mahlten schneller, und der raue Unterleib christlichen Unmuts trat hervor. «Aber Diaane, wenn dieser Mann nicht antworten möchte, was sitzt er dann in Ihrer Show herum? Wenn es ihm so schnell die Spraache verschlägt – vielleicht hätte er den Preis nicht annehmen sollen.»

«Ich bin nie zuvor Vater gewesen», brachte Bech heraus, «so wie ich nie zuvor den Nobelpreis bekommen habe.»

«Na, wenn Sie noch nie Vater gewesen sind», sagte die Stimme, «dann sollten Sie, nach allem, was ich gelesen habe, diesen schwarzen Teenagern mal beibringen, wie man verhütet.»

«Danke für Ihren Anruf, Maureen», sagte Diane Rehm mit fester Stimme und drückte auf den Schalter, der Maureen aus den Sendewellen herauskatapultierte. «Und als Nächstes», verkündete sie der Nation, «Betty Jean aus Greensboro, North Carolina.»

Aber Betty Jean war nicht besser. Sie sagte: «Wenn man an all die schwarzen Teenager denkt, finde ich, dass die ganzen Berühmtheiten wie Sie, die uneheliche Kinder in die Welt setzen, kein gutes Beispiel geben, oder?»

«Aber», sagte Bech in Bedrängnis, «ich bin doch gar keine Berühmtheit gewesen, bis ich den Preis bekam. Ich war nur ein Schriftsteller in seiner einsamen Ecke. Und im Übrigen würde ich die Mutter meines Kindes nur zu gern heiraten, aber sie überdenkt mein Angebot noch. Sie ist sehr modern.»

«Wenn Sie mich fragen», sagte Betty Jean einen Bruchteil vor ihrer elektronischen Auslöschung, «dann seid ihr Yankees allesamt viel zu modern.»

Im tiefsten Herzen stimmte Bech ihr zu. *Moralische Unzulänglichkeit.* Während er wach in seinem Loft lag und an den Wänden um ihn herum aus zufälligen Großstadtlichtern gebildete Rothko'sche Rechtecke vibrierten, horchte er darauf, dass sein Kind sich meldete, und sann über sein Leben und seine Arbeit nach, seine tägliche, sich ständig verkürzende irdische Existenz. Ein paar Länder, ein paar Frauen. Es gab viele Länder, die er nie sehen würde, darunter solche, die, jünger als Golda, gerade eben erst aus den Überresten abgewrackter alter Reiche hervorgingen. Die Frauen – er nahm an, dass es darum die ganze Zeit gegangen war, dass sie das biologisch verordnete Ziel männlicher Existenz waren, näher rückend, hoch vor einem aufragend und wieder entschwindend. Es waren genug gewesen. Er konnte sie nicht aufzählen und sich auch nicht an all ihre Namen erinnern, doch sah er immer, wenn er wollte, wenigstens ein Gesicht, eine schimmernde Blässe in einem abgedunkelten Raum, ein unbestimmtes, anziehendes Lächeln und Augenhöhlen mit warmen, wilden Schatten. Trotzdem, es war eine furchtbar reduzierte Anzahl all der Frauen im passenden Alter gewesen, die es, weltweit, gegeben hatte. Und ebenso schien ihm sein Werk, die sieben Bände* (die britische Anthologie, *The Best of Bech*, die seit langem vergriffen war, nicht mitgerechnet), von erstaunlich geringem Umfang, wenn man die Möglichkeiten bedachte, und auf die gleiche Weise geheimnisvoll zufallsbedingt wie die wichtigen Wendepunkte in seinem Leben. Sieben Lebensstadien, die sieben Arme der Menorah, sieben weiße Tasten auf dem Klavier. Er hatte nie ganz verstanden, warum es zwischen den schwarzen Tasten, den Halbtö-

* *Travel Light*, Roman (1955); *Brother Pig*, Novelle (1957); *When the Saints*, Vermischte Schriften (1958); *The Chosen*, Roman (1963); *Think Big*, Roman (1979); *Biding Time*, Skizzen und Erzählungen (1985); *Going South*, Novelle (1992).

nen, innerhalb einer Oktave diese zwei Lücken gab. Sie machten es dem Pianisten leichter, sich zurechtzufinden, vermutete er. Seine sieben Bücher schimmerten bei rückwärts gewandtem Blick wie die schwächer werdenden Wegmarkierungen in einem dunklen Wald, *una selva oscura* – die verworrene Wildnis, wo sein Bewusstsein sich mit dem Universum überschnitt. Selten blätterte er in ihren bleichen Seiten – seine Bücher schienen eine so gefährliche Verbindung mit der gigantischen Wahrheit der Dinge zu haben: seine willkürliche Identität, entstanden, wie das Weltall, aus Dunkelheit und Schweigen. Zuerst, in samtener uteriner Dunkelheit, das schleimige, vorbewusste Wunder der wiederholten vorgeburtlichen Zellteilung, durch unergründliche Signale unter den Chromosomen und Proteinen mit der Komplexität der Lebensfähigkeit verklinkt. Dann die harsche Eruption ins eisige Krankenhauslicht und in das wohlige geräuschvolle Freud'sche Dreieck mit seiner bedrängenden, aber nährenden Atmosphäre von Küche, Schlafzimmer und Bad. Dann der lange, beaufsichtigte Aufwärtsweg durch die Schule, eine Klasse nach der anderen, ein Lehrer nach dem anderen, und seine abrupte Entlassung – in dem Jahr von Pearl Harbour – in den Krieg und die unschlüssigen Erprobungen des Erwachsenenlebens, von denen seine gegenwärtige bittere, durch den Preis belastete Hinfälligkeit die neueste, wenn auch nicht unbedingt die letzte war. *Sein Leben spielt einer manche Rollen, / durch sieben Akte hin.*

Golda wimmerte in ihrer Wiege, die sie gleich draußen, vor ihr flüchtig abgeteiltes Schlafzimmer gestellt hatten. Am Tage schoben sie die Wiege in den aus Vierkanthölzern und Hartfaserplatten gezimmerten Unterschlupf, einen Kasten innerhalb des Lofts – ein Schmuckkästchen, wenn Golda darin schlief. Robin arbeitete tagsüber bei Computer Crossroads in der Third Avenue; Bech kritzelte sachte, schrieb und radierte, während Leontyne auf Zehenspitzen Frühstücksgeschirr und

Wäsche bewältigte. Zwei Erwachsene, staunte er, die von einem zwanzig Pfund schweren arglosen Wesen in Atem gehalten wurden. Wenn das Baby aufwachte, gurrte die kakaobraune Kinderfrau karibische Laute und fütterte es mit Häppchen von Toast und Huhn, die Golda zufrieden kaute, obwohl sie weniger Zähne als Finger hatte. Die schon vorhandenen Zähne waren groß, und hart erarbeitet, denn sie hatten ihr großen Kummer bereitet, als sie durch das Zahnfleisch stießen. Anschließend wurde ihr auf dem Sofa ein Fläschchen verabreicht, an dem Golda blind saugte, während Leontyne «Days of Our Lives» in sich hineinsog. Um zwei Uhr wechselte die Kinderfrau das Programm und sah sich «One Life to Live» an, und wenn die vertrackten, ihm durch den Preis erwachsenen Verpflichtungen es gestatteten, gönnte Bech ihr dieses Vergnügen und schob selber den Buggy zum Spielplatz. Es gab einen trostlosen, kargen kleinen an der Ecke Spring Street und Mulberry Street und einen noch dürftigeren an der Ecke Mercer Street, oberhalb der Houston Street, neben einem Sportzentrum der New York University. Wenn er es besonders gut machen wollte, schob er Golda bis über die Bowery hinaus, wo es in dem lang gestreckten Park, der nach Roosevelts überfürsorglicher Mutter Sara benannt war, mehrere Spielplätze gab. Die Ginkgobäume und Platanen verfärbten sich allmählich, und auf den Wegen häuften sich die welken Blätter. Bech steckte seine quirlige Tochter in eine der schwarzen Gummiwindeln, die neuerdings als Schaukelsitze dienten, und stieß sie immer wieder an, bis das die Schwerkraft narrende Wunder seine Wirkung verlor. Sie war noch zu klein, um sich allein in die Höhen und auf die schwingenden Hängebrücken der Plastikburg in der Mitte des mit Plastik ausgelegten Spielplatzes zu wagen, aber manchmal setzte er sie auf die spiralförmige Rutsche und ließ sie, ein schlüpfriges Geschoss im wattierten Spielanzug, aus seinen Händen sausen und durch ein paar Kurven gleiten, ehe er sie unten wieder auffing. Und er ließ sie auch die Leiter der Rutsche hinaufklettern, was sie aus eigenem Antrieb tat, wobei seine Hand über ihrem Rücken schwebte, falls sie zu fallen drohte, wenn sie sich leicht schwankend zu ihm umdrehte, um ihren Stolz auf ihren Aufstieg mit ihm zu teilen. Er sah seine Rolle als Vater – solange er da war und sie ausüben konnte – darin, seine Tochter zu bestärken, dass sie sich näher, als sowohl Robin als auch Leontyne es erlaubt hätten, an Gefahren heranwagte und so ein Element männlicher Risikofreudigkeit in ihr Leben einführte.

Auf dem Fußboden des Lofts war Golda ein kräftiges, nicht zu bremsendes Krabbelkind, das wie eine Raupe über Spielsachen, Erwachsenenfüße, herumliegende Bücher und rutschige Teile der *New York Times* vom Sonntag hinwegrobbte. Nachts jedoch, wenn ihr Wimmern Bech dazu brachte, sich über ihre Wiege zu beugen, hatte sie alle Muskelkraft mit ihrem Spielanzug abgestreift und schien nur Stimmung, ein Brunnen stummer Bedürfnisse zu sein, in den hinabzuspähen er sich mühte, während beide die Quelle ihres Unbehagens ausfindig zu machen suchten. In den ersten sechs Monaten hatte er sie einfach hoch genommen und zu seiner in tiefem Schlummer liegenden jungen Gefährtin gebracht, die schlaftrunken eine erstaunlich große, von grünen Adern durchzogene weiße Brust in den kleinen Mund stopfte und die Unzufriedenheit zum Verstummen brachte. Aber Robin, die der Milchflecke auf den hübschen Oberteilen ihrer Straßenkleidung ebenso überdrüssig war wie der tyrannischen Anbindung an die Körperfunktionen eines anderen Wesens, hatte Golda entwöhnt, sodass Bech, der den wimmernden kleinen Körper in die Arme nahm, wählen konnte, ob er ihr die Windeln wechseln oder ein Fläschchen warm machen sollte, oder beides. Diese tastenden Verständigungsversuche mit seiner kleinen Tochter zu nachtschlafender Zeit, während noch die Verkehrsgeräusche – Gangsterlimousinen aus Little Italy, gelbe Taxis, die zu den Tanzclubs in SoHo fuhren oder von dort kamen – von der Crosby Street heraufdrangen, unterschieden sich von all den anderen, flüchtigen Beziehungen, die das Leben ihm gebracht hatte: Er war, aufgrund seiner Größe, eindeutig überlegen, doch Zärtlichkeit und eine atavistische animalische Beschützerhaltung verlagerten das Gleichgewicht zugunsten des hilflosen Kindes.

Der Sprache noch nicht mächtig – sie konnte «Hi» sagen und zum Abschied winken –, verständigte Golda sich mit Hilfe dessen, was die King-James-Bibel die Eingeweide nannte, nicht nur mittels der würzig riechenden Ausscheidungen, sondern auch über die inneren Mysterien, den Durst oder den Schmerz, schlechte Träume oder existenzielle Einsamkeit, die ihre Seele aus dem Schlaf und, auf der Suche nach Trost, in die brodelnde Welt getrieben hatten. Den Trost versuchte er zu geben; manchmal erwachte Robin und schwemmte mit ihrem urmütterlichen Körper und Herzen die Unzufriedenheit des Säuglings fort. Neben ihnen im Bett, freute sich der alternde Bech an der Flut von Wärme, wenn die zwei jungen weiblichen Körper sanft zusammenprallten. Bech war jedes Mal erleichtert, wenn Robin sich einmischte, aber zugleich fühlte er sich betrogen um seine womöglich letzte Gelegenheit, einen anderen Menschen zufrieden zu stellen – und den biologischen Schüssel zu finden, der ein Schloss außerhalb seiner selbst öffnete, in diesem Fall den zu einem Ich, das eine unwahrscheinliche Erweiterung seiner selbst war – wie ein ins Wasser gesteckter und scheinbar versetzter Stock. «Du bist mein Preis», murmelte er ihr dann ins Ohr, während er die sechzig Sekunden, die das Fläschchen in der Mikrowelle brauchte, abwartete und mit Golda am Fenster stand, von wo sie beide auf das gelbe Dach eines einzelnen Taxis hinunterblickten, das eilig über das unebene Kopfsteinpflaster holperte auf dem Weg zu irgendeinem zweifelhaften Lokal mit Spiegeln, Drogen, Strobe Lights und zuckenden Tanzbewegungen. «Du bist gut, gut, *gut*», sagte Bech zu Golda, und ihre aufmerksamen Augen waren wegen seines verzweiflungsvoll heiseren Flüsterns auf sein Gesicht gerichtet. «Du bist ein wahrhaft außergewöhnlicher Mensch.»

Sie waren beide von ein und derselben Art – unregelmäßige Schläfer und hartnäckige Krabbler. «Oh, du bist ganz Daddys Töchterchen», säuselte Leontyne dem Kind bei Tag ins Ohr, sodass Bech an seinem Schreibtisch es hören konnte. «Du hast sein lustiges Gesicht und sein störrisches Haar.»

«Leontyne», fragte er dann, «finden Sie, dass dies ein schlimmer Fehler ist? Dass ich in meinem Alter ein Kind habe?»

«Kinder sind immer Geschenke Gottes», sagte sie mit ihrer sanft auf und ab schwingenden Stimme. «Sie kommen, wenn Er es möchte. Die Mommy und der Daddy denken vielleicht: ‹Jetzt noch nicht, jetzt noch nicht›, aber Er weiß, wann es Zeit ist für einen solchen Segen. Sie haben die Kleine so lieb, dass ich es manchmal gar nicht mit ansehen kann. Und die Mommy, die haben Sie auch lieb, aber jeder von Ihnen geht seinen eigenen Weg in der Welt. Bei meinen Eltern war es auch so, mein Daddy kam und ging. Neun Kinder haben sie immerhin gemacht, bei seinem Kommen und Gehen. Ich war die Zweitjüngste. Mein kleiner Bruder kam, da war Mutter zweiundvierzig. Sie hat immer gesagt, als er auf die Welt kam, musste sie die Brille aufsetzen, damit sie ihn sehen konnte.»

Leontynes zuversichtliche Gewissheit, dass die Welt eine göttliche Wiege war, in der sie alle sanft schaukelten, beruhigte Bech am Tage, aber sie verstörte ihn bei Nacht, wenn sie so eindeutig ein Irrglaube schien. In seiner Schlaflosigkeit stand er allein auf einer Säule, ein seiner behaglichen Alltäglichkeit entrissener Heiliger. Der ihm zugefallene Preis hatte eine Flut von Briefen ausgelöst, die wie feindselige Winde auf ihn einpeitschten. *Man sollte meinen, sie hätten den Preis auch einem Amerikaner geben können, der kein Itzig oder Nigger ist oder ein Einwanderer, der nicht mal richtig Englisch kann ... Ich rackere mich ab und versuche, meinen Roman fertig zu schreiben, während ich gleichzeitig zwei Jobs ausübe, um die prohibitiven Kosten für die Chemotherapie meiner Frau und für die Kinderbetreuung bezahlen zu können, und schon ein Prozent der Summe, die Sie meiner Meinung nach zu Recht verdient haben, würde mich in die Lage versetzen ... Sie haben mich wahrscheinlich vergessen, aber in der Public School 87, drüben an der 77th Street, Ecke Amsterdam Avenue saß ich hinter Ihnen, und obwohl Sie mich nie beachtet haben, wusste ich immer, dass Sie eines Tages ... eine Auktion, bei der Objekte von berühmten Persönlichkeiten versteigert werden; auch der kleinste persönliche Gegenstand; letztes Jahr hatten wir beträchtlichen Erfolg mit den Zehennägeln von Mariah Carey und einem benutzten Küchentuch aus Julia Childs Küche ... Also, Hank, jetzt hast du sie alle verarscht, aber mich verarschst du nicht, ich habe immer noch deine Nummer, du Judenlümmel, und das ist nicht die Nummer eins und auch nicht die eintausendeins ... Tempel Emmanuel, unser Lesezirkel, kann kein auch noch so bescheidenes Honorar bezahlen, aber die Kosten für Ihre Taxifahrt würden erstattet, und zu Beginn gibt es selbst zubereitete Erfrischungen ... Mein Sohn wird im Dezember zwei, und ein freundlicher Brief von Ihnen auf Ihrem persönlichen Briefpapier, mit einer von Ihnen bevorzugten Passage aus Ihrem eigenen Werk oder dem eines anderen großen Schriftstellers, mit Datum versehen, Tag und Monat und Jahr ... Sie wirkten in der Charlie-Rose-Show etwas befangen, aber es gibt doch nichts, dessen Sie sich schämen müssten, oder? ... Ich lege mein eigenes, im Selbstverlag gedrucktes Buch bei, in dem in unwiderlegbaren Schritten aufgezeigt wird, wie Gott sein Königreich zuerst im Nahen Osten und dann, in rascher Folge, auf den anderen Kontinenten ausbreiten wird ... Helfen Sie mit einer signierten Fotografie, helfen Sie mit einer kurzen Stellungnahme, helfen Sie einem, der darauf angewiesen ist in dem Kampf, Jugendliche wieder ans Lesen heranzuführen, mit einem kleinen*

Scheck, einem Zitat, das wir in unseren Werbeschriften benutzen können, und bitte keine maschinell erstellte Unterschrift … würde ich gern kommen, um Ihnen unsere professionelle Investmentberatung und unsere Erfahrungen beim Immobilienerwerb zuteil werden zu lassen … Ich versuche, meinen Zorn zu überwinden, aber nachdem ich Sie vierzig Jahre lang immer wieder ausgestochen habe, nicht nur meiner eigenen Meinung nach, sondern auch nach der fast aller Kritiker, die nicht völlig verschmockt sind, kann ich das, was mir als herbe, zielgerichtete Zurückweisung meiner eigenen Person erscheint, nicht fassen; ich weiß, es ist absurd, lieber Henry, ich weiß, dass das Leben für Sie immer das reinste Honigschlecken gewesen ist … Neid und Missgunst schlugen ihm aus dem ganzen weiten Amerika entgegen, aus jedem Staat, Hawaii und Alaska eingeschlossen – es war wie ein schräg auf das Blechdach seiner wackligen Privatsphäre prasselnder Hagel. Er versuchte, seine Schlaflosigkeit zu nutzen und den Vortrag zu formulieren, den Nobelpreisträger zu halten verpflichtet waren. Er hatte ganze Packen von Informationsblättern aus Schweden erhalten, das meiste auf dem langen europäischen Papier, das nicht in amerikanische Ordner hineinpasste. Seinen Vortrag sollte er drei Tage vor der eigentlichen Zeremonie in der Schwedischen Akademie halten. Wer würden die Zuhörer sein? Er hatte nicht die geringste Ahnung. *Königliche Hoheiten, sehr geehrter Herr Bürgermeister von Stockholm, liebe Mitglieder der Akademie, erlauchte Gäste von nah und fern: Der Nobelpreis ist ein so großer Preis geworden, so reich und berühmt, eine solche Zelebrität für sich, dass es niemanden gibt, der es wert wäre, ihn zu empfangen, sodass der verlegene Preisträger seine Unwürdigkeit hinter der Unwürdigkeit eines jeden anderen verstecken kann. Er, dieser Preis, erhebt uns in schreckliche Höhen, er beschert uns einen Augenblick weltweiter Aufmerksamkeit und führt uns in die Versuchung zu predigen. Wenn ich auf unseren Planeten hinabsehe, erkenne ich eine wachsende Kluft zwischen denen, die mit dem Flugzeug reisen, und denen, die das nicht tun; zwischen denen, die sich in den Cyberspace der Information emporgeschwungen haben, und denen, die auf der Erdoberfläche verharren und das Land bestellen, zum Fischen aufs Meer hinausfah-*

ren und die notwendigen Aufgaben verrichten, die einst der ehrenvolle Lebensinhalt fast aller Menschen waren. Nein. Was wusste er schon vom Leben der Menschen außer von seinem eigenen Eremitenleben und der oberflächlichen Kenntnis anderer, mit denen er in Berührung geraten war? Sein Hinweis aufs Fliegen war überholt. Er konnte sich noch an Zeiten erinnern, in denen das Besteigen eines Flugzeugs ein Abenteuer für die Elite, für Männer und Frauen im Anzug und Cocktailkleid gewesen war und der Chic noch verstärkt wurde durch den Ruch von Gefahr, wenn sie zwischen silbrigen Art-Deco-Gewitterwolken auf und ab hüpften, während gratis ausgeschenkter Champagner und Ente oder Steak, auf echtem Porzellan serviert, dem Ganzen eine an die *Titanic* erinnernde Eleganz verliehen. Heutzutage strömten diejenigen in die Flugzeuge, die damals mit dem Bus gefahren waren. Sie trug kurze Hosen oder Blue Jeans und manchmal sogar etwas, das verdammt nach Schlafanzug aussah, ein Gedränge schwitzender Körper, die einen Tausend-Meilen-Flug so lässig hinter sich brachten wie eine kurze Fahrt zum nächsten 7-Eleven-Lebensmittelladen. Das Fliegen war diesen Menschen so wenig ein Wunder wie ihr täglich Brot. Sie stopften ihre Reisetaschen und abgestoßenen Laptops in die Fächer über Ihren Sitzen und warfen in todesverachtender Höhe von zehntausend Metern nicht einmal einen Blick aus dem Fenster. Der Kapitalismus, unsere triumphierende Glaubenslehre, hatte also Recht behalten: Die Massen werden vorangebracht, werden in Millionenscharen die aus Unternehmertum und Technologie konstruierte Leiter zum Wohlstand emporgezogen. *Telefon und Radio, Kino und Fernsehen, Verbrennungsmotor und Düsenantrieb – die Menschheit hat sich all dies ebenso mühelos zu Eigen gemacht, wie die amerikanischen Ureinwohner sich mit Gewehren, Pferden und Feuerwasser angefreundet haben. Wie es in Ohio und im Ruhrgebiet geschehen ist, so wird es auch in Malaysia und Mali gehen – alle werden reich, kultiviert und unzufrieden sein.* Nein. Keine geopolitischen

Wirtschaftsanalysen. Wer konnte schon sagen, wohin diese wunderbare Welt in all ihren mannigfaltigen Anpassungsformen strebte? Schlag einen persönlichen Ton an. Mach es wie Oe, wie Heaney. Kindheit an der Upper West Side und in Brooklyn. Kriegserfahrung. Studium im Rahmen des Programms für ehemalige GIs an der New York University. Greenwich Village in den vierziger Jahren, 99th Street in den fünfziger Jahren und danach. *In meiner Jugend waren Bücher für mich rechteckige Gegenstände, die ich in Buchläden, in Schreibwarenläden und, ohne ihre glänzenden Schutzumschläge, in der öffentlichen Bücherei sah. Dort kamen mir die staubigen Buchrücken, mit weißer Tinte nummeriert, wie Federn auf einem dunklen schützenden Flügel vor; ihr Geruch nach trockenem Buchbinderleim vermischte sich mit dem modrigen, wehmütigen Geruch alter Männer, die man in meiner Jugend «Vagabunden» nannte und die in unseren aufgeklärteren Tagen «Obdachlose» heißen. Was bedeuteten diese Bücher? Wer machte sie? Nun ja, Pfeife rauchende Männer in Tweedjacken, die in Connecticut lebten, machten sie. Und Frauen, die nur eine Spur weniger glamourös waren als Filmstars, in Chiffon gehüllt oder, wie Dorothy Thompson und Martha Gellhorn, als Männer gekleidet, sogar als Männer in Kampfuniform.* Nein. Weder die Schweden noch die Welt wollten von diesen praktisch vergessenen Autoren hören, die einst in Bechs Augen Stars gewesen waren. Er sollte besser von dem zeitlosen Glücksgefühl sprechen, wenn die Spitze des Bleistifts auf das Papier traf und den ersten Buchstaben formte. Aber ist dieser Bruchteil eines Augenblicks nicht viel zu kurz, als dass man vor einer so unabsehbaren aufmerksamen Zuhörerschaft davon sprechen sollte? Waren ästhetische Glücksgefühle in einer Welt des Leidens, der Hungersnöte und der Massaker nicht obszön? *Und heute?* müsste er laut fragen. *Das gedruckte Wort? Der Buchhandel, dieses alte Gerippe, von gefräßigen Schakalen hierhin und dorthin geschleudert? Gierige Autoren, gierige Agenten, hirnlose Buchhandelsketten mit Vivaldi-Berieselung und Espressobars, Verlage im Besitz Metall verarbeitender Konzerne, die von gletscherkalten Erbsenzählern in Genf ge-*

managt werden. Und inzwischen wandelt sich die Sprache, wandeln sich die menschlichen Sprachen, auf die wir alle angewiesen sind und die nun nicht mehr von den bellenden, mörderischen Redewendungen eines Goebbels oder von der dümmlichen Doppelzüngigkeit eines bürokratischen Kommunismus entwürdigt werden, zum Süßholzgeraspel von Microsoft und Honda, zu den Verschwörungen großer Unternehmen, die aus der Welt am liebsten einen großen Spielsalon für Verbraucher mit dem Verstand von Kindern machten. Wird das herrliche, doppeldeutige, scharfkantige Englisch von Shakespeare und Gerard Manley Hopkins, von Charles Dickens und Saul Bellow zum binären Code eines Imperiums von grauen Anzügen verkommen, gesteuert von Männern, die durch die Straßen von Manhattan und Hongkong hasten und in ihre Mobiltelefone hineinplappern? Wer wird die Welt daran hindern, sich weiterzuentwickeln? Dichter? Dilettanten wie der, der hier vor Ihnen steht? Nein, Königliche Hoheiten und erlesene Würdenträger, bringen Sie mich nicht zum Lachen. Wie ein guter alter Freund von mir freundlicherweise der amerikanischen Presse kürzlich mitteilte: Ihr Preis ist ein Scherz.

«Ich kann das nicht», sagte er zu Robin. «Ich bringe nichts zustande, was wichtig genug wäre. Das Wesentliche an dem, was ich tue, ist, dass es nicht wichtig ist, oder dass es zumindest nicht wie etwas Wichtiges *daherkommt.* Das Wichtige ist nicht wichtig, genau das habe ich mein Leben lang sagen wollen.»

«Na gut», sagte sie, «dann versuch doch, genau das zu sagen.»

«Aber das ist nun *wirklich* unwichtig», beteuerte er. «Und ichbezogen. Ich möchte nicht ichbezogen sein. Ich möchte nicht den Eindruck erwecken, als wollte ich mich *über* den Preis stellen, verstehst du?»

«Ich glaube, du versuchst dich selbst zu übertreffen», sagte Robin hilfreich, doch hauptsächlich war sie damit beschäftigt, Golda von dem Nährwert der gewürfelten Mohrrüben zu überzeugen, die das Kind mit klebrigen kleinen Fingerchen von dem Tablett auf seinem Kinderhochstuhl klaubte und sorgfältig auf den Fußboden fallen ließ. «Die Schweden wollen doch nur ein bisschen entspannte Dankbarkeit –»

«Du verstehst das nicht. Man muss sich nur verneigen, wenn der König einem den ganzen Kram überreicht – die Medaille, die Urkunde, die Wochenkarte für die städtischen Verkehrsmittel von Stockholm. Bei dem Bankett nach der Zeremonie bedankt man sich dann. Den Vortrag hält man ein paar Tage vorher, in der gleichen Woche. Der Vortrag ist das, was mir zu schaffen macht. Meine Chance, endlich etwas zu sagen, nachdem mir sechsundsiebzig Jahre niemand zugehört hat. Na gut, meine Mutter hat mir wahrscheinlich zugehört, in den ersten fünf, sechs Jahren oder so.»

«– ein bisschen Dankbarkeit und ein halbes Stündchen geistreiches Geplauder. Denk doch mal an *sie*», sagte Robin. «Sie haben das ganze Jahr schwitzend über die Preise nachgedacht, haben ihre eigene Arbeit und ihre Familien vernachlässigt. Auch Schweden haben Gefühle – sieh dir die Filme von Ingmar Bergman an.»

«Die *Frauen* in den Filmen haben Gefühle, die Männer nicht. Sie sind *Eisklötze*. Leontyne –» Leontyne war dabei, Kindersachen und Spielanzüge zusammenzulegen, und stand bei der Waschmaschine und dem Trockner, die sie neuerdings neben dem Kühlschrank in der ehemals primitiven Küche des Lofts aufgestellt hatten –, «was soll ich den Menschen in der Welt erzählen?»

«Erzählen Sie denen», sagte Leontyne, nie um einen Rat verlegen, «dass Sie schon immer, seit Sie ein kleiner Junge waren, die Menschen glücklich machen wollten. Dass der Herr Ihnen eingibt, was Sie sagen sollen, und Sie es nur aufschreiben.»

«Ich glaube, Gott kommt in Schweden nicht so gut an», sagte er. «Gott hält sich lieber näher am Äquator auf.»

Das brachte Leontyne schließlich zum Lachen; er war sich nie ganz sicher, worüber sie lachte. Ihr scheues perlendes Lachen schien von jedem Ton zurückzuhüpfen, zurück in ihre weiche Kehle, als wäre Lachen eine Sünde, die man widerrufen müsse. Ihre Augen glänzten vor Fröhlichkeit; ihr feierlicher, kurzer Pony aus entkraustem Haar bedeckte ihre Stirn knapp zur Hälfte. Ihre zwölfjährige Tochter Emerald trug die Haare, wie Bech auf Fotografien gesehen hatte, zu vielen kleinen Zöpfen geflochten und mit Perlen durchsetzt – das mütterliche Werk von Stunden. – Er überlegte, ob er den Gedanken, dass Gott die Menschen am Äquator bevorzugte, in seinen Stockholmer Vortrag einflechten sollte; vielleicht war es falsch, wenn er die verborgenen ethnischen Wunden der Welt ignorierte. *Königliche Hoheiten, sehr geehrter Herr Bürgermeister und liebe Gäste: Ihr Preis ist eine hübsche Zierde auf der blassen Brust der westlichen Zivilisation, aber erlauben Sie mir als Juden, laut zu überlegen: Was hat diese Zivilisation, diese Christenheit für mein Volk bedeutet? Sie hat Ghettos, Pogrome, verbale und körperliche Misshandlung, nicht revisionsfähige Rechtsprechung, ausschließende Gesetze, gelbe Sterne, Autodafés und Schuldzuweisungen bedeutet, wann immer eine christliche Gesellschaft von einer Katastrophe bedroht war, und eine kollektive Hilflosigkeit angesichts der Willkür und Launen jedes kleinen christlichen Herrschers, jeder christlichen Regierung. Eine Nation, zu deren Ruhm und Wohlstand wir über Hunderte von Jahren als Handwerker und Kaufleute und Geldverleiher beigetragen haben, Spanien, lohnte es uns mit der bedingungslosen Vertreibung in eben dem Jahr, in dem Amerika entdeckt wurde. Deutschland und Österreich, wo Juden erlebt hatten, wie ihre Talente wucherten und Genies, Reichtum und scheinbare bürgerliche Sicherheit hervorbrachten – ausgerechnet diese beiden Nationen entwarfen einen systematischen Plan zur Vernichtung der Juden, einen Plan, dessen beinahe vollständige, erfolgreiche Durchführung das eigentlich Staunenswerte an diesem Jahrhundert bleibt und jeden europäischen Anspruch auf Tugendhaftigkeit und Weisheit ein für allemal zurückweist. Sogar in meinem eigenen Land, das nach Meinung vieler zu nachsichtig mit seinen Juden umgeht, werden oft genug Hakenkreuze an Synagogenwände gesprayt. In Schweden, so habe ich gelesen, zweifelt jeder dritte Jugendliche daran, dass der Judenmord überhaupt stattgefunden hat. Und deswegen, Königliche Hoheiten, finde ich, dass ich als Jude diese Beruhigungspille, diesen kläglichen Versuch, eine Decke über die schwelende Grube zu breiten, über Tausende von Gaskammern und Öfen, in denen Tausende von Talenten, größer als meins, und Tausende von Herzen, reiner als meins …* Was tat er da? Die Ablehnung des Preises hatte Sartre wie einen Trottel dastehen lassen und Pasternak wie einen sowjetischen Sklaven.

«Meri Jo, ich bin in Panik», sagte er beim Lunch im Hotel Four Seasons, zu dem sie ihn auf seine Aufforderung hin eingeladen hatte. «Hilf mir, ich brauche einen Vortrag.»

«Henry, ein alter Spielmeister wie du? Erzähl ihnen, was du bei Oprah gesagt hast; das war doch charmant.»

«Ich vergesse immer gleich wieder, was ich bei diesen blöden Talkshows sage. Ich versuche es auszulöschen, sobald ich es gesagt habe.»

«Du hast ihr gesagt, dass du keine pornographischen Schriften verfasst hast, sondern die sexuelle Komponente in unserem Leben ein bisschen aufmischen wolltest. Oder so ähnlich.»

«Den Schweden ist es gleichgültig, ob ich was Pornographisches schreibe oder nicht. Da ist doch alles legal. Es gehört zu ihrer gesunden heidnischen Weltsicht.»

«Ich werde nie deinen Auftritt bei ‹Donahue› vergessen, als *Think Big* gerade herausgekommen war. Ich studierte im zweiten Jahr am Barnard College, und das Mädchen, mit dem ich das Zimmer teilte, und ihr Freund surften durch die Programme – damals musste man noch den Knopf drehen –, und ich sagte: ‹Moment, wartet mal, der Typ da sagt was Interessantes.› Du warst noch jünger, damals, und dein Haar füllte den ganzen oberen Teil des Bildschirms. Du warst so ruhig und nüchtern, du hast ihm keine Möglichkeit gegeben, unverschämt zu dir zu sein, und den Zuschauern hast du auf sanfte, aber bestimmte Art zu verstehen gegeben, dass du ihn *trotzdem* für einen unverschämten Kerl hieltest …»

«Das war sein Job. Ein hoch bezahlter unverschämter Kerl. Ein unverschämter Kerl aus dem Volk für das Volk. Was habe ich denn gesagt?»

Meri Jos kreisrundes Gesicht – in dem sich ein keckes, spitz zulaufendes Kinn noch immer gegen ein ganzes Set anderer Kinne zu behaupten versuchte, so wie die Geisterschatten im New Yorker Fernsehen, bevor das Kabelfernsehen kam – war erhitzt, entweder aus Einfühlungsvermögen angesichts seiner Notlage, oder wegen der zwei großen Gläser Weißwein, die sie zum Essen getrunken hatte, oder aber infolge der einzwängenden Wirkung ihrer Lederjacke, die einen Reißverschluss, so breit wie ein Metermaß, hatte und Nieten, so groß wie Fruchtdrops. «Es war nicht so sehr, *was* du gesagt hast, sondern vielmehr die Art und Weise, *wie* du es gesagt hast. Du warst aufrichtig, ohne schwer verdaulich zu wirken. Du warst komisch, ohne im Mindesten, na ja, du weißt schon, etwas von diesen lauten jüdischen Catskillskomikern zu haben. Als ich sechs Monate später in *People* las, dass du dich von deiner Frau getrennt hattest – ich sollte dir das besser nicht erzählen, ich hätte das zweite Glas Chardonnay besser nicht getrunken –, war ich entzückt; ich dachte, wer weiß, vielleicht begegnet er *mir*. Also habe ich im Verlag angefangen, aber du warst nicht da. Oder nur sehr selten. Du warst einer unserer unsichtbaren Autoren. Macht nichts, Henry; es war trotzdem ein schönes Leben, als Pressefrau. Ich nehme an, ich war naiv, aber ich war schließlich erst im zweiten Studienjahr, musst du bedenken, und mein damaliger Freund, von dem ich alles vergessen habe, außer dass seine Fingernägel nie sauber gewesen sind, hatte gewisse Potenzschwierigkeiten. Verzeih, dass ich erröte.»

«Meri Jo, du machst mich erröten! Aber sag mal, würde es mir vielleicht helfen, wenn ich mir die Aufzeichnung von der Donahue-Show ansähe? Hat die Presseabteilung ein Video aufgehoben?»

«Um ehrlich zu sein, Henry, es könnte durchaus sein, aber wir haben tonnenweise Zeug weggeworfen, als wir in das neue Gebäude gezogen sind. Kannst du nicht einfach über die Zukunft des geschriebenen Worts oder so etwas sprechen?»

«Du musst verstehen, diesen Preis kriegt man nur einmal im Leben, und jeder sagt, es ist ein Wunder, dass ich ihn bekommen habe. Auf keinen Fall will ich das Ereignis mit dummem Geplauder beschmutzen.»

«Oh, Süßer, kein böses Wort über Geplauder», sagte sie. Ihr Kinn, das oberste, wurde noch spitzer und zeigte auf ihn. «Ich habe eine ganze Latte von Anfragen für dich. Und es kommen immer noch neue. Wir haben zugesagt, falls du dich erinnerst, ein Printinterview mit der Washington *Post*, und wenn du der *Post* zusagst, kannst du der Atlanta *Constitution* nicht absagen, das da unten ist ein florierender Markt. Seit der Erfindung von Klimaanlagen lesen die Südstaatler. Dann ist da die Minneapolis *Star Tribune*; der Literaturredakteur ist in den letzten Jahren sehr gut zu Vellum gewesen, und dann versuchen wir im Nordwesten fester Fuß zu fassen, und bei der Tacoma *News Tribune* haben sie einen neuen, klugen Feuilleton-Chef...»

«Ich *hasse* Zeitungsinterviews», sagte Bech. «Sie dauern ewig, du entspannst dich und wirst geschwätzig, und dann kreuzigen sie dich und schreiben, was ihnen gerade in den Sinn kommt. Beweise für das, was du wirklich gesagt hast, gibt es nicht, außer dem Tonband, und das Tonband behalten sie für sich. Nein. Keine weiteren Printinterviews. Damit ist es vorbei.»

«Die Interviewer kommen alle zu dir in die Wohnung –»

«Sie stören Goldas Mittagsschlaf.»

«Und es dauert nicht länger als anderthalb Stunden, dazu ein paar Augenblicke vorher oder hinterher für den Fotografen. Außer Annie Leibovitz wird dich keiner bitten, Make-up aufzulegen. Und bei ihr kommst du vielleicht davon, wenn du irgendeinen komischen Hut aufsetzt.»

«Meri Jo, warum tust du mir das an? Kann ich etwas dafür, dass ich dir bei ‹Donahue› gefallen habe? Ich selbst habe mir dabei nämlich überhaupt nicht gefallen.»

Sie legte ihre immer noch bemerkenswert zarte Hand auf seinen knorrigen, behaarten Handrücken, während er mit seinen grünen Fettucini rang. Die öligen Nudeln schlüpften zwischen den Zinken seiner Gabel hindurch wie Aale aus der Reuse. «Die Menschen wollen dich, mein Lieber, und mein Job ist es, ihnen den Zugang zu erleichtern.»

«Ich kann nichts dafür, dass sie mich wollen. Ich will sie nicht. Ich will Frieden. *I vunt to be alone*, um es mit Greta Garbo zu sagen, ich will allein sein und zusehen, wie Golda wächst. Sie kann fast schon ein paar Wörter sagen. Sie sagt ‹Hi›.»

«Ich bitte dich nicht meinetwegen, und auch nicht deinetwegen. Ich bitte dich, tu es der Buch*industrie* zuliebe. Es gibt so etwas – du hast das nie gelernt, Schatz, offenbar hat deine Mutter dich schrecklich verzogen –, so etwas wie Verantwortung anderen gegenüber. Mit den Preisen kommt die Verantwortung – hat nicht Delamore Schwartz das gesagt? Du bist schuld, dass ich jetzt ernstlich über ein drittes Glas Wein nachdenke.»

«Denk nach, worüber du willst. Ich sage: keine weiteren Interviews.»

«Aber du meinst es nicht so.» Ihre seegrünen Augen mussten einst sehr hübsch und groß gewesen sein; jetzt wirkten sie klein in ihrem Gesicht, kleine trübe Scherben von halb vergrabenem Strandglas.

Er brachte es nicht übers Herz, sich nicht von ihr verführen zu lassen. Zum Zeichen dafür, dass er klein beigab, brummelte er: «Sie werden mich nicht noch einmal wollen, wenn ich erst den Vortrag vermasselt habe.»

«Du wirst ihn nicht vermasseln. Du kannst ihn nicht vermasseln. Faulkner hat seinen im Flugzeug geschrieben, mit einem Kater, und ihn dann nuschelnd vorgelesen, und heute ist er ein Dokument, so wie Lincolns Gettysburg-Rede. Denk einfach: Gettysburg-Rede. Henry, bestellen wir uns ein Stück Schokoladen-Käsekuchen, oder soll ich mir ganz allein wie eine lasterhafte Person vorkommen?»

Ausgebreitet auf seinem baltischen Archipel, leuchtete Stockholm vor Kälte. Die schwedischen Frauen trugen blutrote Wangen zur Schau über ihren Wolfs- und Fuchspelzkragen, wenn sie mit hoch erhobenen goldenen Köpfen durch die schicken, von Restaurants und Antiquitätengeschäften gesäumten Straßen von Gamla Stan, der Altstadt, gingen. Bech wurde zum Lunch in den Källaren den gyldene Freden eingeladen, den altehrwürdigen Treffpunkt für Schriftsteller, zusammen mit ein paar koboldhaften Mitgliedern der Schwedischen Akademie. «Es sah schon ganz nach einem Unentschieden aus», vertraute ihm einer an, ein kleiner kahlköpfiger, mit den Augen zwinkernder Mann, der für seine Värmlandgeschichten in der Tradition Selma Lagerlöfs bekannt war, «zwischen Günter Grass und Dao Bei, mit Kundera als Außenseiter. Und Sie waren in die Endauswahl gekommen, weil manche befürchteten, ein stärkerer Amerikaner könne am Ende gewinnen. Und dann haben Sie gewonnen, Sie Halunke! Die Stimmen für Sie waren, meiner Meinung nach, ein antisozialistischer Protest. Wie Sie sehen, leben wir hier recht gut, aber manche empfinden die Steuern als große Bürde.»

«Lassen Sie sich von Sigfrid nicht mit seinem freundlichen Unsinn voll stopfen», mischte sich ein weibliches Akademiemitglied ein, eine grazile Dichterin und zugleich die Biographin von nordischen Klassikern wie dem früh verstorbenen, seelisch zerrissenen Erik Johan Stagnelius und dem am Ende seines Lebens dem Wahnsinn verfallenen Gustaf Fröding. «Sie werden in Skandinavien sehr geschätzt, um Ihrer gnadenlosen

Klarheit willen. Sie vergewaltigen Ihre Frauen, indem Sie sie beschreiben. Ich persönlich lese Sie lieber auf Französisch, ich finde, da ist Ihr Stil noch reiner und – wie sagt man? – splitternackter?»

«Als die Zettel im Korb, auf denen Ihr Name stand, gezählt wurden», gab ein phänomenal beleibter, hühnenhafter Lyriker und Feuilletonist zum Besten, «war ich überrascht, aber nicht verwundert. Es kommt mir immer so vor, als würden letzthin andere mit abstimmen, geisterhafte Wesen, die mit um den Tisch sitzen. Die Ergebnisse sind mysteriös!»

«Wie Sie vielleicht wissen», sagte Bechs erster Informant, dessen Brillengläser und mobile Unterlippe glitzerten, «hat die Akademie zurzeit nicht ihre volle Stärke von achtzehn Mitgliedern. Es hat Rücktritte gegeben, aber diese Mitglieder können nicht ersetzt werden. Wer einmal Mitglied ist, kann nur durch den Tod entlassen werden.»

«Wie es einem als Mitglied der menschlichen Rasse auch ergeht», bemerkte Bech diplomatisch. Er war nervös. Robin und Golda waren allein in der Hotelsuite. Sie hatten Leontyne für diese Woche der Festlichkeiten und Förmlichkeiten nicht mitgebracht. Bech hatte befürchtet, die Kälte könnte sie erstarren lassen wie eine Jasminblüte. Er wollte, dass sie mehr Zeit mit ihrem Ehemann verbrachte, der als Wachmann arbeitete und immer dann zur Spätschicht ging, wenn sie nach Hause kam. Bech hatte das Gefühl, dass er und Leontyne sich in seinem Loft, unter dem gemeinsamen Joch des Kinderkörpers, zu nahe kamen. Er suchte schon manchmal bei ihren aufs Jenseits gerichteten Weisheiten Halt und dachte im Ton ihrer Stimme. Und er wollte an diesem Endpunkt seines Lebens seinen rostigen, aber noch immer funktionierenden Mechanismus des Sich-Verliebens abschalten.

Was Robin betraf, so war sie es nicht gewohnt, den ganzen Tag mit Golda zu verbringen. Sie vermisste ihren Computer und die Autorität, die sie ihr verliehen, ihre Website. Sie fand, Schweden passte nicht zu ihr. «Oh, für *dich* ist es großartig», klagte sie, «du gehst aus und lässt dich mit Wein und Speisen bewirten, und interviewen, oder du gehst zu Empfängen für die lebenslustigen Biologiepreisträger, während ich hier eingesperrt in diesem so genannten Grand Hotel sitze, mit einem schreienden Kind und jeder Menge plüschiger Möbel. Es ist zu kalt, um rauszugehen, und zu warm, um hier drinnen zu bleiben. Wenn ich uns was aufs Zimmer zu bestellen versuche, sprechen die Leute in der Küche nur türkisch.»

«Inger hat gesagt, sie besorgt uns so viele Babysitter, wie wir nur wollen.» Inger Wetterqvist war die ihnen zugewiesene Nobel-Betreuerin; alle Preisträger hatten eine. Inger war reizend, tüchtig und stand immer zur Verfügung. Ihr statuenhafter Hals mit den wirbeligen flachsblonden Ringellocken in den Vertiefungen des Nackens faszinierte Bech.

Aber Golda hatte Schwierigkeiten mit den Schweden. Jedes Mal, wenn sie eine große blonde Frau sah, schob sie die beiden mittleren Finger ihrer linken Hand in den Mund und versteckte ihr Gesicht an der Hüfte ihrer Mutter. Als sie am ersten vollen Tag ihres Aufenthalts merkte, dass ihre Eltern sie mit einer goldhaarigen Babysitterin allein lassen wollten, schrie sie in panischer Wut, wie Bech es nie zuvor erlebt hatte. Das Kind fürchtete sich vor den großen, strahlenden Ariern.

Die Babysitterin hatte in ihrer Pracht tatsächlich etwas Furcht Einflößendes. Nach dem, was Bech bemerkt hatte, schien es in der Welt immer mehr junge Frauen zu geben, die größer als eins-achtzig waren – ganze Horden davon, ganze Basketballmannschaften, die zusammen durch die Flughäfen oder die Fifth Avenue hinunter schritten –, als entwerfe die Natur die Frauen nun nicht mehr erdnah, zum Zwecke des Kindergebärens und häuslicher Arbeit, sondern ließe sie für eine noch unbekannte Funktion in die Höhe schnellen.

Verlegen erklärte Robin dem hilflosen Mädchen, das sich, so war es verabredet worden, während des offiziellen Lunchs in der Amerikanischen Botschaft um Golda kümmern sollte: «Unsere Kinderfrau zu Hause ist schwarz – eine Negerin, verstehen Sie? Ich nehme an, das Kind ist an sie gewöhnt.» Schließlich nahmen Robin und Bech Golda zu dem Lunch beim Botschafter mit. Als Beilage gab es kleine Möhren, die das Kind sorgfältig, eine nach der anderen, auf den Fußboden fallen ließ.

Es stimmte, Bech hatte seinen Spaß, obwohl sein Vortrag noch immer ungeschrieben war, eine Tatsache, die er tagsüber zu vergessen versuchte und die ihn nachts, wenn er aufwachte, in Angst und Schrecken versetzte, während seine Schläfen von einem Übermaß an Begrüßungsaquavit und Glückwunschchampagner pochten. Für ihn war Schweden ein die Sinne raubender Himmel. Er mochte den schnellen Bogen des Tageslichts, wie kalter Kristall, und die gigantischen Skulpturen von Niki de Saint Phalle im Moderna Museet – Frauen! Mehr Macht den Frauen! Greta! Ingrid! Aus Stockholm war ihre Schönheit gekommen, mit diesem leichten Hauch von Melancholie, der zur Schönheit gehört, und hatte die filmbegeisterte Welt überflutet –, und eine bestimmte pastellfarbene Helligkeit der Stadt unter dem nahen subarktischen Himmel. Sie erinnerte ihn an Leningrad, so wie er es 1964 wahrgenommen hatte, damals erst einundvierzig Jahre alt und empfänglich für die Reize einer steingesichtigen *apparatschika* in einem militärischen Jackett, und erregt davon, Tolstoj'sche Luft zu atmen. Jetzt war er ein alter Mann und sah die Welt durch getrübte Augen. Er hatte getan, was er konnte; er hatte versucht, seine eigenen Bücher zu schreiben, statt der Bücher, die andere von ihm haben wollten; er war in diese nördlichen Feste gekommen, um seinen Bleistift aus der Hand zu legen. Er gab Interviews, dem *Svenska Dagbladet, Expressen, Damernas Värld, Dagens Nyheter, Västerbottens-Kuriren.* Der

Interviewer vom *Svenska Dagbladet* fragte ihn, wie er die Zukunft des Sozialismus beurteile. Bech antwortete, seiner Meinung nach befinde sich der Sozialismus in einer Talsohle, werde aber wiederkommen, als eine Alternative; die Welt sei ein Kranker, der sich im Bett hin und her wälze. Die Schwachen müssten immer von den Starken etwas beschützt werden, allerdings nicht zu sehr, sonst verlören sie den Ansporn, wieder stark zu werden. Misserfolge müssten spürbare Nachteile mit sich bringen, sonst gebe es kein Streben nach Erfolg. Der Mensch sei in der unbequemen Lage, dass er freundlicher sei als die Natur.

Der Journalist vom *Svenska Dagbladet*, ein aufgeweckter rundköpfiger junger Bursche, dessen Haar sich bereits zu lichten begann, fragte ihn, ob diese Einsichten der Schwerpunkt seines Nobelpreis-Vortrags seien.

«Wenn sie es wären», fragte Bech zurück, «wie käme ich dann dazu, sie Ihnen und Ihren Lesern schon jetzt zu verraten? Aber sagen Sie, wovon handeln diese Vorträge gewöhnlich?»

Der junge Mann dachte nach. Seine Augenwimpern waren weiß, was ihm, im Verein mit seinem klugen, schmalen Mund, das Aussehen eines empfindsamen Clowns verlieh. «Oh, von der Bedeutung der schriftstellerischen Arbeit. Und wie der Preisträger zum Schreiben kam.»

«Und finden Sie es lohnend, dass man darüber spricht?»

Der interviewte Interviewer zuckte ausweichend mit den Schultern. «Es ist so Brauch.»

«Schweden ist ein Land der Bräuche, nicht wahr?»

Der junge Mann, dessen rötliches Haar so fein war, dass manche Strähnen, mit statischer Elektrizität geladen, gerade von seinem Kopf abstanden, lächelte zögernd. Sein Englisch war nicht so gut, dass er sich sicher sein konnte, ob er nicht geneckt wurde. «Das könnte man so sagen», erwiderte er.

«Ich habe gehört, dass irgendwann Engel in unser Hotelzimmer einbrechen werden.»

«Sänger. Sie verkünden die Ankunft von Santa Lucia. Das ist unser Lichtfest.» Die Frage, ob Schweden ein Land der Bräuche sei, beschäftigte den jungen Mann noch immer – Amerika war vielleicht ein Land bar aller Bräuche. «Unsere Winter sind lang», sagte er, «mit sehr kurzen Tagen, vielleicht kommt daher das schwedische Bedürfnis nach Festlichkeit – Feste zu feiern. Wir zünden viele Kerzen an, viele Fackeln – Sie werden es sehen. Die Nobel-Woche ist inzwischen ein größeres Fest als Weihnachten.»

Die Schweden hatten auf ihren langen Blättern den Ablauf der Zeremonie Minute für Minute festgelegt – welche Musik gespielt werden sollte; die Reihenfolge beim feierlichen Einzug; die Sitzordnung auf der Bühne, wo die Preisträger, inmitten der vielen Akademiemitglieder, dem König und der Königin gegenüber saßen; die geflochtene Blumengirlande, die den Rand der Bühne markieren sollte – und beim Bankett danach, im riesigen Blauen Saal des roten Backstein-Rathauses von Stockholm, würden eintausenddreihundert Gäste von einem speziellen Nobel-Tafelservice (*Nobelservisen*) essen, während der Männerchor aus Uppsala sang und junge Frauen in blauer Bauerntracht die breite Treppe hinuntertanzten und Ströme von Kellnern auf hoch erhobenen Platten Sturzbäche sanft flackernder Desserts herbeitrugen. Doch um sich seinen Platz bei diesen großartigen Vorgängen zu verdienen, musste Bech seinen Vortrag halten.

«Mein Gott, was soll ich nur tun?», fragte er Robin, als er wieder im Hotel war. «Ich muss den verdammten Vortrag in zwei Tagen halten, und ich habe keine Zeit, ihn zu schreiben, bei all den Empfängen und all dem Champagner, den ich die ganze Zeit trinken muss.»

«Henry, ich mag es überhaupt nicht, wenn du so aus der Fassung gerätst. Ich habe das weibliche Bedürfnis, dich heiter und gelassen zu sehen.»

«Nichts, was ich sagen kann, wird gut genug sein. Ich bin unwürdig.»

«Das wissen sie doch schon. Du hast mir erzählt, dass die Akademiemitglieder gar nicht dich wählen wollten, sondern dass sie mit ihren Stimmen gegeneinander protestiert haben.»

«Der mir das erzählt hat, wollte mich vielleicht nur aufziehen. Die haben hier einen komischen Wikingersinn für Humor. Hoho, komm und lass dir die Birne einschlagen.»

«Hast du eigentlich gewusst», fragte ihn Robin, «dass sie im Krieg gar nicht so neutral gewesen sind? Ich habe im Internet gelesen, dass die Sapo, ihre Geheimpolizei, norwegische Widerstandskämpfer an die Nazis ausgeliefert hat. Und eine Menge schwedisch-jüdischer Geschäftsleute sind mysteriöserweise gefeuert worden. Hitler hat die Schweden *geliebt*; sie kamen seinen Vorstellungen vom wahren *Volk* am nächsten.»

«Hör auf, mir Angst zu machen. Du und Golda, ihr seid beide voller Rassenvorurteile.»

«Sie ist gar nicht so dumm. Hier. Konzentrier dich gefälligst auf deine Tochter.» Sie drückte ihm Golda in die Arme. Der Kinderpopo fühlte sich feucht an. Wenn sie lächelte und ihre vereinzelten Zähne zeigte, rann Speichel aus ihrem Mund. Sie bekam wieder Zähne. Ihre glitschige kleine neugierige Hand langte nach oben, packte ihn an der Wange und zwickte ihn.

«*Au*», sagte er.

«Sie hat sich so daran gewöhnt, den ganzen Tag mit mir zusammen zu sein, dass sie über deine Koteletten staunt. Ich ziehe mir jetzt ein Cocktailkleid an und gehe eine Stunde aus. Ein netter junger Buchhalter unten im Büro hat sich erboten, mir das Hotelcomputersystem zu zeigen und mich anschließend zu einem Drink in irgendeinem amerikanisch gestylten Aussichtslokal am Wasser einzuladen. Er war entsetzt, als ich ihm sagte, ich hätte noch nichts von Stockholm gesehen. Er konnte nicht glauben, dass ich so vernachlässigt werde.»

«Hast du ihm gesagt, dass es in erster Linie deine eigene Entscheidung ist? Inger hat uns angeboten, eine afrikanische Babysitterin aufzutreiben, obwohl das hier oben nicht leicht ist.»

«Das sind hier doch alle diese senegalischen Händler, die nachgemachte Markenbrieftaschen zu horrenden Preisen verkaufen. Sie hat gesagt, dass es auch dunkelhäutige Türkinnen gibt, aber ich habe gesagt: Moslems? Nein danke.»

«Da hast du's. Noch mehr Vorurteile. Bis zur Gründung Israels, waren die Moslems wesentlich besser zu den Juden als die Christen.»

Robin sah die Angst, die möglicherweise bevorstehende Niederlage in seinem Gesicht und sagte: «Henry, ich bin jung. Ich bin scharf darauf, dass was passiert. Ich bin rechtzeitig zurück, damit du um acht zu deinem offiziellen Konzert gehen kannst. Golda braucht ein bisschen Daddy-Zauber. Ihr könnt ja zusammen deinen Vortrag schreiben.»

«Verehrte Mitglieder der Akademie, erlauchte Gäste von nah und fern», begann Bech seinen Vortrag. «Der Nobelpreis ist ein so großer Preis geworden, eine solche Zelebrität unter den Preisen, dass es niemanden gibt, der es wert wäre, ihn zu empfangen, und so kann der verlegene Preisträger seine Unwürdigkeit hinter der Unwürdigkeit eines jeden anderen verstecken.» Die Zuhörer saßen vereinzelt auf den Stühlen in dem langen lohfarbenen Salon der Schwedischen Akademie, einem Raum voller Pilaster und Bogen wie eine Renaissance-Phantasie, eine Vision Michelangelos von einer zu Architektur gewordenen menschlichen Gestalt. Der König – hoch gewachsen und gelehrt blickend hinter Brillengläsern in königlich dünner Fassung – war nicht anwesend, auch nicht seine schöne schwarzhaarige Königin. Bech hatte sich törichterweise vorgestellt, er werde vom Gipfel der Welt herab sprechen. Er sprach indessen zu einem gleichgültigen Publikum, Leuten mit blassen höflichen Gesichtern in einem überheizten Raum am nördlichen Rand Europas, eines Subkontinents, dessen Eingeborene ein paar flüchtige Jahrhunderte lang den Rest der Welt schikaniert und eingeschüchtert hatten. Unter den Gesichtern waren nur wenige, die er erkannte. Meri Jo Zwengler und der schlaksige, struppige, lässig zurückgelehnte Jim Flaggerty, sein Lektor, grauer als vor zwanzig Jahren, aber immer noch auf einem eingebildeten Kaugummi kauend, waren von Vellum herübergeflogen, um ihm die Hand zu halten. Von der Botschaft waren ein paar Dienstwillige in Nadelstreifenanzügen delegiert worden. Robin saß in der ersten Reihe, und ihr Gesicht war eine leuchtende Perle voller Wärme in dem frostigen Gewirr fremder Köpfe. Die Zuhörer hatten sich wie ein Mann überrascht gereckt, als Bech nach der forschen Einführung von Professor Sture Allén mit einem Baby auf dem Arm ans Rednerpult getreten war. Doch da sie in der Mehrzahl Schweden waren, unterdrückten sie jedes Kichern und verhielten sich so, als wäre das lebendige Kind eine exzentrische Abwandlung des ethnischen Gewands, das Wole Soyinka ein paar Jahren zuvor getragen hatte.

«Dieser Preis», fuhr Bech in seinem Vortrag fort, während Golda sich wand und sich aus seinem gebeugten rechten Arm herauszuschrauben drohte, «erhebt uns in schreckliche Höhen, er beschert uns einen Augenblick weltweiter Aufmerksamkeit und führt uns in Versuchung zu predigen. Ich könnte Ihnen jetzt von der Welt erzählen», sagte er, «wie sie in diesem Jahr 1999 existiert, während ich darauf warte, dass der Entfernungsmesser auf ein neues Jahrtausend umspringt, und zu erkennen versuche, ob die islamischen Kämpfer immer mehr von der Erdoberfläche in ein neues dunkles Mittelalter einschließen, oder ob China die Vereinigten Staaten als die größte Supermacht beiseite drängt, ob Russland den Kapitalismus wie eine faule Feige ausspuckt, oder ob die Kluft zwischen denen, die mit dem Flugzeug, und denen, die mit dem Ochsenkarren reisen, immer noch größer wird und schließlich zu einer Revolution führt, oder aber ob sie immer kleiner wird und zu disneyfizierter, frittierter Homogenität verarmt – aber was, verehrte Freunde, weiß ich schon von der Welt? Mein Leben ist darüber vergangen, dass ich auf mein inneres Wetter und meine unmittelbare Umgebung achtete.» Mitten in dieser unmittelbaren Umgebung wurde Golda ungeduldig. Ihr Gesicht hatte jenen feierlich-versonnenen Ausdruck angenommen, der, zusammen mit einem würzigen Geruch aus den niederen Regionen, eine Entwicklung signalisierte, die baldige Aufmerksamkeit erheischte. Meri Jo und Robin hatten Recht: Er konnte endlos weiterreden, wenn man ihm nur eine Plattform und eine gefesselte Zuhörerschaft gab. Das war ein Zug, den er am liebsten nie an sich entdeckt hätte. «Oder», fuhr Bech fort, «ich könnte über Kunst zu Ihnen sprechen, bei deren anfallartiger und zerstreuter Ausübung ich die schönsten und wertvollsten Stunden meines Lebens verbracht habe. Ist Kunst, wie die alten Griechen und Römer behaupteten, eine Imitation des Lebens, oder ist sie, wie die modernen Menschen vermuten, all das, was das Leben nicht ist – Ordnung statt Unordnung, Entschlossenheit statt Uneindeutigkeit, Frieden und Harmonie im Gegensatz zu unserer unstillbaren Unzufriedenheit und, auf dem Grund unserer Seele, wie Kierkegaard und Strindberg und Munch uns lehren, zu unserem Schrecken? Zu unserer Furcht – Furcht vor dem Hiersein, auf diesem Planeten, der mit jeder neuen Entdeckung auf dem Gebiet der Astronomie einsamer und unbedeutender wird? Oder ist Kunst *beides*, Verdopplung und Flucht – Leben, das sozusagen zu etwas Höherem, Hellerem, Anderem geformt wird? Wir spüren, dass es so ist, in dem Moment, wenn sie mit gespitztem Bleistift oder auf einem Computerbildschirm erzeugt wird. Kunst ist irgendwie *gut*, und sei es nur für den Künstler.»

Golda wand sich jetzt energischer und stemmte sich gegen ihres Vaters Ehrfurcht gebietenden Panzer aus Knochen und Muskeln. Bech musterte das Publikum: eine See von weißen Gesichtern, gelegentlich mit einem schwarzen oder einem gelben dazwischen. Für die kurzsichtigen schieferblauen Augen des Kindes – zwei Schattierungen von Blau, genauer ein dunklerer Ring und darin eine hellere, eher himmelblaue Iris – musste sich die Menge in eine endlose Ferne erstrecken, über die hintere Wand hinaus bis ans Ende der Welt. «Ich vertrete nur mich selbst», konnte Bech nicht widerstehen zu sagen, «der Staatsbürgerschaft nach bin ich Amerikaner, der Religionszugehörigkeit nach nicht praktizierender Jude, aber wenn ich schreibe, bin ich lediglich ein Mitglied meiner triumphierenden, aber geplagten Spezies, mit der Sehnsucht, dass ich vielleicht für die Primaten, die Wirbeltiere und womöglich sogar für die Flechten sprechen darf. *Leben*! Ruft man im Hebräischen als Toast, voller Ehrfurcht zumindest vor seiner erstaunlichen molekularen Manifestation, ungeachtet der Abscheulichkeiten, die gierige Organismen einander antun. Ich bin hierher gekommen, meine Damen und Herren, entschlossen, das Wunder, die rätselhafte Wesenhaftigkeit, des Spezifischen, dessen, was ‹der Fall› ist, wie Wittgenstein sagt, nicht hinwegzuverallgemeinern, und in Ansehung der erhabenen Größe dieser Aufgabe entwickelte ich eine absolute Schreibhemmung, den Vortrag betreffend, den zu halten ich jetzt hörbar nicht in der Lage bin. Deswegen (nur noch eine Minute, Süße) berufe ich mich auf den Präzedenzfall meines Vorgängers, des Nobelpreisträgers für Literatur Naguib Mahfouz – ein Schriftsteller übrigens, der für seine Bemühungen, das Leben in Ägypten mit Genauigkeit und Gleichmut zu beschreiben, mit Stichen in die Kehle verletzt wurde, ein wahrer Held auf einem Feld, dem der Literatur, das voller falscher Heldentaten ist – und habe meine Tochter gebeten, für mich zu sprechen.

Sie ist zehn Monate alt und wird ihren ersten Geburtstag im neuen Jahrtausend feiern. Sie gehört der Zukunft. Das Thema, auf das wir uns geeinigt haben, ist: ‹Das Wesen menschlicher Existenz›.» Mit seiner Stimme des Vorsitzenden wiederholte er: «Das Wesen menschlicher Existenz.»

Er und Golda hatten zusammen geübt, aber bei Kleinkindern wusste man nie; bei ihnen hatten sich die Leitungen im Gehirn noch nicht gefestigt. Hätte sie, mit ihren vollen Windeln auf dem sie einengenden väterlichen Arm, geschrien, so wäre das ein Statement gewesen, aber ein übertriebenes, und nicht eines nach dem Herzen ihres Vaters. Sie ließ ihn nicht im Stich. Sie hatte den klaren Verstand und das reine Wesen ihrer jungen Mutter, geläutert von vielen der Verblendungen und Verdrehtheiten, die in den letzten zweitausend Jahren – oder sollte man sagen, in den letzten 5760 Jahren? – ihre teuflische Folter ausgeübt hatten. Robin, leuchtend und mit kräftigem Kinn, saß unter den Zuhörern, die Lippen in mütterlicher und ehefraulicher Fürsorglichkeit geöffnet, als wollte sie zur Rettung einschreiten. Er nahm ihr gemeinsames Kind auf den anderen Arm, sodass Goldas kleiner, vom Zahnen geplagter Mund näher ans Mikrophon kam – das neueste auf dem Markt, ein filigranes Narrenzepter an einem verstellbaren Stiel. Mit den leicht gekrümmten klebrigen Fingern der einen Hand griff sie danach, als wollte sie die dicke Metallblüte pflücken. Er spürte, zwei Zentimeter vor seiner begierigen Nase, die Wärme ihres Schädels und atmete den pudrigen Geruch ihrer Kopfhaut ein. In das liebliche weiche, warme gefältelte Gebilde ihres Ohres flüsterte er: «Sag ‹Hi›.»

«Hi!», sagte Golda mit heller Deutlichkeit, die sogleich verstärkt in die Tiefen des schönen, unendlichen Saals hallte. Dann hob sie die rechte Hand, sodass alle sie sehen konnten, und öffnete und schloss sie in der freundlichen Bewegung, die auf Wiedersehen bedeutet.

3719/3